深圳学人文库

Domestic Judicial Review of
International Investment
Arbitral Awards

国际投资仲裁裁决的司法审查

赵丹 ◎著

社会科学文献出版社
SOCIAL SCIENCES ACADEMIC PRESS (CHINA)

缩略语

BIT　Bilateral Investment Treaty，《双边投资条约》

CPTPP　Comprehensive and Progressive Agreement for Trans-Pacific Partnership，《全面与进步跨太平洋伙伴关系协定》

ECT　Energy Charter Treaty，《能源宪章条约》

FET　fair and equitable treatment，公平公正待遇

ICSID Convention　《解决国家与他国国民间投资争端公约》

ICSID　International Centre for Settlement of Investment Disputes，解决投资争端国际中心

IIA　International Investment Agreement，国际投资协定

ISDS　Investor - State Dispute Settlement，投资者—东道国争议解决机制

ICC　International Chamber of Commerce，国际商会仲裁院

LCIA　London Court of International Arbitration，伦敦国际仲裁院

MIGA　Multilateral Investment Guarantee Agency，多边投资担保机构

NAFTA　North American Free Trade Agreement，《北美自由贸易协定》

OECD　经济合作与发展组织

PCA　Permanent Court of Arbitration，海牙常设仲裁法院

RCEP　Regional Comprehensive Economic Partnership，区域全面经济伙伴关系

SCC　瑞典斯德哥尔摩商会仲裁院

TIFA　Trade and Investment Framework Agreement，《贸易与投资框架协定》

TPP　Trans-Pacific Partnership，《跨太平洋伙伴关系协定》

TTIP　Transatlantic Trade and Investment Partnership，《跨大西洋贸易与投资伙伴协议》

UNCITRAL　United Nations Commission on International Trade Law UN，联合国国际贸易法委员会

USMCA　The United States-Mexico-Canada Agreement，《美墨加贸易协定》

UNCITRAL　Arbitration Rules，《联合国国际贸易法委员会仲裁规则》

UNCTAD　United Nations Conference on Trade and Development，联合国贸易和发展会议

VCLT　Vienna Convention on the Law of Treaty，《维也纳条约法公约》

目 录

contents

导　论 ……………………………………………………………………… 001

第一章　国际投资法框架下的投资仲裁 ……………………………… 003

  第一节　以投资条约为基础的国际投资仲裁 ………………………… 004

  第二节　作为国际投资仲裁基础的国际投资条约 …………………… 020

  第三节　多层级争议解决条款与国际投资仲裁 ……………………… 028

第二章　国际投资仲裁的双轨监督机制 …………………………… 045

  第一节　国际投资仲裁的终局性与审查 ……………………………… 045

  第二节　ICSID 裁决的内部撤销程序 ………………………………… 056

  第三节　非 ICSID 裁决的司法审查机制 ……………………………… 064

第三章　国内法院审查国际投资仲裁裁决异议的管辖权 …………… 079

  第一节　国际投资仲裁裁决异议司法审查的管辖权基础 …………… 079

  第二节　国际投资仲裁管辖权异议的司法审查 ……………………… 089

  第三节　国际投资仲裁管辖权异议审查标准的适用 ………………… 099

第四章　国际投资仲裁裁决司法审查的法律适用与解释 …………… 109

  第一节　国际投资仲裁裁决司法审查的法律适用 …………………… 109

  第二节　国际投资仲裁裁决司法审查中的条约解释 ………………… 117

第五章　国际投资仲裁裁决司法审查机制的完善 …………………… 130

  第一节　国际投资仲裁裁决司法审查所面临的挑战与完善 ………… 130

  第二节　国际投资仲裁裁决在我国司法审查中的困境与解决 ……… 140

　　第三节　国际投资仲裁机制下海外投资的保护……………………145

结　语………………………………………………………………158

参考文献……………………………………………………………161

附录一　非 ICSID 仲裁裁决撤销统计表 ……………………………175

附录二　ICSID 仲裁裁决撤销统计表…………………………………195

附录三　涉华投资仲裁案件表…………………………………………206

导　论

党的十八大以来，习近平总书记围绕统筹推进国内法治和涉外法治作出一系列重要论述，强调要加快涉外法治工作战略布局，维护国家主权、安全、发展利益，推动全球治理变革，推动构建人类命运共同体。习近平总书记还强调："中国走向世界，以负责任大国参与国际事务，必须善于运用法治。在对外斗争中，我们要拿起法律武器，占领法治制高点，敢于向破坏者、搅局者说不。全球治理体系正处于调整变革的关键时期，我们要积极参与国际规则制定，做全球治理变革进程的参与者、推动者、引领者。"① 目前，我国已经成为世界上第三大对外投资国，并且长期处于第二大引进外资国地位。自 1982 年与瑞典签署第一个投资协定以来，我国已经与外国签署了 145 个双边投资协定，是世界上拥有双边投资协定数量第二多的国家。1990 年，我国还签署了《解决国家与他国国民间投资争端公约》。目前，已发生 9 件针对我国政府的投资仲裁案件，15 件中国投资者针对外国政府提起的投资仲裁案件。随着我国全面提高对外开放水平，建设更高水平开放型经济新体制，如何充分利用国际规则，为中国企业海外投资提供保护，提高我国在国际投资法领域的话语权，积极发挥我国法院、仲裁机构在其中的作用，是当前我国参与全球经济事务亟须考虑的重要问题。

近些年来，ICSID 裁决在管辖权、裁决一致性等问题上的缺陷，使这一机制遭到诟病和批评，而非 ICSID 裁决数量有所增加。相较于 ICSID 裁决的内部撤销程序，非 ICISD 裁决的监督职能由仲裁地法院通过司法审查来实现。规制投资者与东道国合同的法律规则既具有私法性质，也有公法性质。

---

① 习近平：《加强党对全面依法治国的领导》，《求是》2019 年第 4 期。

事实上，这些规则建立了国内法与国际法间的联系。随着"BG Group 诉阿根廷案""尤科斯案""Sanum 诉老挝案"等案件的发生，我们不难发现，一些国内法院已经在国际投资仲裁的司法审查中展示了参与意愿和能力，并且不断形成国际规则。而这些规则背后反映的是这些国家在国际社会中输出的意志和话语权。全球治理变革表面上是在国际舞台上的合作较量，实质上是国家之间的制度博弈，是各国竞相把自己的国内制度输出为国际规则的尝试，是各国以国内法为基础进行妥协调和的结果。

因此，研究国际投资仲裁裁决的司法审查机制是一个极具理论与实践价值的议题。就理论价值而言，这一法律问题所涉及的领域极其广泛：既涉及国际法，又涉及国内法；既涉及公法，又涉及私法；既涉及程序法，又涉及实体法；既涉及仲裁制度，又涉及诉讼制度。所包含的内容也十分丰富，包括国内法院与国际仲裁庭的互动关系、仲裁与司法的互动关系、国际条约的适用与解释问题、国际投资仲裁的公法与私法双重性质等。而这些问题又体现了国际法基础理论的新发展。就实践而言，国际投资仲裁的监督问题一直被国际社会所关注，不管是对资金流出国还是资金流入国，对东道国政府还是外国投资者，又或是对国际投资争议解决机制本身而言，都是涉及重要利益的关键问题。各国法院作为国内司法机构，应当如何承担涉及主权国家的国际投资仲裁裁决审查的角色？其中有哪些挑战和机遇？对于我国而言，在这样的机制下，如何为海外投资者提供强有力的保护，如何在国际投资争议解决机制构建中提供中国方案，值得探讨。

第一章　国际投资法框架下的投资仲裁

投资条约仲裁是国际上最重要的争议解决机制之一，尽管外国投资者保护有相当古老的渊源，但从 ICSID 仲裁庭在 1990 年 7 月裁决的第一个案子"AAPL 诉斯里兰卡"[①] 开始算起，其作为保护外国投资者的独立法律分支，却只有不到 30 年的发展时间。[②] 2021 年，投资者根据国际投资协定至少提起了 68 件 ISDS 案件，截至 2021 年年底，全球已知基于条约的国际投资仲裁案件数量达到 1190 件[③]（见图 1），由于一些案件信息是保密的，所以国际投资仲裁案件实际数量可能更多。

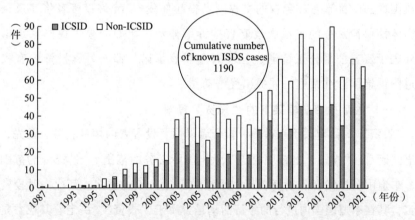

图 1　1987～2021 年已知的基于条约的国际投资仲裁案件情况

资料来源：UNCTAD, https://unctad. org/search? keys = Treaty-based + investor-state + 。

---

① Asian Agricultural Products Ltd v. Republic of Sri Lanka, ICSID Case No. ARB/87/3, Award, 27 June 1990.

② Eric De Brabandere, *Investment Treaty Arbitration as Public International Law*, Cambridge University Press, 2014, p. 1.

③ UNCTAD, IIA Issues Note, Investor-State Dispute Settlement Cases: Facts and Figures 2020, p. 1, https://unctad. org/topic/investment/international-investment-agreements，最后访问日期：2022 年 10 月 20 日。

第一节　以投资条约为基础的国际投资仲裁

由于境外直接投资面临东道国政府对财产权或其他权利的干预甚至完全剥夺的风险，因此，外国投资者的保护问题显得尤为重要。而外交保护和东道国救济作为投资者维护权益的方式，在一定情况下作用有限。因此，国家之间缔结的投资条约为投资争议的解决、外国投资者的保护创设了国际投资仲裁机制，该机制允许投资者将违反条约中实体性保护义务的东道国政府直接诉诸仲裁。

一　国际投资仲裁的概念

作为争议解决的一种形式，国际投资仲裁与其他形式的裁判并没有太大区别，最重要的例外就是，允许私人主体，即投资者，有权利对在绝大多数国内法院都享有豁免权的主权国家提起仲裁。① 允许投资者将违反条约中实体性保护义务的东道国政府直接诉诸仲裁。比如如果主权国家承诺给予外国投资者公平公正待遇，但没有遵守该承诺，那么外国投资者有权将东道国诉诸国际仲裁庭，并提出经济赔偿。

（一）国际投资法框架下的"投资"理解

"投资"的认定关乎东道国、投资者母国、投资者的切身利益。首先，对东道国而言，"投资"的范围决定其承担国际义务的范围。"投资"的范围越广，东道国对投资者、投资者母国承担的国际义务就越多。其次，对投资者而言，其在东道国国内进行的经济活动是否属于"投资"，决定着其权益是否能够获得相关国际投资法的保障，即其利益遭遇损害时是否可以援引相关争议解决条款诉诸相关争议解决机制进行维权。比如在 "Anglo American 诉委内瑞拉案"② 中，当事人对《英国—委内瑞拉 BIT》是否涵盖了 Anglo American

---

① RENÉ URUEÑA，"Subsidiarity and the Public-Private Distinction in Investment Treaty Arbitration"，*Law and Contemporary Problems*，Vol. 79，2016.

② Anglo American PLC v. Bolivarian Republic of Venezuela，ICSID Case No. ARB（AF）/14/1，Award，18 Jan. 2019.

对 MLDN 公司的采矿权的利益产生争议。再次，对于投资争议仲裁庭（仲裁员）而言，投资者的所谓投资行为是否属于投资条约中的"投资"，决定着其对该争议是否具有管辖权，简单来说，如果没有投资，仲裁庭就没有权限来处理案件。[1] 比如在"Patrick Mitchell 诉刚果案"[2]、"Joy Mining Machinery 诉埃及案"[3]、"Malaysia Historical Salvors 诉马来西亚案"[4] 等案件中，仲裁庭均裁决申请人的相关经济活动不属于"投资"。

"投资"概念本身来源于经济术语，但在投资条约的语境下，应当作为法律概念来理解和定义，然而，在国际投资法上，却没有一个统一的定义。1965 年《解决国家与他国国民间投资争端公约》（以下简称《ICSID 公约》）第 25 条[5]使用了"投资"（legal dispute arising directly out of an investment），但未明确其定义。一种理解是《ICSID 公约》第 25 条中"投资"的方式是借助投资协定的概念界定的；另一种是在经济领域内理解该术语。[6]

投资定义条款是确定投资条约范围的重要方面。各国会根据本国的社会、经济发展的需要，在本国与他国签订的投资条约或国内投资法中对"投资"作出定义。双边或多边条约中一般在条约的第一部分会对"投资"的内涵和外延进行界定。欧洲国家早期缔结的 BITs 中最常见的"投资"定义为"各种类型资产"（every kind of asset）。这一时期对于"投资"的定义模式采取开放式。这是资本输入国最大限度吸引外资、资本输出国最大限度保护对外投资的缔约意图在协调统一后的体现。然而，BITs 的宗旨是保护投资，而不是美国人在 BIT 缔约相对方的领土内拥有的所有财产。因此，

---

① 〔瑞士〕克里斯塔·纳达尔夫卡伦·舍费尔：《国际投资法：文本、案例及资料》，张正怡、王丹等译，上海社会科学院出版社，2021，第 59 页。
② Patrick H. Mitchell v. Democratic Republic of the Congo, ICSID Case No. ARB/99/7, Decision on the Application for Annulment of the Award, 1 Nov. 2006.
③ Joy Mining Machinery Limited v. Arab Republic of Egypt, ICSID Case No. ARB/03/11, Award on Jurisdiction, 6 Aug. 2004.
④ Malaysian Historical Salvors, SDN, BHD v. Malaysia, ICSID Case No. ARB/05/10, Award on Jurisdiction, 17 May 2007.
⑤ 《ICSID 公约》第 25 条第 1 款：中心的管辖适用于缔约国（或缔约国指派到中心的该国的任何组成部分或机构）和另一缔约国国民之间因直接投资而产生的任何法律争议，而该项争议经双方书面同意提交给中心。当双方表示同意后，不得单方面撤销其同意。
⑥ 〔德〕鲁道夫·多尔查、〔奥〕克里斯托弗·朔伊尔编《国际投资法原则》，祁欢、施进译，中国政法大学出版社，2014，第 64 页。

美国的 BIT 谈判人员希望明确某项资产只有在具有投资特征的情况下才能被投资定义所涵盖。① 1983 年协定范本将投资界定为"任何类型的投资",并提出了一份说明性、非穷尽性的被纳入投资定义之资产清单。② 投资条约对于"投资"定义转向封闭式模式,规定了关于投资的一般性条款以及几组解释性的类别。1994 年生效的《北美自由贸易协定》(以下简称 NAFTA)第 1139 条③也对"投资"进行了相对封闭的定义,"means"代替了先前协定所通常采用的"includes",使得随后的列举成为"穷尽式""排他式"④。《能源宪章条约》(以下简称 ECT)第六章第 1 条也对"投资"进行了定义。⑤

---

① 〔美〕肯尼斯·J. 范德威尔德:《美国国际投资协定》,蔡从燕、朱明新译,法律出版社,2017,第 121 页。

② 清单包括七类投资形式:第一类是有形与无形资产;第二类是一家公司,或公司的股份或其他利益,或公司资产中的利益;第三类是具有经济价值并且与投资有关的金钱求偿或履行诉讼要求;第四类是知识产权与工业产权;第五类是根据法律颁布的许可与批准,包括那些为制造与销售产品而颁布的许可与批准;第六类是法律或合同授予的任何形式;第七类是用于再投资的回报。

③ NAFTA 第 1139 条"投资":
(1) 企业;
(2) 企业的股票;
(3) 企业的债券,但(i)企业是投资者的联属机构,(ii)企业债券的原始偿还期不少于 3 年,但不包括一个国有企业的债券;
(4) 企业的贷款,但(i)企业是投资者的联属机构,(ii)企业贷款的原始偿还期不少于 3 年,但不包括对一个国有企业的贷款;
(5) 有权分享企业收入或利润;
(6) 有权分享企业解散时资产的企业利益;
(7) 为经济目标或其他商业目标预期或使用的房地产或其他财产,有形资产或无形资产;
(8) 来自一缔约方领土上的经济活动的资本或其他资源的投入产生的利益。例如,(i)涉及投资者在缔约方境内的财产的合同,包括交钥匙、建筑合同或特许权或(ii)实质上取决于企业生产、收入或利润的回报合同;
但投资不包括:
(9) 金钱请求权,该请求权来自(i)只是由于出售货物或服务的商业合同或(ii)与商业交易有关的信用延期,例如贸易融资,但不包括(4)中的贷款而产生的金钱请求权;
(10) 任何其他金钱请求权,但不包括(1)到(8)利益在内。

④ 景昊:《国际投资争端中的投资认定》,万邦法律微信公众号,2019 年 4 月 30 日。

⑤ 《能源宪章条约》第 1(6)条规定:"投资"系指投资者直接或间接拥有或控制的各种形式的资产,包括:(a)有形或无形资产,动产或不动产,以及租赁、担保、留置和质押等财产权利;(b)公司或商业实体、股份、股票或是其他参股形式,以及债券或公司或商业实体债务;(c)基于经济价值合同而产生的,或是参与投资相关的金钱诉求和履约诉求;(d)知识产权;(e)收益;(f)法律或合同授予的任何权利,或是一案取得的任何执照和许可所授予的在能源领域从事经济活动的权利。

2012 年美国 BIT 范本对"投资"作出综合式定义。① 《美墨加贸易协定》（以下简称 USMCA）沿袭了美国 2012 年协定范本和 TPP 模式，规定投资涵盖投资者直接或间接拥有或控制的各种财产，同时投资需具有资本或其他资源投入、收益或利润的期待以及风险的承担等特征。② 投资条约的起草者从"财产、权利和利益"转向"投资"，是和条约目的紧密相关的，而条约并不旨在囊括所有"财产、权利和利益"③。当然也有条约的表述更为贴近商业用途，比如《乌克兰—丹麦 BIT》规定："'投资'这一概念应指的是与为了建立长期有效的商业关系的目标而必须进行的商业活动相关的每一种资产……"④ 即便如此，关于投资的概念，在各国缔结的投资条约和其国内投资法中都没有作出明确界定，而是以开放式外延表述投资问题。⑤

　　我国对外缔结的双边投资条约在定义"投资"时，兼采概括方式与列举方式，一般先对"投资"进行总体上的"资产"概括限定，而后再对具体"资产"形式进行非穷尽式的列举补充说明。比如《中国—瑞典 BIT》

---

① 美国《双边投资协定 2012 年范本》：
　　"投资"指一个投资者直接或者间接，拥有或控制的，具有投资特征的各种资产，包括资本或其他资源的投入、收益或利润的期待或风险的承担等。投资的形式包括：
　　（a）企业；
　　（b）企业中的股份、股票和其他形式的参股；
　　（c）债券、无担保债券、其他债务和贷款；
　　（d）期货、期权和其他衍生品；
　　（e）交钥匙、建设、管理、生产、特许、收入分享及其他类似合同；
　　（f）知识产权；
　　（g）许可、授权、允许和其他根据国内法所授予的类似权利；
　　（h）其他有形或无形财产，动产或不动产，以及相关财产权利，如租赁、抵押、留置或质押。
② 单文华、王承杰主编《中国国际投资仲裁常设论坛年度报告（2019—2020）》，法律出版社，2020，第 33 页。
③ 〔德〕鲁道夫·多尔查、〔奥〕克里斯托弗·朔伊尔编《国际投资法原则》，祁欢、施进译，中国政法大学出版社，2014，第 63 页。
④ Agreement Concerning the Promotion and Reciprocal Protection of Investments concluded between The Kingdom of Denmark and the Ukraine on 23 October 1992, Art 1（1）.
⑤ 乔慧娟：《私人与国家间投资争端仲裁的法律适用问题研究》，法律出版社，2014，第 3 页。

第 1 条第 1 款的规定。① 我国双边投资条约一般规定，投资包括五种类型：即动产与不动产、企业权益、合同权利、知识产权以及商业特许权。但也有少数对外缔结的双边投资条约在界定"投资"时并未先进行概括式定义，而是直接列举"投资"具体形式的。如《中国—加拿大 BIT》第 1 条第 1 款的规定②，列举了"投资"的十二种形式。

尽管使用"投资"这一术语更为便利，但在具体的投资仲裁案件中，界定"投资"却成为一种挑战。在"Fedax 诉委内瑞拉"一案③中，投资者购买了委内瑞拉发行的 6 张可转让本票，票据到期后委内瑞拉政府拒绝承兑付款，于是投资者向 ICSID 提起仲裁申请。投资者和委内瑞拉政府就该票据

① 《中国—瑞典 BIT》第 1 条第 1 款："本协定内：一、'投资'应包括缔约一方投资者在缔约另一方境内、依照其法律和规章用于投资的各种形式的资产，尤其是：（一）动产、不动产及其他物权，如：抵押权、留置权、质权、用益权及类似权利；（二）公司的股份或其他形式的权益；（三）金钱的请求权或具有经济价值的任何行为的请求权；（四）版权、工业产权、工艺流程、商名和商誉；（五）根据公法或合同给予特许权持有者一段时间的合法地位的商业特许权，包括勘探或采掘和提炼自然资源的特许权。"商务部条法司官网：http://tfs. mofcom. gov. cn/aarticle/h/au/201001/20100106724182. html，最后访问时间：2018 年 9 月 20 日。

② 《中国—加拿大 BIT》第 1 条："定义 一、'投资'一词系指：（一）一家企业；（二）企业中的股份、股票和其他形式的参股；（三）债券、信用债券和企业的其他债务工具；（四）对一家企业的贷款 1. 当这家企业附属于投资者，2. 当此贷款的原始到期时限至少为三年；（五）尽管有上述第（三）（四）分款规定，对金融机构的贷款或金融机构发放的债务证券只有在该贷款或债务证券被该金融机构所在的缔约方视为监管资本时才是投资；（六）在企业中的一项权益，该权益能使所有者分享该企业的收入或者利润；（七）在企业中的一项权益，该权益能使所有者在该企业解散时获得资产分配；（八）由于向缔约一方境内投入用于该境内经济活动的资本或其他资源而产生的权益，例如：1. 依据涉及投资者的财产存在于缔约一方领土内的合同，包括交钥匙或建筑合同，或对勘探和开采石油或者其他自然资源的特许权，2. 依据报酬主要取决于企业的产量、收入或者利润的合同；（九）知识产权；（十）其他任何出于商业目的取得或使用的有形或无形、可移动或不可移动的财产和相关财产权利；但下述第（十一）（十二）分款中不涉及第（一）分款至第（十）分款规定权益的情形不是投资；（十一）金钱请求权，此请求权仅来源于 1. 销售商品或服务的商业合同，2. 与一项商业交易有关的授信，例如贸易融资，除了第（四）分款涵盖的贷款以外；（十二）其他任何金钱请求权。二、就任一缔约方而言，'投资者'指寻求从事，正在从事或者已经从事一项涵盖投资的：（一）根据缔约一方法律拥有其公民身份或永久居民身份，且不拥有缔约另一方的公民身份的任何自然人；（二）本条第十款第（一）分款定义的任何企业……"商务部条法司官网：http://tfs. mofcom. gov. cn/article/Nocategory/201111/20111107819474. shtml，最后访问时间：2018 年 9 月 20 日。

③ Fedax v. Venezuela, ICSID Case No. ARB/96/3, Decision on Jurisdiction, 11 July 1997, para. 21 - 33.

是否构成《ICSID 公约》第 25 条和 1991 年《荷兰—委内瑞拉 BIT》第 1 条规定的"投资"发生争议。《荷兰—委内瑞拉 BIT》第 1 条第 1 款规定："构成投资的资产和权利包括任何种类的资产，包括但不限于以下几种……"仲裁庭坚持对"投资"采取广义的解释方法，认为《ICSID 公约》第 25 条和争议涉及的 BIT 都为投资提供了广泛的内涵，申请人持有的期票也被应包括在内。本票是出票人签发的、承诺在见票时无条件支付确定的金额给收款人或持票人的票据，是外国投资者对东道国贷款的书证，属于贷款，当然构成受条约保护的投资。该仲裁庭对"投资"的解释是以国际投资协定的语言为基础的。

而"Salini 诉摩洛哥案"① 的仲裁庭采用了四因素测试，该测试被称为 ICSID 框架内"Salini 标准"，并被 ICSID 和非 ICSID 仲裁庭广泛采用。② 这四项要素——资产的贡献、持续时间、风险、对经济发展的贡献，明确地被当作累积的强制要件归入《ICSID 公约》第 25 条的"投资"的知识范围内。在随后的裁决中，一系列仲裁庭决定援引或接受了 Salini 标准，比如"SGS 诉巴基斯坦案"③ 和"AES Corporatio 诉阿根廷案"④，在一段时间内，仲裁裁决反映了对该标准的坚定支持。对 Salini 标准最早的偏移始于"Biwater Gauff 诉坦桑尼亚案"⑤。该案中，仲裁庭认为投资是存在的。仲裁庭支持了更灵活、更实证的方法，认为在考虑 Salini 标准时，也需要考虑案件的其他所有情况。与其说仲裁庭的结论旨在达成当事方自治与 Salini 标准的妥协，不如说仲裁庭的推理是对 Salini 标准的概念基础及后果进行了一次打击。第二个对 Salini 标准更猛烈的攻击是"Malaysian Historical Salvors 诉马

---

① Salini v. Morocco, ICSID Case No. ARB/00/4, Decision on Jurisdiction, 23 July 2001. 基本案情：两家意大利建筑公司参与竞标获得了摩洛哥首都拉巴特高速公路的建设工程，后因为种种原因延期交付工程，摩洛哥一方因此拒绝履行相应的付款义务。在多次交涉无果的前提下，两家意大利公司作为联合申请人向 ICSID 提出仲裁申请。

② 〔瑞士〕克里斯塔·纳达尔夫卡伦·舍费尔：《国际投资法：文本、案例及资料》，张正怡、王丹等译，上海社会科学院出版社，2021，第 67 页。

③ SGS v. Pakistan, ICSID Case No. ARB/01/13, Decision on Jurisdiction, 6 August 2003.

④ AES Corporation v. Argentina, ICSID Case No. ARB/02/17, Decision on Jurisdiction, 26 April 2005.

⑤ Biwater Gauff v. Tanzania, ICSID Case No. ARB/05/22, Award, 24 July 2008.

来西亚案"① 的裁决。

总之，相关法理没有沿着统一的道路，而是朝着不同的方向曲折发展。对于投资的解释，严格的标准和以当事方为基础的方法都不能在任何情况下完全适用。相反，从一项实际背景调查和现有的判例来看，两种方法的灵活结合最为合适。②

（二）界定

国际投资争议或称外国投资争端、投资争端，是指外国私人直接投资关系中的争议，具体说就是外国私人投资者（个人或公司）同东道国政府（或其机构）或企业、个人因外国私人直接投资问题而发生的争议。③ "投资争议"的界定决定仲裁庭的管辖权，即主权国家愿意提交仲裁的争议范围和类型。因此，缔约国在投资条约中都会对可诉诸仲裁的"投资争议"进行不同程度的限制。只有那些落入争议条款范围内的争议，才可以诉诸国际仲裁。

有些条约允许仅就特定义务的违反提起索赔，将争议定义为"涉及征收补偿金额"的争议，我国对外缔结的第一代双边投资保护协定基本都是这样规定的。④ 如《中国—挪威 BIT》⑤《中国—老挝 BIT》⑥《中国—丹麦BIT》⑦ 都包括一个限制性条款。而一些条约则采取更加宽泛的规定，如"根据本协议产生的争议"可以提交仲裁，"与投资有关的争议"可以提交仲裁，范围的广泛使争议解决变得更加自由化。如《中日韩投资协定》第15 条第 2 款允许"任何投资争议"被提请投资仲裁。结合《中日韩投资协定》第 1 条第 1 款对"投资"一词宽泛的定义，该协定事实上不再对"争

---

① Malaysian Historical Salvors v. Malaysia, ICSID Case No. ARB/05/10, Decision on Annulment, Apr. 2009.

② 〔德〕鲁道夫·多尔查、〔奥〕克里斯托弗·朔伊尔编《国际投资法原则》，祁欢、施进译，中国政法大学出版社，2014，第 79 页。

③ 乔慧娟：《私人与国家间投资争端仲裁的法律适用问题研究》，法律出版社，2014，第 5 页。

④ 这个限制性的"争议"定义主要出现在 1998 年之前的我国对外缔结的双边投资条约中。

⑤ 《中国—挪威 BIT》第 2 条第 2 款。

⑥ Sanum Investments Ltd v. Lao People's Democratic Republic, PCA Case No. 2013 - 13, Award on Jurisdiction, 13 December 2013.

⑦ 《中国—丹麦 BIT》第 3 条第 3 款。

议”的范围作限缩性约定。① 专门委员会在"Compañía de Aguas del Acon-quija and Vivendi 诉阿根廷案"中认为，从字面上看，对双边投资条约中的仲裁管辖权"并不要求申请人的索赔理由是东道国违反了双边投资条约本身，只要争议与双边投资条约中的投资有关就足够了"②。同样在"Salini 诉摩洛哥案"③、"SGS 诉巴基斯坦案"④ 和"SGS 诉菲律宾案"⑤ 等案件中，"任何争议"也成为仲裁庭处理的主要争议焦点。而不同的仲裁庭可能采用不同的方法来解释这一术语。有的仲裁庭可能不仅将管辖权扩张到对条约的违反，还通过广义的解释将这一术语延伸至关于合同权利的诉求；也有仲裁庭仅将"任何投资争议"这一宽泛表述解读为纯粹描述性的、不含有任何同意仲裁合同性争议的意味。⑥ 投资条约中关于"投资争议"的界定及措辞对仲裁庭的实体管辖权具有重大影响。

比如在"Petrobart 诉吉尔吉斯斯坦案"⑦ 中，"合同"的定性问题成为核心争议。按照争议双方签订的合同类型来看，应当为普通的货物销售合同，并不属于投资合同。但是，该案的仲裁庭仍将该"合同"认定为一种"投资"，仲裁庭认为，由于适用的基础条约中对"投资"的定义包含"金钱请求权"，而该"货物销售合同"同样涉及金钱请求权，所以最终裁决认为该争议属于"投资争议"。

（三）解决投资者与东道国投资争议的"国际投资仲裁"方式

投资条约仲裁作为国际投资争议解决方式之一，允许外国投资者以东道国违反有关在其领土内投资的承诺为理由提出索赔。比如如果主权国家承诺给予外国投资者公平公正的待遇，却没有遵守该承诺，那么外国投资

---

① 沈伟：《投资者—东道国争端解决条款的自由化嬗变和中国的路径——以中国双边投资协定为研究对象》，《经贸法律评论》2020 年第 3 期。

② Compañía de Aguas del Aconquija and Vivendi v. Argentina Republic, ICSID Case No. ARB/97/3, Decision on Annulment, 3 July 2002, para. 55.

③ Salini v. Morocco, ICSID Case No. ARB/00/4, Decision on Jurisdiction, 23 Jul. 2001, para. 8.

④ SGS v. Pakistan, ICSID Case No. ARB/01/13, Decision on Jurisdiction, 6 Aug. 2003, para. 161.

⑤ SGS v. Philippines, ICSID Case No. ARB/02/6, Decision on Jurisdiction, 29 Jan. 2004, para. 135.

⑥ 沈伟：《投资者—东道国争端解决条款的自由化嬗变和中国的路径——以中国双边投资协定为研究对象》，《经贸法律评论》2020 年第 3 期。

⑦ Petrobart v. Kyrgyz, SCC Case No. 126/2003.

者有权将东道国诉诸国际仲裁庭，并提出经济赔偿。[1]

国际投资仲裁表述主要有三种方式。第一，Investor-State Treaty-based Arbitration，译为以条约为基础的投资者与国家间仲裁，比如，UNCITRAL Arbitration Rules 中表述为 treaty-based investor-state arbitration。第二，Investment treaty arbitration，译为投资条约仲裁，比如，Susan D. Frank 在 *The legitimacy Crisis in Investment Treaty Arbitration*：*Privatizing Public International Law Through Inconsistent Decisions* 一书中表述为 investment treaty arbitration。第三，Investor-State arbitration，译为投资者—国家仲裁，比如，Shaheeza Lalani 和 Rodrigo Polanco Lazo 直接在书名中表述，*The Role of the State in Investor-State Arbitration*。

尽管上述表述存在略微差别，但是其表达的国际投资仲裁的概念是相同的，都鲜明地反映了国际投资仲裁的本质与特征。首先强调了国际投资仲裁的基础是国际投资条约，投资者依据东道国和其母国之间缔结的投资条约中规定的实体性保护提出索赔请求，并且根据条约所规定的争议解决条款启动仲裁程序。其次，国际投资仲裁中有一方当事人是主权国家，并且这一程序是单向的，因为主权国家只能做仲裁程序中的被申请人。迄今为止，只有一个案件由主权国家启动，即"加蓬诉 Société Serete SA 案"[2]，该案件以投资合同为基础，但最终当事人达成和解，并应双方要求，仲裁庭于 1978 年依据《ICSID 仲裁规则》第 43 条第 1 款终止仲裁程序。通常不允许东道国向投资者提出请求或反请求。如在"Spyridon Roussalis 诉罗马尼亚案"[3] 中，仲裁庭认为，其对于东道国提出的反请求没有管辖权，因为双边投资协定将管辖权限制为投资者对于东道国义务提出的请求。最后，与商事仲裁相比，国际投资仲裁的透明度更高。国际投资仲裁的透明度，是指公众对投资仲裁程序的参与度以及仲裁信息面向公众的开放程度，主要包括仲裁信息的公开、仲裁程序的监督以及仲裁裁决的公开等三个主要方面。比如

---

[1] RENÉ URUEÑA, "Subsidiarity and the Public-Private Distinction in Investment Treaty Arbitration", *Law And Contemporary Problems*, Vol. 79, 2016.

[2] Gabon v. Société Serete S. A., ICSID Case No. ARB/76/1, Order Taking Note of the Discontinuance Issued by the Tribunal, 27 Feb. 1978.

[3] Spyridon Roussalis v. Romania, ICSID Case No. ARB/06/1, Award, 7 Dec. 2011.

《ICSID 仲裁规则》以及《UNCITRAL 透明度规则》分别提供了两个不同的透明度规则体系。ICSID 裁决的案件所涉及相关文件、裁决文书也全部对外公开。这样一来,以投资仲裁中当事人的意见陈述和仲裁裁决为基础形成了大量的国际投资仲裁判例法,并在更大范围内进一步推动了投资法和国际法的发展。[①] 相较于商事仲裁的保密性,国际投资仲裁更需要提高透明度,这与国际投资争议和投资仲裁的公法特征有关。国际投资仲裁调整的是国家与投资者之间的商事关系,其争议也往往会涉及公共利益,仲裁结果也极有可能引起东道国公共政策的改变并给东道国带来一定的国家财政压力,因此,民众必然会要求在国际投资仲裁中获得更多的知情权,要求仲裁程序、庭审以及裁决结果的公开。

二 国际投资仲裁的"混合性"特征

国际投资条约创造了一种争议解决机制,而国际投资仲裁这种机制也落入了公法审查与私法商事仲裁之间。国际投资仲裁机制源自私主体之间的商事争议解决,所以商事争议解决机制的主要特点同样表现在国际投资仲裁机制中,但是约束国家行为的国际法规则的适用意味着国际投资仲裁机制也有其自身特点。[②] 国际投资仲裁作为公法理论与私法争议解决方式的"混血儿",由不同性质的"基因"元素组成。国际投资仲裁的"混合性"特征源于国际投资仲裁中国际公法、国际商法以及仲裁程序的元素的"混搭"。[③]

(一)争议的"公法性"与程序的"私法性"混合

国际投资仲裁的"混合性"在于争议的公法性质与商事争议解决机制的混合。与商事仲裁不同,国际投资仲裁中双方当事人的主体地位并不平等,一方当事人是外国投资者,属私法主体,而另一方当事人是行使主权权力的国家,属公法主体。而争议所涉及的问题也不是合同权利义务问

---

① 〔美〕加里·B. 博恩:《国际仲裁:法律与实践》,白磷等译,商务印书馆,2011,第552 页。

② 〔德〕鲁道夫·多尔查、〔奥〕克里斯托弗·朔伊尔编《国际投资法原则》,祁欢、施进译,中国政法大学出版社,2014,第 249 页。

③ Zachary Douglas, "The Hybrid Foundations of Investment Treaty Arbitration", *British Yearbook of International Law*, Vol. 74, 2003.

题，而主要是国家责任问题，比如在 "Achmea BV 诉斯洛伐克案"① 中，Achmea 公司主张由于斯洛伐克政府颁布的改革法案，即针对疾病保险市场颁布的一系列禁令，使其在斯洛伐克的投资遭受损失，因此东道国政府行为构成对《荷兰—斯洛伐克 BIT》第 3、4、5 条的违反。BIT 提供的保护是缔约国规定义务的结果，条约所给予保护的范围也取决于哪些行为可以归因于缔约方。② 大部分投资条约都规定了投资者可以东道国违反条约义务直接诉诸国际仲裁的条款，授权仲裁庭来裁决东道国是否违反了条约义务、是否需要依据国际法承担国家责任。而这样的投资争议解决是通过以国际商事仲裁规则和原则为基础的仲裁方式完成的。③

这种双重性质源于早期国际投资机制。迫切需要外国资本的发展中国家试图向资本输出国保证其投资是安全的，一方面，这种保证需要可靠的有约束力的资本输入国的法律来确认；另一方面，这项法律义务只能来源于资本输入国限制其处理领土内与投资者相关的主权权力的公法义务。但是，当受益人是私人当事方主体时，传统的国际公法没有执行这类法律义务的争议解决程序。因此，私人主体之间的仲裁程序及当事人之间的平等规则被用作投资仲裁的模板。

（二）国际投资法下国家义务的双重属性

当投资者决定在东道国投资时，他们通常会与东道国签订投资合同，并受合同本身包含的投资者保护条款保护，比如稳定性条款和仲裁条款，还可同时受益于投资者母国与东道国缔结的投资条约的保护。投资合同是私法文件，受私法和商法规制；而条约义务无疑是国家义务，受国际公法规制。因此，在国际投资中，东道国存在两个层面的义务：基于投资合同

---

① Achmea BV v. Slovak Republic（formerly Eureko BVv. Slovak Republic），UNCITRAL, PCA Case No. 2008 – 13. 基本案情：2006 年，斯洛伐克颁布了一项法律，禁止在该国经营的私营医疗保险公司向其股东分配利润，以此限制私营医疗保险公司在该国开展经营活动。2008 年 10 月，荷兰公司 Achmea 主张斯洛伐克违反了其与荷兰签订的双边投资保护协定，向 UNCITRAL 提起了投资仲裁，仲裁地为德国法兰克福。
② 〔美〕肯尼斯·J. 范德威尔德：《美国国际投资协定》，蔡从燕、朱明新译，法律出版社，2017，第 120 页。
③ Gus Van Harten, Martin Loughlin, "Investment Treaty Arbitration as a Species of Global Administrative Law", *The European Journal of International Law*, Vol. 17, 2006.

的义务，以及基于投资条约的国际法义务。[①] 在"Vivendi 诉阿根廷案"中，临时仲裁庭提出："是否违反了双边投资协定和是否违反了合同是两个不同的问题。每个主张将根据它特有的或适用的法律得到解决——关于双边投资协定的案件，适用国际法；关于特许合同的案件，适用相应的合同法。"[②]

（三）公私利益冲突下投资仲裁的多重作用

东道国的公共利益与投资者的经济利益并不总是一致，甚至经常是发生冲突的。因此仲裁庭为了解决投资者与东道国之间的投资争议，往往需要对东道国国内的管制行为进行评估。这样一来，国际投资仲裁作为国际投资争议解决机制的一种方式，同样也发挥了对国内管制行为的司法审查作用，从而影响了国内治理和政策的制定。更重要的是，国际投资仲裁裁决还会对公共利益的保护产生更广泛的影响，比如保护人权、环境等。

在已知的基于 IIA 的 ISDS 案件中，投资者至少提起了 175 起与东道国采取环境保护措施有关的仲裁申请。其中，化石燃料行业的投资者占比最高，可再生能源领域的国际投资仲裁案件数量也呈现激增态势。在"Eco Oro 诉哥伦比亚案"中，仲裁庭认为，哥伦比亚颁布的环境采矿禁令决定违反了《哥伦比亚—加拿大 FTA》（2008）投资章节中规定的最低待遇标准，同时根据该 FTA 第 2201（3）条的规定，其包含的一般环境概念并不排除东道国支付赔偿的义务。对东道国而言，仲裁庭的这一裁决会产生两个影响：一是意味着其为保护环境而采取的措施可能受到投资者基于投资保护条约的挑战并可能被视为违反国际法；二是对各国努力重新平衡国际投资协定的有效性提出了怀疑，这些努力包括明确的保障措施和例外情况，以维护国家在保护环境和适应气候方面的监管权力。[③]"RWE 诉荷兰案"是荷兰首次面临投资者基于 ECT 的 ISDS 索赔。荷兰政府决定在 2030 年前禁止燃煤发电以落实其在《巴黎协定》中作出的承诺。申请人认为该法律并没有为

---

① Eric De Brabandere, *Investment Treaty Arbitration as Public International Law*, Cambridge University Press, 2014, p. 3.

② Compañiá de Aguas del Aconquija S. A. and Vivendi Universal S. A. v. Argentina Republic, （formerly Compañía de Aguas del Aconquija, S. A. and Compagnie Générale des Eaux v. Argentina Republic）, ICSID Case No. ARB/97/3, Decision on Annulment, 3 Jul. 2002, para. 96.

③ Eco Oro Minerals Corp v. Republic of Colombia, ICSID Case No. ARB/16/41.

煤厂经营者造成的损失提供适当补偿。"① 该案表明，各国在逐步淘汰化石燃料过程中所颁布的法规可能会面临相关行业投资者提起国际投资仲裁的风险。

可见，东道国国内基于这些公共利益而行使的公共权力常常会被仲裁庭通过裁决所释放的信号阻止或者鼓励。尽管国际投资争议于投资者而言具有明显的私人性质，但对于东道国而言，投资仲裁很容易转向公共治理领域。

除此以外，国际投资仲裁的混合性还体现在仲裁员的选任问题上。国际投资仲裁中的仲裁员分为两类：一类是具有国际公法背景、有参与解决国家间争议经验的学者、律师等；另一类是经验十分丰富的长期从事国际商事仲裁的仲裁员。不同的知识领域、不同的仲裁经验使得他们在处理国际投资仲裁案件时展现出不同的观点。②

三 国际投资仲裁的公法性质

国际投资仲裁的定性与国际投资法的基础和功能密切相关。毫无疑问，今天的国际投资法并不主要或并不仅仅涉及外国投资者与东道国之间的私人合同关系，而是主要建立在国际条约法的基本原则之上，并同时在一定程度上建立在习惯国际法和一般法律原则之上。③

大多数人认为没有理由将 BIT 与包含仲裁条款的私人当事人之间的合同区分开来。然而，我们必须认识到两者属于不同的法律制度并且存在不同的法律因素，而这些因素会对争议的可仲裁性、审查标准、法律适用、条约的解释以及裁决的司法审查产生影响。与国际商事仲裁的一个显著区别就在于，国际投资仲裁的基础是投资条约，而非仲裁协议。国际投资仲裁本质上涉及的是国家的国际法义务，其基础是包含国家同意的条约，即国家授权给外国投资者实体保护的同意。因此，国际投资仲裁的公法性质不

---

① RWE AG and RWE Eemshaven Holding Ⅱ BV v. The Kingdom of the Netherlands, ICSID Case No. ARB/21/4.

② RENÉ URUEÑA, "Subsidiarity and the Public-Private Distinction in Investment Treaty Arbitration", *Law and Contemporary Problems*, Vol. 79, 2016.

③ 〔英〕艾瑞克·德·布拉班得瑞:《作为国际公法的投资协定仲裁:程序方面及其适用》,沈伟等译,法律出版社,2021,第17页。

容忽视，应当予以重视。外国投资者可以依据投资条约中的争议解决条款，根据《ICSID 公约》将与东道国的投资争议提交仲裁庭并由仲裁庭作出裁决。至此，国际投资仲裁就从相对私人的商事争议解决方式转变成具有国际公法性质的争议解决机制。[1] 国际投资仲裁的公法性质主要体现在以下几个方面。

（一）国际投资争议仲裁基础的主权性质

国际投资仲裁的基础是国际投资条约，而国际投资条约是由主权国家缔结的，因此国际投资仲裁的基础具有公法性质。其基本法律框架是国家限制其主权而接受仲裁庭的管辖权，由仲裁庭对其可能违反这些限制的行为措施进行裁决。因此，国际投资条约作为国际投资仲裁的基础，其主权性质决定了国际投资仲裁的公法特征。国际投资仲裁通常被视为一种投资者与东道国之间相互同意裁决的形式。它应该被视为一种公法下的审查裁决机制。原因在于：第一，该机制是由国家的主权行为建立的；第二，它主要用于解决因行使主权权力而产生的纠纷……作为公法体系，国际投资仲裁主要涉及的是国家与个人之间的监管关系，而不是平等法律主体之间的关系。[2] 的确，与其他形式的国际仲裁不同，国际投资仲裁给予仲裁员在监管层面对投资争议全面审查的权力。总之，东道国与投资者之间的任何仲裁协议，以及根据该协议作出的任何裁决均来自双边投资协定，并在其中获得权力。[3]

（二）国家授权仲裁的"同意"行为

"对于一个主权国家来说，让私人当事人将自己作为国际投资仲裁的被申请人，并不是一件容易的事。"[4] 国家之间通过缔结投资条约，允许外国投资者诉诸仲裁来挑战其主权行为。可见，国际授权仲裁的"同意"是主

---

[1]　Eric De Brabandere, *Investment Treaty Arbitration as Public International Law*, Cambridge University Press, 2014, p. 1.

[2]　Gus Van Harten, *Investment Treaty Arbitration and Public Law*, Oxford University Press, 2007, p. 45.

[3]　Jarrod Wong, "BG Group v. Republic of Argentina: A Supreme Misunderstanding of Investment Treaty Arbitration", *Pepperdine Law Review*, Vol. 43, 2016.

[4]　BG Group v. Republic of Argentina, 134 S. Ct. p. 1219, (Roberts, C. J., dissenting).

权国家对主权的自我限制。

对于外国投资者而言，国家的"同意"行为授权其将与东道国之间的投资争议提交国际仲裁。国家的"同意"行为意味着它有效地向另一个缔约国的合格投资者提出长期要约，要约的内容是以仲裁方式解决相关的投资争议。投资者如果选择接受要约，通常就可以通过启动仲裁程序解决其与东道国之间的投资争议。可见，这份要约的承诺对象是一个符合条约规定的投资者群体，而不是确定的某一投资者，并且数量也是不固定的，而在条约谈判或生效时，东道国也并不了解投资者的具体身份。① 因为只有在某一投资争议产生后，投资者依据投资条约提起仲裁申请时，东道国政府才能确定具体的要约承诺人——投资者的身份。

对于仲裁庭而言，国家的"同意"是其管辖权的来源。因此，仲裁庭的权力来源主要是主权国家的授权②，而不是私法协议。

（三）对东道国管制行为的审查

国际投资仲裁所涉及的争议一般与投资条约中的实体待遇条款有关，而这些实体待遇条款又大多与东道国的公共政策紧密相连。而对实体待遇条款违反与否的审查认定就会涉及对政府政策实施及其结果的评估。因此，投资争议本质上涉及一个国家的主权权力行使。③

投资者与国家间的争议通常涉及公共政策问题，例如东道国为了环保、劳工、税收、经济调控等颁布相关法律或规章可能会对外国投资者权益产生消极后果。比如，在"Urbaser 诉阿根廷案"④ 中，阿根廷声称投资者违反有关水资源利用的人权。"Philip Morris Asia 诉澳大利亚案"⑤ 中，根据澳大利亚议会通过的《烟草简单包装法》（The Australian Tobacco Plain Packa-

① Gus Van Harten, *Investment Treaty Arbitration and Public Law*, Oxford University Press, 2007, p. 49.
② Zachary Douglas, *The International law of Investment Claims*, Cambridge University Press, 2009, pp. 39 – 133.
③ James Allsop, *Commercial and Investor-State Arbitration: The Importance of Recognizing Their Differences*, Opening Keynote Address in ICCA Congress 2018, Sydney.
④ Urbaser S. A. and Consorcio de Aguas Bilbao Bizkaia, Bilbao Biskaia Ur Partzuergoa v. Argentina Republic, ICSID Case No. ARB/07/26, Award, 8 December 2016.
⑤ Philip Morris Asia v. Australia, UNCITRAL, PCA Case No. 2012 – 12.

ging Act），所有在澳大利亚出售的烟草制品都只能使用简单的棕绿色包装，包装必须出现大字体的健康警示，而烟草商的名字和商标只能使用简单字体。申请方认为立法禁止其在烟草制品和包装上使用知识产权标识，使一个知名产品（branded products）生产商变为通用产品生产商，在实质上减损了其在澳大利亚投资的价值。这些案件反映出东道国在公共卫生或安全领域的行为与外国投资者的利益之间的摩擦。

东道国通常通过制定国内政策和法规来遵守（或违反）其对外国投资者的国际义务。例如，国家通过制定相关政策或立法为征收外国投资提供依据。因此，在审理国际投资争议时，仲裁员都会仔细审查东道国的行为，并对其决策过程作出判断。国际投资仲裁涉及两个层面的裁决：（1）国际层面，国际投资仲裁庭基于国际法来评估主权国家的行为；（2）国家层面，国际仲裁庭对主权国家就外国投资者作出的决定或措施进行评估。① 在这个过程中，即使仲裁庭没有废除国内法规的权力，但实际上可以根据投资条约相关条款对法规（包括国内司法裁决）进行审查，而这种审查的结果实际上可能会使东道国决定废除相关规定，或者停止实施某条规定——这种现象被称为投资仲裁的"寒蝉效应"②。同时仲裁庭通过具体案件裁决所形成的规则对东道国国内治理措施产生影响，尤其是对国内行政法律和程序产生影响。

（四）直接诉诸国际仲裁的公法救济

与其他国际争议解决机制不同，国际投资条约还建立了个人可因国家违法行使公共权力造成损害而行使追偿权的制度。国家在授权仲裁庭管辖权之外，还授权给仲裁庭裁决损害赔偿的权力，将其作为一种公法的救济手段。③ 个人损害赔偿在国际法中是非常罕见的。除欧盟之外，没有任何国际法制度允许个人通过国际裁决针对某一国家违反国际法的行为来寻求损

---

① Gus Van Harten, *Investment Treaty Arbitration and Public Law*, Oxford University Press, 2007, pp. 45 – 69.

② RENÉ URUEÑA, "Subsidiarity and the Public-Private Distinction in Investment Treaty Arbitration", *Law and Contemporary Problems*, Vol. 79, 2016.

③ Gus Van Harten, Martin Loughlin, "Investment Treaty Arbitration as a Species of Global Administrative Law", *The European Journal of International Law*, Vol. 17, 2006.

害赔偿。人权法领域是一种例外情形。尽管自1945年以来人权法的保护范围扩大了，但也只有《欧洲人权公约》① 和《美洲人权公约》② 批准了个人赔偿要求。相较而言，ISDS中的个人追偿权利所受到的限制更小一些。因为国际投资条约中没有规定国家的最低责任范围，并且损害赔偿要求可直接提交国际争议解决机构。

当投资者根据国际投资条约提出索赔时，通常会要求东道国赔偿因其涉嫌违反条约规定的实体性保护义务而造成的损害。投资条约授权仲裁庭将损害赔偿作为公法补救措施，如果仲裁庭认定东道国违反条约，就可以判给投资者赔偿金。赔偿金是补偿性的，通常不包括惩罚性损害赔偿，但可通过实施追溯制裁来判给损害赔偿金。这是因为投资条约中规定的损害赔偿金主要是赔偿给投资者个人，并对国家违法行使公权力进行制裁。

第二节　作为国际投资仲裁基础的国际投资条约

如上文所述，国际投资仲裁与国际商事仲裁的一个显著区别就在于，其基础是国际投资条约，而非当事人双方达成的商事仲裁协议。国际投资条约作为国际法领域中发展极其迅猛的一个分支，是全球经济发展的客观表现，为投资者启动仲裁程序提供了法律依据。国际投资条约经历了内容从简单到详细、目的从单纯保护外国投资者到兼顾各方利益以实现均衡保护的发展阶段。③ 早期的双边投资协定更像是一种政治协定，较少作出关于投资者与国家之间的投资争议可以提交国际仲裁的规定。1970年前后首次出现了投资者与国家之间的投资争议解决条款，这些条款很快成为双边投资条约的标准特征之一。④ 而后，在经济全球化发展的浪潮中，在发达国家不遗余力地推动下，发展中国家不得不接受这种自由化的协定以吸引外

① European Convention on the Protection of Human Rights and Fundamental Freedoms（ECHR），4 Nov. 1950，Art. 34.
② American Convention on Human Rights（ACHR），1144 UNTS 123，Art. 44.
③ 张生：《国际投资仲裁中的条约解释研究》，法律出版社，2016，第20页。
④ 〔瑞士〕克里斯塔·纳达尔夫卡伦·舍费尔：《国际投资法：文本、案例及资料》，张正怡、王丹等译，上海社会科学院出版社，2021，第31页。

国投资。

一　外国投资保护的"条约化"发展

外国投资保护机制的发展经历了从"炮舰外交"的武力方式解决阶段到"外交保护"的政治方式解决阶段，再到允许投资者将东道国直接诉诸国际仲裁的司法方式解决阶段。双边投资条约中的投资仲裁条款在发挥重要作用的同时，也日益朝着标准化方向发展。

（一）国际投资争议解决方式的非武力化发展

历史上的投资者，无论自然人还是公司，并不能以外国政府违反习惯国际法为理由直接进行索赔，而需要请求其政府为代表。19 世纪，有影响力的个人或公司会说服他们的政府派遣一支小型军舰停泊到东道国的海岸来促使其履行赔偿。这种"炮舰外交"经常由欧洲列强代表其臣民行使。例如，1902 年面对委内瑞拉对其主权债务的违约时，英国、德国和意大利政府通过向委内瑞拉海岸派遣军舰来要求委内瑞拉赔偿其国民所遭受的损失。

投资者母国频繁动用军事力量保护其公民的海外投资，这种行为引起了东道国的强烈不满。虽然《德拉果波特条约》（Drag-Porter Treaty）最终宣布使用武力保护投资属于违法行为，但直接插手本国国民海外投资能够从根本上保护海外投资者。[①] 阿根廷法学家和外交官卡洛斯·卡尔沃为争取新独立国家不受外国势力干涉的权利，提出所谓的卡尔沃主义，即外国投资者并不应该享受比本国投资者更好的待遇，因此，应通过本国法院的专属管辖权来确定其权利和义务。[②] 1889 年至 1890 年召开的第一届拉美国家国际会议将它纳入美洲国际法原则，许多拉美国家都在其法律、条约和契约中加入含有卡尔沃主义精神的卡尔沃条款，有的国家如墨西哥甚至将其写入本国宪法之中。[③]

该原则被纳入现代投资条约的先行者——《友好通商航海条约》（以下

---

① 〔瑞士〕克里斯塔·纳达尔夫卡伦·舍费尔：《国际投资法：文本、案例及资料》，张正怡、王丹等译，上海社会科学院出版社，2021，第 6 页。

② This thesis was first published in 1868 in the seminal Calvo, Derecho internacional teórico y práctico de Europay América, Paris.

③ 林灿铃：《论侨民保护的特殊情势管辖权》，《政治与法律》2020 年第 10 期。

简称《FCN 条约》）中。例如，1894 年意大利和哥伦比亚之间缔结的《FCN 条约》第 21 条规定：缔约方表示希望避免可能影响其亲切关系的所有类型的争议，并同意对于涉及个人因刑事、民事或行政事项而引起的争议，其外交代表将放弃干预，除非是司法不公正或特别或非法拖延司法。[①]

（二）国际投资争议解决方式的非政治化发展

1907 年海牙第二次国际和平会议签署的《和平解决国际争端公约》结束了"炮舰外交"。该公约为缔结双边仲裁条款提供了框架。根据这一条款，如果两国之间因另一国国民的特殊利益发生争议，将成立一个独立的仲裁庭。实际上，一个国家可以通过国际程序支持其国民的主张，这种方式被称为外交保护权。外国国民在其利益受到损害的时候没有直接的诉讼理由。

正如在"Panevezys-Saldutiskis 铁路案"中常设国际法院（PCIJ）所认为的，"外交保护"权利是在缺乏特别协议的情况下，国家与个人之间的国籍联系独立地授予国家的外交保护权利。外交保护在很大程度上依赖于国家有效地主张其自己的权利的假设。

从个人索赔的角度来看，该程序并不令人满意："他自己没有救济途径，他所属的国家可能不愿意处理他的案件，因为与其并没有实质关系；即使国家愿意这样做，也可能会无休止地延迟，甚至，可以促使被告国将此事提交仲裁……有学者建议，可以通过允许个人为此目的向国际仲裁庭来寻求救济，如果能够设计出适当的保障措施来防止那些仅仅是糊涂的或者无理取闹的索赔，那么这是一项值得被考虑进行的改革。然而，目前国家对这种变化接受的可能性并不是很大。"[②] 这本书写于 1963 年，而之后的情况发生了巨大变化，布赖利教授认为不太可能的事情却成为一个普通的现实，尤其是《ICSID 公约》的缔结促使投资者与东道国之间的投资争议被纳入国际仲裁解决中。

（三）国际投资争议解决方式的"条约化"发展

虽然国际投资仲裁是建立在国际投资条约产生与发展的基础上，但并

---

① Alan Redfern, Martin Hunter, *Redfern and Hunter on International Arbitration* (6th ed.), Oxford University Press, 2015, p. 457.

② Brierly, *The Law of Nations* (6th ed.), Oxford University Press, 1963, p. 277.

非所有国际投资条约都规定了国际投资仲裁条款，特别是在早期和晚近缔结的某些投资条约中。[①] 比如 1959 年德国与巴基斯坦缔结的第一个双边投资条约中就没有规定。在这些没有包含国际投资仲裁条款的投资条约中，通常规定了国家间争议解决机制。但相对于作为私人投资者执行机制的国际投资仲裁而言，国家间争议解决对于缔约国国家主权的影响和挑战弱得多。

而《ICSID 公约》的主要目的是通过在国家间的条约中纳入仲裁条款，为解决投资者与国家之间的投资争议创建一个新的仲裁管辖。公约的准备工作文件还明确指出，可以通过投资法的规定来确定国家对仲裁的同意。随着 1959 年《Abs-Shawcross 海外投资公约草案》和 1967 年 OECD《保护外国财产公约草案》的起草，许多国家已经开始实施促进和保护投资的双边条约计划，明确保护外国投资。[②] 这些双边投资条约是 20 世纪早期《FCN条约》的自然继承者，但仍受到外交保护所施加的限制。《ICSID 公约》一经生效，缔约国的条约起草者们就很快抓住了利用专家来解决投资者和国家之间投资争议的可能性，并通过纳入国家同意投资者诉诸仲裁的条款来实现这一目的。布赖利教授关于允许投资者直接根据其母国与投资所在国（东道国）缔结的投资条约提出索赔的对角条款的愿景，从而成为现实。[③]例如，1981 年瑞士在与斯里兰卡签订的双边投资协定中首次规定了对角条款，并且自此以后就系统地这样做了。[④] 这种直接追索权确保了投资者的主张不受外交保护中固有的政治因素影响，即使投资者与东道国之间没有达成协议，投资者通常也可以直接针对东道国提起仲裁。

国际投资协定（International Investment Agreement，简称 IIA）是指两个或两个以上的国家所缔结的关于规范其相互投资过程中所涉及的投资准

---

① 宁红玲：《投资者—国家仲裁与国内法院相互关系研究》，法律出版社，2020，第 36 页。

② Vandevelde, *Bilateral Investment Treaties: History, Policy, and Interpretation*, Oxford University Press, 2010, p. 466.

③ Alan Redfern, Martin Hunter, *Redfern and Hunter on International Arbitration* (6th ed.), Oxford University Press, 2015, p. 458.

④ Liebeskind, "State-Investor Dispute Settlement Clauses in Swiss Bilateral Investment Treaties", *ASA Bulletin*, Vol. 20, 2002.

入、投资保护、投资运营、投资退出及投资争议的解决的协议。就其内涵
而言，国际投资协定既包括两国政府间签署的双边投资条约（Bilateral In-
vestment Treaty，简称 BIT），也包括规定了投资章节或投资条款的自由贸
易协定（Free Trade Agreement，简称 FTA），或更为广泛的综合性经贸协
定（Comprehensive Economic and Trade Agreement，简称 CETA）。① 双边投
资条约则是国际投资协定的一种主要形式，是指两个国家签订的对来自对
方的投资者和投资在本国境内提供保护的协定，目的是以稳定、有序、规
范的法律框架积极促进良好投资环境的形成。② 自 1980 年以来 IIA 的数量急
剧增加，尤其是 90 年代 BIT 发展迅猛。2020 年，各国缔结了 21 项 IIA，其中
一半以上是英国缔结的展期协议（rollover agreements）。与 2019 年一样，2020
年有效终止了 42 项 IIA，超过了新的 IIA 数量。至 2020 年底，至少有 2646 项
IIA 生效（见图 2）。③

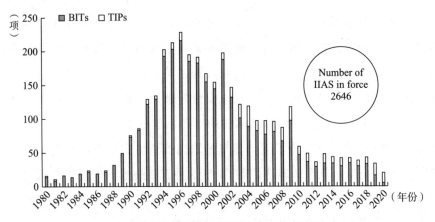

图 2　1980~2020 年国际投资协定缔结情况

　　然而近年来，国际投资政策格局受到一些因素的影响，包括欧盟成员
国签订协议终止成员国间的双边投资协定（intra-EU BITs）、英国脱欧以及

① 齐湘泉、姜东：《国际投资争端解决中的透明度原则》，《学习与探索》2020 年第 2 期。
② UNCTAD, World Investment 2017, https://investmentpolicy. unctad. org/news，最后访问日期：
2021 年 9 月 3 日。
③ UNCTAD, IIA Issues Note, Recent Developments in the IIA Regime: Accelerating IIA Reform,
p. 1, https://investmentpolicy. unctad. org/news/hub/1679/2021 0816 - report-on-new-iias-and-iia-
reform-processes-in - 2020 - 2021，最后访问日期：2021 年 9 月 3 日。

建立非洲大陆自由贸易区的协定的生效。另外，政府为应对新冠感染及其经济影响而采取的政策应对措施可能会与现有的 IIA 义务产生摩擦。因此，有必要维护国际投资协定中足够的监管空间，以保护公众健康并最大限度降低 ISDS 的程序风险，同时保护和促进国际投资发展。国际投资协定制度改革的进展在 2019 年缔结的条约中可见一斑。几乎所有新的 IIA 都具有与联合国贸发会议《国际投资制度改革方案》相一致的特征，其中保留国家管制空间是最常看到的改革领域。各国还继续在新的 IIA 中实施 ISDS 改革要素。[1]

二　双边投资条约条款的标准化发展

双边投资条约在国际投资机制中扮演着重要角色，是多边投资条约发展受阻的一种折中。双边投资条约，只针对单个双边关系的情况在两个缔约国间产生拘束力。大多数双边投资条约都遵从相同的结构，并包含共同条款，通常都参照一些国家颁布的"示范性"双边投资条约，因此，在结构和内容方面大致相似。

（一）投资者待遇条款的标准化

著名国际法学者艾伯特（Abbott）使用"法律化"（legalization）来描述国际法律制度所具有的一系列特征。这些特征又可归纳为义务、准确度和授权：义务是指国家或其他国际法主体受一项或者一系列规则和承诺的约束；准确度是指规则本身明确规定了它们所要求的、授权的或者禁止的行为；授权则是指第三方被授权实施、解释并应用规则，解决纠纷并且在可能的情况下制定进一步规则。在不同的国际法制度中，这三个特征的程度和层次又各有不同。而据此国际法就可分为理想状态下的法律化（三个特征最大化）、"硬法"[2]、"软法"[3] 和法制化的完全缺失。[4] 依照此理论，

① UNCTAD, IIA Issues Note, The Changing IIA Landscape: New Treaties and Recent Policy Developments, 最后访问日期：2021 年 4 月 2 日。
② hard law, 意指有约束力的法律，三个特征或至少义务和授权两个特征特别明显。
③ soft law, 与硬法相对，指上述三个特征都不明显，尤其是义务特征。
④ Kenneth W. Abbott et al., "The Concept of Legalization", *International Organization*, Vol. 54, 2000.

IIA，特别是双边投资条约可以被看作国际法中"硬法"的典型代表：它们明确界定了缔约双方在吸引和促进外资方面的义务；通过规定在条约中的缔约国间争议解决方式和投资者与东道国间争议解决方式，保证条约的正确实施；也赋予第三方（通常为仲裁机构）解释和适用条约的权力。双边投资条约一般都会从实体和程序上赋予外国投资者高标准的保护，这样的保护主要体现在以下条款中：投资定义、详细的绝对和相对待遇标准、征收补偿、资金转移、代位、缔约国间争议解决、投资者与东道国争议解决以及约的适用和生效。[①]

双边投资条约中规定的一些投资待遇标准通常会被规定在一个条款中。而这一条款又可以确定几个不同的待遇标准，这些标准包括国民待遇标准、公平公正待遇标准、最惠国待遇标准、没有征收不得补偿、投资相关资金的自由转移、充分保护和安全等。对于条约缔约国而言，为了吸引外资、促进经济发展，会在与其他国家缔结条约时作出对外国投资保护的标准承诺。这是国家主权的自我限制，因此，其有遵守条约的义务。对于投资者而言，一旦东道国的行为违反这些实体待遇标准，就有权以此为依据进行索赔申请。[②]

（二）ISDS 条款的标准化

几乎所有的双边投资条约都包含缔约国争议解决机制条款。这些争议既可能涉及缔约国自身的利益，也可能与受到母国支持的利益有关。这种国与国之间的争议解决在启动法律程序之前通常会进行磋商与谈判。大多数双边投资条约都包含一方缔约国投资者与另一方政府进行仲裁的独立条款，这种 ISDS 既是投资者保护的要件，也是国际投资法的一个重要特征。双边投资条约的仲裁条款可能包含也可能不包含东道国同意参与仲裁的意思表示，即使东道国直接表明了仲裁意思表示，这些仲裁条款也可能对该意思表示进行限制。仲裁条款还会规定解决争议的一个或多个仲裁机构，以及仲裁庭的组成程序。一些比较新的 IIA 提到了"投资法院"。ISDS 为外

---

① 张生：《国际投资仲裁中的条约解释研究》，法律出版社，2016，第 24 页。
② 〔美〕加里·B. 博恩：《国际仲裁：法律与实践》，白磷等译，商务印书馆，2011，第 568 ~ 569 页。

国投资者提供的结构性优势促进了这种方案的兴起。①

但并非所有投资条约都规定了 ISDS，特别是在早期和晚近缔结的某些投资条约中。比如我国 1984 年与比利时—卢森堡经济联盟缔结的双边投资条约②、1985 年与丹麦缔结的双边投资条约等才就征收补偿额争议规定了 ISDS。并且不同时期、不同国家缔结的投资条约规定的投资仲裁条款也不尽相同。

三 国际投资条约的三角结构

有学者认为投资条约应重新定义为三角条约，即主权国家之间缔结的、为投资者作为非缔约方的第三方受益人创设了可实现权利的协议。A 国（东道国）同意向来自 B 国（投资者母国）的投资者提供某些保护，反之亦然。如果投资者认为投资条约中的保护措施被违反，那么其就被允许直接对东道国提出仲裁请求。因此，该协议虽然由投资者母国和东道国缔结，却是为来自缔约国的投资者利益而创建的，并且通常由其执行。③

（一）三角结构中的法律关系

这一概念借鉴了国际公法原理、第三方受益人学说以及公法的原则，对国际投资条约独特的混合性质进行归纳。人们倾向于将这些条约理解为建立了两种双边关系。第一种是在国家层面，缔约方之间形成的条约关系。第二种是在投资者与东道国之间，投资者接受东道国发出的长期的仲裁要约之后形成的特定争议案件中投资者和东道国之间的合同关系。④ 然而，这种分叉方法在分析投资者与其母国之间、投资者和条约缔约方之间关系时是不适用的。为此，我们需要一种理论，将投资者、投资者母国和东道国之间的三角关系概念化为一个整体的一部分。⑤

国际投资条约是各国之间缔结的国际协议，不是简单地规范国家间的

---

① 〔瑞士〕克里斯塔·纳达尔夫卡伦·舍费尔：《国际投资法：文本、案例及资料》，张正怡、王丹等译，上海社会科学院出版社，2021，第 34 页。

② 该条约已终止。

③ Anthea Roberts, "Triangular Treaties: The Extent and Limits of Investment Treaty Rights", *Harvard International Law Journal*, Vol. 56, 2015.

④ Jan Paulsson, "Arbitration Without Privity", *ICSID Review*, Vol. 10, 1995.

⑤ Anthea Roberts, "Power and Persuasion in Investment Treaty Interpretation: The Dual Role of States", *American Journal of International Law*, Vol. 104, 2010.

权利义务，而是作为一个国际公法前提，给予投资者作为非缔约方的受益者可执行的权利。这种结构与传统的合同法模式不同，是将主权方达成的协议赋予非主权实体权利。有学者认为，这种三角结构将我们的注意力集中在条约缔约方的利益和意图上，而不是投资者的利益或期望上。国家不是仁慈的行为者，相反，他们为第三方投资者授予可执行的权利以实现自己的目标。上文所述的投资者保护和投资争议解决的非政治化发展可以帮助我们提高认识。

（二）三角结构对国际投资仲裁裁决审查的影响

以三角结构的国际投资条约为基础的国际投资仲裁也因此具有了独特的性质和结构，使得可仲裁性分析变得更加复杂。同时这种特征和结构对法律适用和国际投资仲裁裁决的审查标准也会产生相应的影响。[①]

具体而言，国际投资条约限制了仲裁地法院排他地适用其国内法律确定审查标准的能力。相反，国内法院必须根据国际法解释投资条约，确定国际投资仲裁裁决的司法审查标准。这与法院在国内仲裁裁决和基于合同的国际商事仲裁裁决中审查标准的确定是不同的。国内法院对国际投资争议的管辖权，如果有的话，那么并不适用于争议本身，而是严格限于国际投资仲裁裁决的撤销或执行程序中。

第三节　多层级争议解决条款与国际投资仲裁

如前所述，仲裁庭的管辖权来自投资条约中国家的"同意"，而绝大多数缔约国都会在投资条约中设置用尽当地救济等前置条款、岔路口条款来限制仲裁庭的管辖权，从而建立多层级的争议解决程序。根据传统国际法，国家代表投资者行使外交保护之前，投资者必须已经用尽东道国国内法院提供的救济方法。但与外交保护的习惯法规则不同的是，条约项下的国际投资仲裁并不当然以用尽当地救济为前提，而是取决于具体投资条约的规定。出于各种因素的考虑，有的条约彻底摒弃了用尽当地救济规则；有的条约通过"岔

---

① Jarrod Wong, "BG Group v. Republic of Argentina: A Supreme Misunderstanding of Investment Treaty Arbitration", *Pepperdine Law Review*, Vol. 43, 2016.

路口条款"将投资者的选择限定为东道国当地救济和国际投资仲裁中的一种；有的条约虽然要求投资者在提请仲裁前寻求当地救济，但不再要求"用尽"；有的条约虽然保留了用尽当地救济的要求，但仅限于行政救济，排除了司法救济。[①] 同时也会约定可供外国投资者选择的仲裁机构或者仲裁规则。

一　前置程序条款的性质认定与适用

国际投资仲裁的主要目的之一是避免国内司法救济程序的使用。从投资者的角度来看，国内法院并不是解决其与东道国投资争议的有吸引力的管辖机构。无论对错，投资者总会担心东道国法院对其提出索赔的要求有偏向性，尤其是在那些他们认为没有独立的司法制度的国家，行政机关对法院诉讼程序的干预通常是正常的。即使没有干预，法院对国家的忠诚意识也可能影响诉讼的结果，特别是在涉及巨额赔偿的时候。此外，在许多国家，国内法院必须适用当地法律，即使该法律与保护投资者权利的国际法律规则相矛盾。[②] 即使投资者在国内法院的诉讼中胜诉，行政机关也可能会选择忽视司法机关的判决，比如"Siag 诉埃及案"[③]。投资者母国与第三国的法院通常也不是一个可行的选择，因为在大多数情况下，它们对在另一个国家进行的国际投资争议缺乏属地管辖权。而且，国家的豁免权也是东道国之外的其他国家国内法院行使管辖权的障碍，因为与外国投资者打交道的东道国通常是行使主权行为而不是商业行为。但是东道国与外国投资者之间的仲裁协议并不意味着国内法院不再发挥作用，即使管辖权权限从国内法院转移到国际仲裁庭[④]，两者之间仍有千丝万缕的联系。[⑤]

（一）用尽当地救济条款的性质认定与适用不一致

在国际投资仲裁中，用尽当地救济规则（Exhaustion of Local Remedies）

---

① 宋俊荣：《论投资者—国家间仲裁中的东道国当地救济规则——从〈美墨加协定〉切入》，《环球法律评论》2021 年第 4 期。

② M. N. Shaw, *International Law*, Cambridge University Press (6th ed.), 2008, pp. 148 – 157.

③ Siag v. Egypt, ICSID Case No. ARB/05/15, Award, 1 June 2009, paras. 33 – 87, 436, 448, 454 – 455.

④ Christoph Schreuer, *Interaction of International Tribunals and Domestic Courts in Investment Law*, Martinus Nijhoff Publishers, 2011, pp. 71 – 72.

⑤ Julian D. M. Lew, "Does National Court Involvement Undermine the International Arbitration Process?", *ICSID Review*, Vol. 24, 2009.

是指，声称受到东道国损害的外国投资者必须首先在东道国的行政和司法制度内就其损害寻求赔偿，直至一项最终决定作出后，才能直接对东道国提起国际仲裁。

未明确要求用尽当地救济，即视为放弃。《ICSID 公约》关于用尽当地救济规则的规定体现在第 26 条[①]，该公约对于是否应当在国际投资争议中适用用尽当地救济规则采取的是"默示不适用，适用需明示"的态度。在"Generation Ukraine 诉乌克兰案"中，仲裁庭认为："第 26 条首句确定了 ICSID 裁决一旦被选择，便排除了其他救济方式。按理来说，这意味着《ICSID 公约》缔约国放弃其本国救济规则的适用，所以投资者无须在启动 ICSID 裁决程序前先向被申请方法院或仲裁庭寻求被济。但由于第 26 条第 2 句并未明确表明而仅是暗示了此种结果，因此缔约国仍可将先行用尽当地救济作为同意仲裁的条件。"[②] 在"Rosinvest 诉俄罗斯案"中，仲裁庭认为：如果有必要这样做，如上所述，国际投资仲裁的同意相当于放弃用尽当地救济规则。选择国际仲裁解决投资争议，则排除了用尽当地救济规则。[③] 在"Lanco International 诉阿根廷"[④] 案中，仲裁庭认为，第 26 条第 1 款中的排他性规则意味着"在启动 ICSID 裁决之前没有必要用尽国内程序，除非另有规定"。通过分析之前的 ICSID 案件，该案仲裁庭进一步指出：第 2 款规定缔约国可以对上述放弃用尽当地救济规则的条款进行保留。仲裁庭还指出，各国可以下列方式要求将用尽当地救济作为 ICSID 裁决的条件：（1）在提出提交 ICSID 裁决的双边投资条约中；（2）在国内立法中；（3）在载有 ICSID 条款的投资条约中。

根据 NAFTA 第 11 章第 1121 条（b）款的规定，受到损害的投资者可

---

① 《ICSID 公约》第 26 条规定：除非另有规定，双方同意根据本公约交付仲裁，应视为同意排除任何其他救济方法而交付上述仲裁。缔约国可以要求以用尽该国行政或司法救济作为其同意根据本公约交付仲裁的条件。

② Generation Ukraine, Inc. v. Ukraine, ICSID Case No. ARB/00/9, Award on Jurisdiction, 16 Sep. 2003, para. 13. 4.

③ RosInvest Co UK Ltd v. The Russian Federation, SCC Case No. V079/2005, Award on Jurisdiction, 1 Oct. 2007, para. 153.

④ Lanco International v. Argentina, ICSID Case No. ARB/97/6, Jurisdiction of the Arbitral Tribunal, 8 Dec. 1998.

以不经过投资东道国当地救济而直接提起国际仲裁，但是如果受到损害的投资者要直接提起国际仲裁，就必须放弃在投资东道国国内所有的救济方式。在国际仲裁庭审理的一些根据 NAFTA 第 11 章第 1121 条（b）款提交的赔偿申请案件时，不仅审理案件本身内容，还会对放弃所有投资东道国国内当地救济的声明进行审查，判断投资者放弃所有当地救济的声明是否符合标准。在"Waste Management 诉墨西哥案"① 中，仲裁庭认为："这种情形下，用尽当地救济成为一项国际诉讼中的实质性标准而不仅是一个程序性前提。"

与 NAFTA 相比，《美墨加贸易协定》在东道国当地救济要求方面做了更加细致的规定，主要体现在附件 14 - D 第 14. D. 5 条第 1 款的（a）项和（b）项对寻求当地救济的主体、当地救济的类型、无须寻求当地救济的例外情形，用"终局性"要求替代"用尽"的要求，将当地救济的诉因限定在东道国国内法基础之上，有利于仲裁庭更为精准地适用协定，也有利于改善裁决不一致的现象。②

关于用尽当地救济规则的法律性质的理解，是程序问题还是管辖权问题，即是作为可否受理请求（admissibility of a claim）的一个条件，还是作为是否

① Waste Management, Inc. v. United Mexican States（"Number 2"），ICSID Case No. ARB（AF）/00/3，Award，30，Apr. 2004. 案情简介：Waste Management 是一家美国公司，其于 1994 年在墨西哥设立了全资子公司 Acaverde。后 Acaverde 与墨西哥格雷罗州的阿卡普尔科市签订了废物处理特许经营协议。根据协议，Acaverde 承诺在阿卡普尔科的指定区域独家提供某些市政废物处理和街道清洁服务，有关区域包含大约 9000 个住宅和商业地址，覆盖了该市的主要旅游区和海滨地区（旅游业是阿卡普尔科最重要的行业）。同时，阿卡普尔科市承诺，其不会向任何其他公司或个人授予"与特许权人在特许权协议下的权利相抵触的任何权利或特许权"，其也会颁布相应法规禁止特许权人以外的任何个人或实体对特许区内的任何废物进行手动清扫、收集、运输、使用、回收或处置。双方一致认为，相关法规的颁布将成为 Acaverde 运营的先决条件，Acaverde 可以将任何"该市未能充分执行这些法规的行为"默认为违约。1995 年 8 月 15 日，Acaverde 开始按照协议约定提供服务，但受到当地居民的抵制，在 Acaverde 的服务和收费开始引起公众骚乱之后，阿卡普尔科市市长于 1995 年 10 月要求 Acaverde"作出调整，以适应墨西哥标准"。在 Acaverde 提供服务期间，阿卡普尔科市未按照协议约定履行支付价款的义务，Acaverde 面临财政危机，其于 1997 年 11 月 12 日起暂停根据协议提供的服务。因双方争议，Acaverde 先后向墨西哥法院提出诉讼、依据特许经营协议第 17 条寻求仲裁，均无果而终，后其以墨西哥为被申请人，以其违反 NAFTA 第 1110 条和第 1105 条为由向 ICSID 提出仲裁请求。

② 宋俊荣：《论投资者—国家间仲裁中的东道国当地救济规则——从〈美墨加协定〉切入》，《环球法律评论》2021 年第 4 期。

同意仲裁的一个条件（condition of consent to arbitrate）。对此，仲裁庭的裁决也并不一致。如在"Abaclat 诉阿根廷案"[①]、"Hochtief 诉阿根廷案"[②]、"Teinver 诉阿根廷案"[③] 等案件中，仲裁庭都对双边投资条约中关于用尽当地救济的时限要求的规定作出了解释，认为该等规定属于程序性要求。如在"Hochtief 诉阿根廷案"[④] 中，仲裁庭特别强调，必须将这种要求视为"一项关于请求可否受理的规定，而不是关于仲裁庭管辖权的规定"，认为将国内诉讼作为仲裁前置条件是"没有意义的"，未满足该条件并不否定仲裁庭的管辖权。相反，在"Maffezini 诉西班牙案"[⑤]、"Siemens 诉阿根廷案"[⑥]等案件中，仲裁庭认为，双边投资条约中关于寻求当地救济方式的时限要求是同意仲裁的强制性条件，如果投资者不遵守这一条件，且缺少支持仲裁庭管辖权的其他依据，会导致仲裁庭以无管辖权为由驳回仲裁请求。而且，用尽当地救济规则的效果也值得怀疑。它极大地增加了寻求仲裁的一方当事人的负担，严重阻碍了国际仲裁的进程。国内法院对复杂的投资争议案件在 18 个月内作出实质性决定的可能性是极小的，即使国内法院能够按时作出判决，但如果投资者对判决不满，争议仍将继续。因此，18个月之后当事人很可能依然会选择仲裁。简而言之，国内法院难以在 18个月内解决争议，故该规定最常见的"效果"是延误争议解决、提高解决成本。

晚近以来，受投资自由化理论的影响以及投资仲裁体制的盛行，"用尽当地救济"规则日趋衰落。然而最近几年，阿根廷、印度、罗马尼亚、

---

① Abaclat and Others v. Argentina Republic（formerly Giovanna a Beccara and Others v. Argentina Republic），ICSID Case No. ARB/07/5，Decision on Jurisdiction and Admissibility，4 Aug. 2011.

② Hochtief AG v. Argentina Republic，ICSID Case No. ARB/07/31，Decision on Jurisdiction，24 Oct. 2011.

③ Teinver S. A.，Transportes de Cercanías S. A. and Autobuses Urbanos del Sur S. A. v. Argentina Republic，ICSID Case No. ARB/09/1，Decision on Jurisdiction，21 Dec. 2012.

④ Hochtief AG v. Argentina Republic，ICSID Case No. ARB/07/31，Decision on Jurisdiction，24 Oct. 2011.

⑤ Emilio Agustín Maffezini v. The Kingdom of Spain，ICSID Case No. ARB/97/7，Decision of the Tribunal on Objections to Jurisdiction，25 Jan. 2000.

⑥ Siemens A. G. v. Argentina Republic，ICSID Case No. ARB/02/8，Decision on Jurisdiction，3 Aug. 2004.

土耳其、阿拉伯联合酋长国和乌拉圭等国在与他国签订的投资条约中纷纷重新引入用尽当地救济规则，体现了这一规则最新的发展趋势。这种做法旨在增加国内法律制度的自主权，使国内法规定在投资争议中不容易被回避。

（二）协商期条款的性质认定与适用不一致

国际投资条约中，投资仲裁的一个常见的条件是必须先经过磋商或者谈判进行和解，这一程序一般要求 3~12 个月，BIT 中较有代表性的等待时间是 6 个月。如果投资争议在此期间内没有达成解决方案，那么申请人会提起仲裁程序。协商期（cooling-off period），又称等待期（waiting period），在双边投资条约语境下，其含义为，双方当事人启动仲裁程序前必须经过特定时间的等待，在此期间，双方应当尝试协商、达成和解。新近研究表明，大约 90% 的双边投资条约都包括"协商期"条款。然而"协商期"条款作为双边投资条约里的重要条款，各方对此理解不一。关于"协商期"条款解释与适用的判例呈现相当强的多样性，使得一些法律评论家将其称为"令人沮丧的沼泽"（dismal swamp）。[①] 对协商期条款性质的解读存在三种较具有洞察力的观点。

第一种观点认为协商期条款仅仅是鼓励当事人寻求多元化争议纠纷解决方式（ADR）的一种劝诫，而不是适当的法律义务。比如在"Lauder 诉捷克案"[②]（以下简称"Lauder 案"）中，仲裁庭认为《捷克—美国 BIT》第 6 条第 3 款（a）规定的 6 个月协商期并不是管辖权规定，而是给当事方在提起投资仲裁前善意协商的机会。在"SGS 诉巴基斯坦案"[③] 中，仲裁庭认为等待期间是程序性的，而不是管辖性的，谈判将会是徒劳的。因此，仲裁庭没有因投资者未遵守为期 12 个月的协商期的要求，从而裁定当事人提出的

---

① Aravind Ganesh, Cooling off Period（Investment Arbitration），MPILux Working Paper 7，https://www.researchgate.net/publication/317595497_Cooling_Off_Period_Investment_Arbitration，最后访问日期：2019 年 10 月 20 日。

② Lauder v. Czech, ICSID Case No. ARB（AF）/99/1IIC 205, Final Award, 3 September 2001, para. 187.

③ SGS Société Générale de Surveillance S. A. v. Islamic Republic of Pakistan, ICSID Case No. ARB/01/13, Decision of the Tribunal on Objections to Jurisdiction, 6 August 2003.

仲裁庭管辖权异议成立。在"Biwater Cauff 诉坦桑尼亚案"① 中,《英国—坦桑尼亚 BIT》规定了 6 个月的协商期。当事方尝试解决争议,但在提交仲裁时,6 个月的协商期并没有结束。仲裁庭坚持认为这不妨碍仲裁程序,"这 6 个月的协商期本质上是指导性的 (directory) 和程序性 (procedural) 的,而不是强制性 (mandatory) 的、与管辖权相关 (jurisdictional) 的。其潜在的目的是提供和解的机会而不是阻碍仲裁程序,在仲裁程序中这种解决方法是不可行的。因此,没有遵循 6 个月的协商期并不妨碍仲裁庭进行仲裁程序。如果有阻碍,那么这一规定将会带来很大影响,包括:阻止案件的起诉,使得申请人在 6 个月协商期未完成时不能寻求其他救济,即使进一步的谈判已明显是徒劳的,或者出于其他原因完全不可能达成解决方案。即使当仲裁庭开始考虑这一事件时,6 个月协商期已经过去,申请人也不得不重启仲裁"。根据这一观点,协商期条款仅仅为鼓励当事人考虑多元化争议纠纷解决方式的劝告性条款,此条款并不会影响当事人启动仲裁程序的权利或影响仲裁庭的管辖权。

第二种观点认为协商期条款实际上规定了仲裁前置程序,并且使申请人负有寻求多元化争议纠纷解决方式的义务,亦即要求双方当事人尽力协商,除非协商无效,否则仍需继续等待协商期届满。若提交仲裁前当事人没有经过协商,那么仲裁庭对此争议事项无管辖权。与"协商期"作为程序性条款的观点对比,第二种观点认为协商期条款与管辖权相关,因此"未能遵守该要求"将明确导致仲裁庭缺乏管辖权。在"Murphy Exploration and Production Co 诉厄瓜多尔案"② 中,仲裁庭认为申请人提出的"不经协商是高效率、低成本做法"的抗辩理由不能成立。因为仲裁庭认为对协商期的遵守不仅仅是形式上的条款,而且必须得到严格遵守。协商期为双边投资条约中值得奉行的机制,它使得双方在争议纠纷必须提交仲裁之前进

---

① Biwater Guff v. Tanzania, ICSID Case No. ARB/05/22, Award, 24 July 2008, paras. 338 – 343.

② Murphy Exploration and Production Co. International v. Ecuador, ICSID Case No. ARB/08/4, Award on Jurisdiction, 1 Sep. 2011. 基本案情:投资者在东道国厄瓜多尔设有子公司,然而该子公司的利益将会因当地法律变化而受到影响。子公司作为集团成员已与东道国进行长达 1 年的协商,但与投资者本身没有进行协商。尽管如此,投资者在发送"触发信"(trigger letter) 4 天之后就将争议提交仲裁。

行真诚的协商与和解。尽管投资者在抗辩中认为与东道国厄瓜多尔的谈判很可能无果，但是仲裁庭坚持如下观点：谈判是否会无果必须先由双方尝试后才能做最后判断。仲裁庭认为提起仲裁只是申请人的单方意愿，它的做法排除了当事人进行和解的可能性，因此，投资者的行为严重违反双边投资条约，因此，仲裁庭没有管辖权。在"Burlington Resources 诉厄瓜多尔案"① 中，《厄瓜多尔—美国 BIT》规定了争议的磋商和谈判，即投资者有义务在投资争议提交仲裁前至少 6 个月发出通知，从而有效地赋予东道国在争议提交仲裁之前的知情权，让东道国有机会在投资者将争议提交仲裁之前解决问题。但在本案中，申请人剥夺了东道国协商解决争议的机会，违反了条约中的"协商期"条款的规定，足以阻碍仲裁庭行使管辖权。

第三种观点是前述两种观点的折中，认为"协商期"条款是合同义务条款，违反"协商期"条款并不导致仲裁庭无管辖权，但会导致违约损害赔偿的产生或引发禁令性救济（injunctive relief）。② 但目前尚未有国际投资仲裁的案例采取第三种观点的做法。

二　岔路口条款的目的与适用

根据《布莱克法律词典》的解释，岔路口条款（Fork in the Road Clause），是指一旦选择其中一种方式，就不能再寻求另一种救济方式（when one way has been chosen, no recourse is given to another）。投资条约中，尤其是双边投资条约，争议解决条款都会对国际仲裁与国内法院司法裁判之间的程序选择加以规定。缔结得比较早的 BIT 中大多规定了用尽当地救济程序，如上文所述，将争议提交东道国国内司法解决成为投资者提交国际仲裁的前提条件，并要求一定的等待期。而岔路口条款为外国投资者提供一种在东道国国内法院和国际仲裁之间的救济途径选择，二者择其一。外国投资者一旦作出选择，这个选择就是最终的。如果投资者诉诸东道国的国内法院解决

---

① Burlington Resources v. Ecuador, ICSID Case No. ARB/08/5, Decision on Jurisdiction, 2 June 2010, paras. 312–318.

② Aravind Ganesh, "Cooling off Period (Investment Arbitration)", MPILux Working paper 7, www. mpi. lu，最后访问日期：2019 年 10 月 20 日。

争议，则失去了提交国际仲裁的权利。①

（一）岔路口条款的目的

此类条款中规定的替代性争议解决方式通常包括以下一项或多项的组合：东道国国内法院、由投资者和东道国事前根据争议解决条款选择的国际法院或仲裁庭。② 支持投资条约中规定岔路口条款显然是为了避免在同一投资争议的多个管辖中进行多次诉讼。从更通俗的角度来看，它旨在防止投资者就同一个争议提交不同的管辖途径，"在一个樱桃上咬好几口"。在"Lauder 诉捷克案"中，仲裁庭认为，该条款的目的是避免同一申请人就同样的投资争议……对同一被申请人（条约缔约方）在不同的仲裁庭和/或者不同国内法院进行裁决。③ 在"Supervision y Control 诉哥斯达黎加案"④ 中，仲裁庭指出：国内法院与国际仲裁作为争议解决机制并存，可能产生很大的重复风险，以及对投资期间争议适用何种机制而产生分歧。

"Vivendi 诉阿根廷案"⑤ 对岔路口条款作了非常详细的分析。本案涉及

---

① Christoph Schreuer, "Travelling the BIT Route, of Waiting Periods, Umbrella Clauses and Forks in the Road", *The Journal of World Investment & Trade*, Vol. 5, 2004.

② LANCO International Inc. v. ZCSID Argentina Republic, Case No. ARB/97/6, Preliminary Decision on Jurisdiction, 8 Dec. 1998.

③ Lauder v. Czech, UNCITRAL Arbitration, Final award, 3 September 2001.

④ Supervision y Control v. Costa Rica, ICSID Case No. ARB/12/4.

⑤ Vivendi v. Argentina, ICSID Case No. ARB/97/3. 案情简介：1995 年 5 月 18 日，法国通用水务公司（Compagnie Générale des Eaux, CGE 公司，1998 年更名为"Vivendi"）与阿根廷图库曼省签订了一项为期 30 年的特许协议，由 CGE 公司及 CAA 公司负责图库曼省的供水和污水处理系统建设。特许协议源于图库曼当局在 1993 年作出的将其供水和水污染处理设施私有化的决定。根据特许协议，1995 年 7 月 22 日，CGE 公司正式开始图库曼省水资源的运营。由于图库曼省供水和排污系统存在严重技术和商业缺陷，CGE 公司进行了大量投资，以改善水污染处理系统和老旧设备，提高服务质量。1995 年 7 月，CGE 公司接手图库曼省水资源运营项目不久，即受到来自图库曼省多项法令、决议和法规阻挠，CGE 公司认为图库曼省旨在破坏该特许经营，迫使其退出该省或重新就协议进行谈判。图库曼当局对 CAA 公司进行了持续和公开的攻击，煽动和鼓励客户不支付水费，CGE 公司还遭到图库曼政府官员的谩骂和侮辱。CGE 公司认为图库曼当局的行为总体上是在干扰特许协议的履行，因此于 1996 年 3 月 5 日通知阿根廷与图库曼省就特许协议进行谈判。阿根廷政府参与 CGE 公司与图库曼的谈判，但未能重新缔结双方都可以接受的特许协议。投资者认为图库曼省的行为可以被视为阿根廷政府的行为，且阿根廷没有及时阻止图库曼当局采取的行动以及促使图库曼当局遵守特许协议，阿根廷政府属于不作为，违反了 1991 年《阿根廷—法国双边投资条约》（以下简称阿根廷—法国 BIT）第 3 条规定的公平公正待遇和第 5 条规定的征收规定，遂于 1996 年 10 月 26 日向 ICSID 申请仲裁。

《阿根廷—法国 BIT》第 8 条第 2 款的规定，投资者一旦将争议提交相关缔约一方管辖或者国际仲裁，那么任何一种程序的选择都是终局的。第 3 款规定，投资者可以选择依据 UNCITRAL 组成临时仲裁或 ICSID 裁决。本案中申请人选择了后者。仲裁庭和专门委员会认为投资者对仲裁作出了有效选择，并且支持了仲裁庭对申请人提交的投资争议的管辖权。因此，仲裁庭得出结论：如同第 16.4 条所规定的那样，申请人以违反合同为理由向行政法院对图库曼省提起诉讼，不会构成申请人对阿根廷在国内管辖权中的一种选择，从而构成《阿根廷—法国 BIT》第 8 条规定的"岔路口"，排除未来根据《ICSID 公约》提出的索赔要求。①

（二）岔路口条款的适用

在投资活动过程中，投资者经常陷入当地法律争议中。但是，并不是向法院或仲裁庭提起的每一争议都适用岔路口条款。尽管这些争议在某种程度上可能会与投资有关，但其与国际仲裁中的投资争议并不必然相同。因此，国内法院中出现的争议并不必然妨碍国际仲裁选择。各仲裁庭认为只有基于同样原因在相同当事方之间的争议已经提交东道国国内法院时，岔路口条款不能提交国际仲裁的规定才能适用。

关于岔路口条款的适用条件，在"Victor Pey Casado 诉智利案"中，仲裁庭提出了"三重身份检验标准"（Triple Identity Test），即向国内法院和仲裁庭提出的申请必须同时具备：（1）相同的标的；（2）相同的诉因；（3）相同的当事方。② 此外，也有仲裁庭认为上述"三重身份检验标准"与案件并不具有相关性，尤其在双边投资条约未明确提出该要求的情况下。如在"H&H Enterprises Investments 诉埃及案"中，仲裁庭提出，《美国—埃及 BIT》第 7 条并未明确规定，在援引岔路口条款时，须满足"三重身份检验标准"；而原告在本案提出的三重身份检验标准是基于对仲裁判例的解读，而

---

① Suez, Sociedad General de Aguas de Barcelona S. A. , and Vivendi Universal S. A. v. The Argentine Republic, ICSID Case No. ARB/03/19.

② Victor Pey Casado v. Chile, ICSID Case No. ARB/98/2, Award, 8 May 2008, Toto Construzioni v. Lebanon, ICSID Case No. ARB/07/12, Decision on Jurisdiction, 11 Sep. 2009.

非条约的具体规定或其相关解释。①

在"CMS 诉阿根廷案"中，仲裁庭认为："一些其他 ICSID 仲裁庭的裁决表明，合同主张与条约主张是不同的，即使向当地法院诉称合同违约，也不能阻碍其就条约主张提出仲裁。仲裁庭认为这种观点适用于目前的争议的理由是充分的，由于 CMS 没有向当地法院提交申请，即使 TGN② 这么做了，也不能对抗岔路口条款适用。在不同的法律文件中当事方和行为起因都是不同的。"③

在"Toto Construzion 诉黎巴嫩案"中，仲裁庭认为，应当根据是否具有相同的标的和诉因，将合同主张和条约主张进行区分。④ 但在"Pantechniki SA Contractors & Engineers（Greece）诉阿尔巴尼亚案"中，仲裁庭提出，由于申请人的诉求已经被其在阿尔巴尼亚法院提出的诉讼请求所包含，可以认为申请人对救济途径已作出选择，因此岔路口条款适用于本案并排除了 ICSID 对申请人仲裁请求的管辖权。⑤

关于岔路口条款的具体适用，国际投资仲裁目前并未达成统一的标准，但"三重身份检验标准"中的三个因素，即标的、诉因以及当事方，都应当是仲裁庭在考虑适用岔路口条款、排除国内法院诉讼程序或其自身管辖权时需重点考量的因素。总的来说，当前总体趋势仍倾向于鼓励双边投资条约下的国际投资仲裁或依 ICSID 裁决程序继续进行，即鼓励仲裁庭行使管辖权。具体而言，关于岔路口条款的适用条件目前倾向于进行较为宽松的解释，以便利仲裁庭行使管辖权。

三　国际投资仲裁条款中可供选择的机构及规则

尽管 ICSID 是最普遍的管辖投资争议的国际仲裁庭，但是非 ICSID 仲裁

---

① H&H Enterprises Investments v. Egypt, ICSID Case No. ARB/09/15, Excerpts of the Award, 6 May 2014.
② TGN 是一家持有阿根廷天然气运输执照公司，CMS 是其股东。
③ CMS v. Argentina, ICSID Case No. ARB/01/8, Decision on Jurisdiction, 17 July 2003.
④ Toto Construzioni v. Lebanon, ICSID Case No. ARB/07/12, Decision on Jurisdiction, 11 September 2009.
⑤ Pantechniki SA Contractors & Engineers（Greece）v. Republic of Albania, ICSID Case No. ARB/07/21.

争议解决机构也会被约定在投资仲裁争议解决条款中，包括：海牙常设仲裁法院（PCA）以及一些商事仲裁机构，如瑞典斯德哥尔摩商会仲裁院（SCC）、伦敦国际仲裁院（LCIA）等。如果没有特定的机构，那么案件将被提交至临时仲裁庭。[①] 因此，外国投资者可以按照仲裁合意选择将国际投资争议诉诸 ICSID 仲裁，或者将投资争议提交包括商事仲裁机构在内的其他仲裁机构，也可以选择适用 UNCITRAL 进行临时仲裁。比如 ECT 第 26 条提供给投资者选择争议适用的仲裁规则包括：《ICSID 公约》、ICSID 附加便利规则、UNCITRAL 规则或者 SCC 规则。因此，根据投资条约中仲裁争议解决条款内容的不同，外国投资者可将其与东道国之间的投资争议提交不同的仲裁机构，或受不同的仲裁规则约束。

（一）仲裁规则适用及仲裁机构受理国际投资仲裁案件情况

在已知的公开的 1190 件仲裁案件中[②]，如图 3 所示，适用 CRCICA 规则的有 1 件，ICC 规则的有 22 件，ICSID 规则的 644 件，ICSID 附加便利规则的 66 件，LCIA 规则的 1 件，MCCI 规则的 3 件，SCC 规则的 53 件，UNCITRAL 规则的 369 件，IACAC 规则的 1 件；选择 ICSID 的仲裁案件有 742 件，CRCICA 的仲裁案件有 2 件，ICC 的仲裁案件有 23 件，LCIA 的仲裁案件有 5 件，MCCI 的仲裁案件有 3 件，PCA 的仲裁案件有 202 件，SCC 的仲裁案件有 54 件，HKIAC 的仲裁案件有 1 件，CESCON 的仲裁案件有 1 件。

根据上述案件数量统计，ICSID 依《ICSID 公约》管辖的投资仲裁案件约为公开发布案件总量的 62.04%（不包括 ICSID 附加便利规则）[③]，因此毫无疑问，ICSID 仍是解决外国投资者与东道国间投资争议的主要机构。但非 ICSID 裁决的数量也并不少，比如依据 UNCITRAL 规则的仲裁案件占比超过 30%。

---

① 〔德〕鲁道夫·多尔查、〔奥〕克里斯托弗·朔伊尔编《国际投资法原则》，祁欢、施进译，中国政法大学出版社，2014，第 250 页。
② 其中未适用规则的临时仲裁（ad-hoc）10 件，数据暂无的 20 件。另有无管理机构的 74 件，数据暂无的 83 件。
③ UNCTAD IIA Issues Note：Investor-State Dispute Settlement Cases Pass. The 1000 Mark：Cases and Outcomes in 2019，https://unctad.org/system/files/official-document/diaepcbinf2020d6.pdf，最后访问日期：2020 年 12 月 1 日。

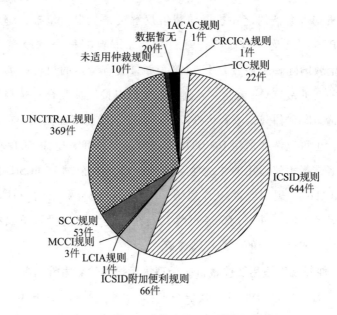

图 3　已知的公开仲裁案件适用仲裁规则情况

资料来源：UNCTAD，https：//investmentpolicy. unctad. org/investment-dispute-settlement?
id = 634&name = greentech-and-novenerg，数据统计截止日期：2021 年 12 月 31 日，最后访
问日期：2022 年 5 月 1 日。

（二）专门受理国际投资争议的仲裁机构——ICSID

ICSID 是根据 1965 年《ICSID 公约》于 1966 年设立的一个独立的、去政治化的国际投资争议解决机构，隶属于世界银行。截至 2021 年 8 月，《ICSID 公约》共有 155 个缔约国，另有 8 个签署国。ICSID 接受仲裁申请的条件包括：投资争议涉及法律问题；东道国和投资者母国皆为《ICSID 公约》成员国。除此之外，争议双方（东道国和投资者）必须都同意 IC-SID 的管辖。① 仅加入《ICSID 公约》是不够的，因为加入《ICSID 公约》不等于愿意接受 ICSID 管辖。② ICSID 理事会还创造了附加便利机制。在争议各方接受其管辖的前提下，附加便利规则处理 ICSID 管辖范围之外的

---

① 《ICSID 公约》第 25 条第 1 款相关部分规定：中心的管辖适用于缔约国（或缔约国向中心指定的该缔约国任何组成部分或机构）和另一缔约国国民之间因直接投资而产生并经双方书面同意提交给中心的任何法律争议。

② 《ICSID 公约》序言部分第 7 段：认识到不能仅仅由于缔约国批准、接受或核准本公约这一事实而不经其同意就认为该缔约国具有将任何特定的争议交付调解或仲裁的义务。

案件。① 2003～2020 年 ICSID 登记案件数量如图 4 所示。

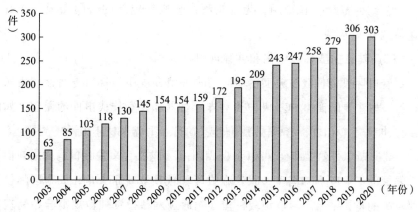

图 4　2003～2020 ICSID 登记案件数量

资料来源：ICSID 官网，*2020 Annual Report：Excellence in Investment Dispute Resolutio*，p. 20，https：//icsid. worldbank. org/sites/default/files/publications/ICSID_AR20_CRA_Web. pdf，最后访问日期：2021 年 8 月 20 日。

2016 年 10 月，ICSID 正式启动了新一轮规则修订工作，此次修订旨在促进 ICSID 规则现代化，并提高 ICSID 裁决效率。2021 年 6 月，ICSID 公开了第五次仲裁规则修订的阶段性工作文件以征求公众意见。此次修订只是建立在 2018 年 8 月的第一次仲裁规则修订、2019 年 3 月的第二次仲裁规则修订、2019 年 8 月第三次仲裁规则修订和 2020 年 2 月的第四次仲裁规则修订基础上的。每一份工作文件都反映了在超过 125 次公开磋商中收到的意见、发送给秘书处的大量书面意见以及与各国进行的 3 次面对面磋商的情况。所有提案及其书面反馈均以英文、法文和西班牙文发布在 ICSID 规则修订网站上，这使其成为 ICSID 迄今为止最透明和最具包容性的规则修订过程。② 总体来看，ICSID 目前拟对原规则进行的修订主要集中在以下几方面：要求争议双方在案件登记之初便公开第三方资助情况，仲裁员同样需披露

---

① 〔德〕鲁道夫·多尔查、〔奥〕克里斯托弗·朔伊尔编《国际投资法原则》，祁欢、施进译，中国政法大学出版社，2014，第 250 页。

② ICSID 官网：Updated Backgrounder on Proposals for Amendment of the ICSID Rules，https：//icsid. worldbank. org/sites/default/files/Backgrounder_WP_5. pdf，最后访问日期：2021 年 8 月 20 日。

其与第三方资助人的关系；仲裁员资格的取消；命令和决定必须阐明理由；进一步节约仲裁时间和费用，为各类程序规则制定新的时间期限，并引入快速仲裁程序等。

（三）其他主要仲裁机构和仲裁规则

尽管国际投资仲裁与典型的国际商事仲裁在本质与特征方面存在明显差别，但一些主要的商事仲裁机构并不排斥对国际投资仲裁案件的受理，如国际商会仲裁院（ICC）、伦敦国际仲裁院（LCIA）、新加坡国际仲裁中心（SI-AC）、瑞典斯德哥尔摩商会仲裁院（SCC）等。这些商事仲裁机构凭借在商事仲裁领域的专业度和知名度，很快在投资仲裁领域崭露头角，成为国际投资争议解决的重要平台。商事仲裁机构首先通过发布投资仲裁规则开始受理国际投资争议，如 SIAC 在 2016 年底正式发布了《新加坡国际仲裁中心投资仲裁规则》[1]，并在国际投资仲裁案件服务和管理过程中不断积累经验。目前，SCC 已经成为受理国际投资争议的第二大仲裁机构，且 SCC 仲裁规则是国际投资争议解决中第三大最常用的仲裁规则。自 1993 年受理第一次国际投资争议开始，SCC 处理了大量国际投资争议，其中主要基于 BIT。同时，SCC 也是 ECT 规定的三个可供选择的投资争议解决机制之一。[2] 2007 ~ 2020 年受理的国际投资仲裁案件总数量为 86 件，具体情况如图 5 所示。

在伦敦玛丽皇后大学国际仲裁学院和美国伟凯律师事务所联合发布的《2021 年国际仲裁调查报告》（2021 International Arbitration Survey）中，ICC 被评为全球最受欢迎的仲裁机构，SIAC、LCIA 仲裁院分别排在第 2 名和第 4 名（见图 6）。

UNCITRAL 规则一直被视为极具现代性、受到全球认可的国际仲裁规则。适用 UNCITRAL 规则的案件数量仅次于 ICSID 受理的案件。[3] UNCITRAL 规则仅涉及仲裁本身，并没有关于个案仲裁程序的管理机制，案件的管理程序由当事人决定，且当事人可以选择在任何地方组成仲裁庭。商事仲裁机构也可

---

[1] 该规则于 2017 年 1 月 1 日正式生效。

[2] SCC 官网：https://sccinstitute.com/statistics/investment-disputes – 2020/，最后访问日期：2021 年 8 月 20 日。

[3] Arbitration Institute of the Stockholm Chamber of Commerce, www.sccinstitute.com, sources up to date June 2016，最后访问日期：2018 年 9 月 25 日。

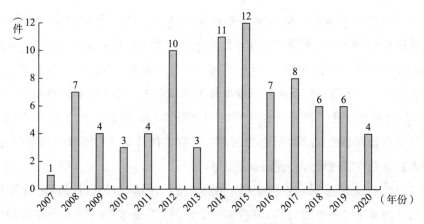

图 5 2007~2020 年 SCC 投资仲裁案件数量情况

资料来源：SCC 官网：https://sccinstitute.com/statistics/investment-disputes-2020/，最后访问日期：2021 年 8 月 20 日。

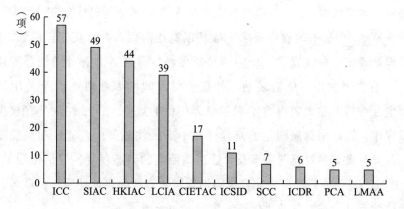

图 6 全球最受欢迎仲裁机构情况

资料来源：《2021 年国际仲裁调查报告》。

适用 UNCITRAL 规则，比如 SCC、LCIA 等。[①] 在某些情况下，UNCITRAL 规则的程序由 PCA 主导，如 Chevron and Texaco 诉厄瓜多尔案。[②] UNCITRAL 规则也被用于 NAFTA 下的程序，如 Chemtura 诉加拿大案。[③] 可见，UNCI-

---

① Occidental Exploration and Production Company v. Ecuador, LCIA Case No. UN3467, Award, 1 Jul. 2004; CME Czech Republic BV v. The Czech Republic, UNCITRAL, Award, 14 Mar. 2003; Saluka Investments BV v. The Czech Republic, UNCITRAL, Partial Award, 17 Mar. 2006; Lauder v. Czech, UNCITRAL, Award, 3 Sep. 2001.

② Chevron Corporation and Texaco Petroleum Corporation v. Ecuador, PCA Case No. 2009-23.

③ Chemtura v. Canada, Uncitral Award, 2 August 2010.

TRAL 规则作为重要的仲裁规则，在投资争议解决中被广泛适用。UNCITRAL 规则共有 43 条，几乎囊括了国际仲裁程序中的所有问题，从仲裁通知到仲裁员的指定、临时措施、程序的管理规则、裁决的形式、效力以及有关费用承担的决定等，无所不包。此外，1996 年 UNCITRAL《关于组织仲裁程序的说明》① 列举并描述了国际仲裁中可能出现的事项。其共列出了 19 个问题，涵盖了诸如判断模式、准据法的约定、语言、仲裁地、交流形式、保密性、证据，以及听证裁决等方面的规则。②

目前的显著趋势是各仲裁机构在制定适用于国际投资仲裁的程序规则时都意图减少甚至消除国内仲裁法的影响，注重发展专门适用于国际程序的规则体系。虽然各机构的仲裁程序规则不尽相同，但它们亦有共同之处：当事人能够控制仲裁庭的组成和案情适用的法律。其他的相同点包括仲裁庭决定其本身权限③、仲裁庭有权在当事人未选择法律时决定程序规则④以及保密原则。⑤ 基本的程序要求一般是以宽泛的语言加以规定。例如，ICC 仲裁规则规定，仲裁庭"……应该公正无私，保证各方有合理机会陈述案情"⑥。在文书制作、证据采纳、仲裁员与律师的职业道德以及费用结构方面也存在与上述规定内容不同但原理相似的规则。由于仲裁员有权决定仲裁程序，因而书面规则上的差异往往小于因仲裁员个人背景和经验而导致的差异，尤其是对英美法系及大陆法系原则的熟悉程度，但是相较于 ICSID 仲裁，其他仲裁机构或仲裁规则仍然与仲裁地的属地性质保持联系，仲裁地法院及其法律对其裁决保留一定程度的干预。⑦

---

① UNCITRAL 官网：http://www.uncitral.org/ped/english/texts/arbitration/atb-notes/arb-notes-e.pdf.，最后访问日期：2020 年 1 月 10 日。

② 〔德〕鲁道夫·多尔查、〔奥〕克里斯托弗·朔伊尔编《国际投资法原则》，祁欢、施进译，中国政法大学出版社，2014，第 254~255 页。

③ UNCITRAL Rules, Art 23；ICC Arbitration Rules, Art 6.

④ UNCITRAL Rules, Art 17；ICC Arbitration Rules, Art 19.

⑤ UNCITRAL Rules, Art 28；ICC Arbitration Rules, Art 22 (3).

⑥ ICC Arbitration Rules, Art 22；UNCITRAL Rules, Art 17（平等对待当事各方并在任何阶段都给予当事各方充分机会陈述其情况和理由）。

⑦ Eric De Brabandere, *Investment Treaty Arbitration as Public International Law*, Cambridge University Press, 2014, pp. 52 – 53.

第二章　国际投资仲裁的双轨监督机制

国际投资仲裁裁决的终局性因仲裁依据的条约不同而有所差别。这种差别在 ICSID 裁决和非 ICSID 裁决中更为明显。[1] 非 ICSID 裁决包括以多边或双边条约为基础，如 NAFTA、ECT 等，依据 UNCITRAL 规则组成的临时仲裁庭作出的裁决、适用 ICSID 附加便利规则作出的裁决；以及商事机构，如 SCC、ICC 等，受理国际投资争议作出的裁决。两者在裁决后阶段（post-award phase），包括撤销和承认与执行两个阶段，存在不同的审查体系，形成了并行的双轨监督机制。

第一节　国际投资仲裁的终局性与审查

虽然 ICSID 裁决与非 ICSID 裁决的监督机制不同，但不论哪一种裁决形式，裁决的终局原则都会存在一定的例外情形，对于裁决不服的一方可以提出异议，申请撤销裁决。如同硬币的两面，仲裁裁决的审查，对于当事人而言是一种裁决后的救济方式；对于仲裁庭而言是一种不同于上诉程序的监督方式。

一　投资仲裁裁决异议的审查体系

《ICSID 公约》创设了内部审查机制，由专门委员会对 ICSID 裁决进行审查，排除了国内法院的干涉。而非 ICSID 裁决，则与商事仲裁裁决一样，要受到各司法管辖区法院的司法审查。

---

① 〔美〕加里·B. 博恩：《国际仲裁：法律与实践》，白磷等译，商务印书馆，2011，第 577 页。

（一） 投资仲裁裁决异议审查的法律框架

《ICSID 公约》创设了自成体系的内部撤销程序。根据该公约第 52 条第 1 款规定[①]，ICSID 裁决只能由依据公约设立的专门委员会适用公约规定的有限的撤销理由进行审查，从而作出是否撤销的决定。并且，根据公约第 54 条第 1 款规定[②]，国内法院不得在 ICSID 裁决的承认与执行过程中对其进行审查。因此任何缔约国国内法院不得审查 ICSID 仲裁庭的管辖权、程序性决定或其他行为，从而保证 ICSID 裁决的中立性、终局性和统一性。

与 ICSID 内部自成体系的撤销程序不同，非 ICSID 裁决并没有创设内部的撤销程序，而是采用与国际商事仲裁相同的撤销程序，通常在仲裁地进行，由仲裁地法院进行司法审查，因此，裁决的撤销程序会在不同的法律框架下运作，受到偶然且有时无法预测的司法审查。如 NAFTA 第 1136（3）条规定，败诉方在仲裁地法院提起裁决撤销程序。不同的司法管辖区对仲裁裁决的司法审查标准和范围的规定不尽相同，在某些司法管辖区，法院可以对裁决中较少的程序问题进行审查，而在其他司法管辖区，则可以相对广泛地对裁决的实体和程序问题进行审查。[③]

（二） ICSID 撤销程序与非 ICSID 裁决司法审查程序的相同点

虽然审查理由和制度结构不同，但 ICSID 撤销程序和非 ICSID 国内法院司法审查至少有两个共同特征。首先，二者都不能过于干涉仲裁裁决，因为它们并不等同于完全的上诉审查；但同时也不能对裁决持太遵从（deferential）的态度，因为它们必须行使有意义的监督权，尤其是在管辖权问题上。这就是审查标准的适用问题在投资仲裁体系中极具重要性的原因。审

---

① 第 52 条第 1 款规定：1. 任何一方可以根据下列一个或几个理由，向秘书长提出书面申请，要求撤销裁决：（1）仲裁庭组成不适当；（2）仲裁庭明显越权；（3）仲裁员有受贿腐败行为；（4）有严重的背离基本程序规则的情况；（5）裁决未陈述其所依据的理由。

② 第 54 条第 1 款规定："每一缔约国应承认依照本公约作出的裁决具有约束力，并在其领土内履行该裁决所加的金钱义务，如同该裁决是该国法院的最终判决一样。具有联邦宪法的缔约国可以在联邦法院或通过该法院执行该裁决，并可规定联邦法院将该裁决视为组成联邦的某一邦的法院作出的最终判决。"

③ Susan D. Franck，"Legitimacy Crisis in Investment Treaty Arbitration: Privatizing Public International Law through Inconsistent Decisions"，*Fordham Law Review*，Vol. 73，2005.

查标准的适用问题在 ICSID 撤销程序中已经引起了相当大的争议，但迄今为止，在国内法院的司法审查实践中较少受到关注。

其次，除了对管辖权异议理由的审查之外，两个审查体系中对事实认定的审查都是有限制的。通常当事人不能在撤销程序中提出新的主张或新的证据，但在某些司法管辖区的管辖权异议审查中，法院允许当事人在有限的情况下提出新的主张或证据。

（三）ICSID 撤销程序与非 ICSID 裁决司法审查程序的区别

尽管，ICSID 专门委员会和国内法院都承认其审查裁决的授权是有限的，并始终强调其审查的作用是确保仲裁程序的完整性，而不是针对案件案情或事实方面进行审查。但是，两者仍然存在一定的区别。

第一，投资仲裁裁决的审查方法不同。ICSID 专门委员会通常会对仲裁庭作出的裁决中的细节和错误进行审查，并且经常指出该裁决应该说明的内容。[1] 尽管裁决有时存在一定的瑕疵，但是如果仲裁庭作出裁决的程序合理或可行，那么，即使专门委员会对有争议的法律问题可能持不同看法，也不会撤销该裁决。而国内法院在审查投资仲裁裁决时却很少审查裁决的细节，并且更加遵从仲裁庭的认定，尽管不同司法管辖区法院适用的审查标准和审查范围不同。此外，国内法院对裁决中的极端缺陷进行有限审查，但与管辖权有关的缺陷除外。最近的裁决表明，国内法院从 Metalclad[2] 方法退了一步，并不愿意以仲裁庭未适用适当法律为理由撤销裁决。除了在

---

[1] Compañía de Aguas del Aconquija S. A. & Vivendi Universal S. A. , v. Argentina Republic, ICSID Case No. ARB/97/3, Decision on Annulment, 3 Jul. 2002.

[2] Metalclad 判决拒绝适用加拿大行政法下的审查标准，但没有阐明采用何种标准。该案当事双方诉状争辩的主要问题是，仲裁庭对 NAFTA 第 1105 条和第 1110 条的解释是否超越管辖权。判决认为，第 1105 条中的"国际法"一词指的是国家共同实践形成的习惯国际法，仲裁庭并不只是将第 1105 条解释为包含透明度的最低标准，也没有证明透明度已成为习惯国际法的一部分。因此，仲裁庭以透明度为由作出的第 1105 条裁决构成适用法律错误，超越了提请仲裁的范围。在第 1110 条的征收问题上，判决认为，仲裁庭认定征收时至少部分地以缺乏透明度为依据，该部分裁决应予撤销；但其他基于征收定义作出的裁决不予撤销，即使仲裁庭采用了一个极其宽泛的征收定义，也是一个法院无权干预的法律问题。最终，法院撤销了与透明度相关的部分裁决，小幅调整了投资者获得的损害赔偿。学者普遍认为，该判决实质上是对仲裁裁决的全面上诉审查，用法官自己对第 1105 条下"国际法"的理解推翻了仲裁庭的裁定。

"OKKV 诉吉尔吉斯斯坦案"①，"Stans 能源公司诉吉尔吉斯斯坦案"② 和 "Sanum 诉老挝案"③ 中，俄罗斯法院和新加坡法院以管辖权理由撤销裁决外，因其他理由撤销投资仲裁裁决的情形也同样罕见。④

第二，投资仲裁裁决的审查标准不同。关于 ICSID 裁决，一些专门委员会对其审查权力采取扩张的方式，并对一些理由进行扩大解释。在某些情况下，撤销理由的适用不当。虽然"第二代"和"第三代"的裁决撤销并没有对仲裁庭的管辖权和推理进行从头审查，但随后的裁决在审查标准适用上并不一致，甚至混淆了撤销审查与上诉审查。例如，专门委员会在"CDC 案"⑤ 和"MTD 案"⑥ 的裁决中采取了有限审查标准，而在"CMS 案"⑦、"Sempra 案"⑧、"Enron 案"⑨、"Mitchell 案"⑩ 中进行了更广泛的实质性审查。最容易引起争议的撤销理由是未能适用适当的法律和未能陈述理由，因为这涉及更严格的审查标准，以及对案情相关问题的分析。

不同的撤销理由适用不同的审查标准。审查的范围应以撤销的目的来阐明：撤销不可容忍的裁决，避免拖延战术，减少诉讼时间和费用。两种机制在适用审查标准方面最重要的区别是管辖权错误的问题。虽然在大多

---

① OKKV（OKKB）and Others. v. Kyrgyz, Second Judgment of the Moscow Arbitration Court on Application to Set Aside Award, 19 Nov. 2014.

② Stans Energy v. Kyrgyz, Moscow Arbitration Court, oral decision, 29 Apr. 2015.

③ Sanum Investments Ltd v. Lao People's Democratic Republic, UNCITRAL, PCA Case No. 2013 - 13, Judgment of Singapore High Court, 20 Jan. 2015.

④ Kateryna Bondar, "Annulment of ICSID and Non-ICSID Investment Awards: Differences in the Extent of Review", *Journal of International Arbitration*, Vol. 32, 2015.

⑤ CDC Group plc v. Republic of Seychelles, ICSID Case No. ARB/02/14, Decision on Annulment, 29 Jun. 2005.

⑥ MTD Equity Sdn. Bhd. & MTD Chile S. A., v. Republic of Chile, ICSID Case No. ARB/01/7, Decision on Annulment, 21 Mar. 2007.

⑦ CMS Gas Transmission Company v. Republic of Argentina, ICSID Case No. ARB/01/8, Award, 12 May 2005; CMS Gas Transmission Company v. Republic of Argentina, ICSID Case No. ARB/01/8, Decision of the Tribunal on Objections to Jurisdiction, 17 Jul. 2003.

⑧ Sempra Energy Int'l v. Republic of Argentina, ICSID Case No. ARB/02/16, Decision on Annulment, 29 Jun. 2010.

⑨ Enron Corporation and Ponderosa Assets, L. P. v. Argentina Republic, ICSID Case No. ARB/01/3, Decision on the Application for Annulment of Argentina Republic, 30 JUL. 2010.

⑩ Mr. Patrick Mitchell v. Democratic Republic of the Congo, ICSID Case No. ARB/99/7, Decision on the Application for Annulment of the Award, 1 Nov. 2006.

数司法管辖区，法院对非 ICSID 裁决中的管辖权问题大多适用从头审查标准，而在 ICSID 体系中的审查通常受到"明显性"（manifestness）要求的限制。在有的学者看来，ICSID 撤销审查中管辖权问题适用更深层次的审查标准是合理的。仲裁庭在缺乏管辖权的情况下行使管辖权，其明显越权应该被认定。[①]

第三，投资仲裁裁决的撤销风险。《ICSID 公约》第 52 条中规定的超越权限比许多司法管辖区更广泛。例如在"Sempra 案"和"Enron 案"中，仲裁裁决因严重错误而被撤销。ICSID 专门委员会在大多数情况下的扩大分析都是错误的，因为它会对仲裁庭作出的裁决的权威性产生负面影响，并使政府难以证明其遵守了裁决。ICSID 专门委员会以仲裁程序中未提出的理由或主张为理由决定撤销也是存在问题的。

朔伊尔教授在其 2011 年的文章中表示，ICSID 裁决的撤销风险现在高于非 ICSID 裁决。[②] 但是随着近几年来的发展，这个结论需要根据投资仲裁裁决的撤销情况来检验。仲裁专家的一些实证研究也表明，就非 ICSID 裁决而言，选择"仲裁友好"的仲裁地，对于申请人投资者来说是一种相对安全的选择。

二　国际投资仲裁裁决的异议与撤销

如上所述，无论哪一种形式的裁决都允许对裁决不服的一方提出异议，申请撤销。因此，裁决的"异议"（challenge）是一裁终局原则的例外情况。在仲裁地法院对裁决提出异议，目的在于由相关法院对裁决作出某种方式的变更，或者更常见的是，由法院宣告裁决部分或全部撤销。[③]

（一）启动裁决撤销程序的异议

"异议"的概念早已确定，《布莱克法律词典》中对 challenge 的定义

---

① Kateryna Bondar, "Annulment of ICSID and Non-ICSID Investment Awards: Differences in the Extent of Review", *Journal of International Arbitration*, Vol. 32, 2015.

② Christoph Schreuer, "From ICSID Annulment to Appeal Half Way Down the Slippery Slope", *The Law and Practice of International Courts and Tribunals*, Vol. 10, 2011.

③ 〔英〕艾伦·雷德芬、马丁·亨特等：《国际商事仲裁法律与实践》（第四版），林一飞、宋连斌译，北京大学出版社，2005，第 432 页。

是：对人、行为和事物资格的合法性正式提出疑问的行为（An act or instance of formally questioning the legality or legal qualifications of a person, action, or thing）。① 虽然普通法系与大陆法系对这一概念有不同的表达，意义却是相同的。在普通法地区，比如英国②，习惯上称之为对裁决提出"上诉"（appeal）。与司法体系中上级法院对下级法院判决的审查不同，这里的"上诉"可能是指向一个不同的仲裁庭上诉，如 ICSID 中的专门委员会，或者是指向有管辖权的法院提出请求，请求变更裁决，或者由该法院发回仲裁员组成新的仲裁庭重审，或者由该法院裁定撤销全部或部分裁决。在大陆法系国家，习惯的表述方式是向法院对裁决进行"追诉"③（recourse to a court，法语 le recours en nullite）。《联合国国际贸易法委员会国际商事仲裁示范法》（以下简称《国际商事仲裁示范法》）在规定向有关法院申请撤销仲裁裁决的理由时，也使用了"追诉"这个术语。④

因此，摆在我们面前的问题是如何找到一个足以涵盖"上诉"和"追诉"的词。艾伦·雷德芬等认为，"异议"一词可达到这一目的，且已被接受。"异议抓住了当事人主动推翻裁决的努力意图。"⑤ 1996 年《英国仲裁法》使用了这一术语，并规定了对裁决提出"异议"的理由。⑥ 可见，对仲裁裁决提出异议是指，仲裁当事人（通常是败诉方但又不仅限于败诉方）对仲裁裁决的有效性予以质疑，请求法院或者其他机构对仲裁裁决进行复审的一种制度。⑦ 裁决异议的目的就是让仲裁地法院宣告裁决全部或部分无效。⑧

---

① Bryan A. Garner, *Black's Law Dictionary* (8th ed.), Thomson West, 2004, pp. 691 – 692.
② 《英国仲裁法》第 69 条：仲裁裁决法律问题上诉（Appeal on point of law）。
③ 应坚、范剑虹：《澳门仲裁裁决异议立法的比较研究》，《2006 年中国青年国际法学者暨博士论坛论文集（国际私法卷）》，2006，第 314 页。
④ 只有按照本条第 2、3 款的规定申请撤销，才可以向法院追诉仲裁裁决（recourse to a court）。
⑤ 〔英〕艾伦·雷德芬、马丁·亨特等：《国际商事仲裁法律与实践》（第四版），林一飞、宋连斌译，北京大学出版社，2005，第 433 页。
⑥ 《英国仲裁法》第 67 条规定就仲裁庭的实体管辖权对仲裁裁决提出异议（challenging the award, substantive jurisdiction）。
⑦ 罗楚湘：《英国仲裁法研究》，武汉大学出版社，2012，第 202 页。
⑧ Alan Redfern, Martin Hunter, *Redfern and Hunter on International Arbitration* (6th ed.), Oxford University Press, 2015, p. 570.

为维护一裁终局原则，仲裁地法通常规定了裁决异议与撤销的限制性条款，原则上主要是确保仲裁的进行符合正当程序的基本规则且尊重当事人在独立的、公正的仲裁庭陈述意见的权利。提出异议的理由很少与仲裁庭实质性的裁决审查相联系，因此，撤销程序不同于上诉程序。裁决的异议通常向仲裁地法院提出，是败诉方依据仲裁地法规定的法定理由使裁决无效的尝试。反对裁决执行的动议（actions opposing enforcement）与裁决的异议不同，是败诉方向胜诉方申请执行的司法管辖区法院提出。只要执行地国是《纽约公约》的缔约国，败诉方就可依据《纽约公约》第5条规定的有限的例外情形阻止裁决的执行。大部分国家国内法中规定的异议理由与《纽约公约》第5条规定的拒绝承认与执行的情形基本相同。因此，对裁决不满意的一方至少有两种方式阻止裁决生效：可以向仲裁地法院对裁决提出异议申请，或者依据《纽约公约》阻止执行地国法院执行裁决。两种方式也可以并行使用，而前一种方式的成功经常可以确保后一种方式的成功。[①]

（二）仲裁裁决的撤销程序

裁决的撤销与异议相对应。对于当事人而言，异议是其寻求裁决后救济的方式；对于法院或者专门委员会而言，撤销是其行使监督权的方式。当事人的异议可以启动撤销程序，但并不一定都会引起撤销的结果。

在各国仲裁立法或仲裁示范法中，（仲裁裁决）"撤销"的对应词很多，其中最常见的是"set aside"[②]，此外还有"annul"[③]、"vacate"[④]、"nullify"[⑤] 等诸多表述。上述词语虽然表述不同，但其实都是可以通用的。且以《布莱克法律词典》中的解释为例，"set aside"指的是"（of a court）to annul

---

[①] Alan Redfern, Martin Hunter, *Redfern and Hunter on International Arbitration* (*6th ed.*), Oxford University Press, 2015, p. 566.

[②] 这是最为常见的表达方式，比如1988年《德国仲裁法》第1095条、2003年《日本仲裁法》第44条、1988年修订的《比利时司法法典》第1704条、1996年《印度仲裁与调节法》第34条、1999年《希腊国际商事仲裁法》第34条、2004年《西班牙仲裁法》第34条。

[③] 《瑞士联邦国际私法典》第190条、1994年《埃及民事仲裁法》第52条。

[④] 如2000年《美国统一调解与仲裁法》采纳的就是这一表述。

[⑤] 如1981年修订的《阿根廷仲裁法》第761条采纳的就是这一表述。

or vacate（a judgment, order, etc.）"①；该词典没有"annul"词条，但有
"annul"的名词形式"annulment"，指的是"the act of nullifying or making
voidance"②；"vacate"则指"to nullify or to cancel; make void; invalidate"③；
而"nullify"的意思是"to make void、to render valid"④。显而易见，"set a-
side""annul""vacate""nullify"四个词语意义基本相同，都指的是
"使……无效"的意思。在ICSID裁决撤销程序中，专门用来表述仲裁裁决
撤销的词汇是"annul"，指的是ICSID专门委员会根据《ICSID公约》第52
条规定的有限的撤销理由，对仲裁庭作出的裁决进行审查，并作出全部或
部分无效的决定。

　　裁决的撤销程序与上诉程序不同。撤销程序仅限于审查裁决作出过程
的合法性，不涉及裁决实体内容的正确与否；而上诉程序既审查裁决的程
序问题，又审查裁决的实体内容。上诉的结果可能是以新裁决取代旧裁决，
而撤销程序只能取消原裁决，不能更换。⑤ 在"CDC诉塞舌尔案"中，IC-
SID专门委员会阐述了撤销程序的职能，认为："撤销程序针对的是影响裁
决程序基本公正性的错误，其衍生于《ICSID公约》起草者使裁决具有终局
性和约束力的愿望，该愿望是对'条约必须遵守'和'已决事项不再理'
之概念的习惯法的表达。"⑥

三　投资仲裁裁决的终局原则

　　在国际仲裁中，相较于正确原则，终局原则往往受到更多的重视。因
为正确原则是一个不易实现的、耗费时间和精力的目标，且可能涉及多个
权力等级。而终局原则体现了争议解决对经济和效率的追求。所以，仲裁
裁决具有终局性，当事人不得上诉。仅在极少数情况下，裁决才能被审查。

---

① Bryan A. Garner, *Black's Law Dictionary*（8th ed.），Thomson West, 2004, p. 1404.
② Bryan A. Garner, *Black's Law Dictionary*（8th ed.），Thomson West, 2004, p. 99.
③ Bryan A. Garner, *Black's Law Dictionary*（8th ed.），Thomson West, 2004, p. 1584.
④ Bryan A. Garner, *Black's Law Dictionary*（8th ed.），Thomson West, 2004, p. 1098.
⑤ 〔德〕鲁道夫·多尔查、〔奥〕克里斯托弗·朔伊尔编《国际投资法原则》，祁欢、施进
　译，中国政法大学出版社，2014，第315页。
⑥ CDC Group plc v. Republic of Seychelles, ICSID Case No. ARB/02/14, Decision on Annulment,
　29 June 2005.

这一原则也适用于投资仲裁。

（一）终局原则的定义

仲裁的终局原则是指：如果仲裁庭具有管辖权，并按照正当的程序、遵守正确的流程，那么裁决无论如何都是最终的，对当事人具有约束力。[1] 除了在有限的例外情况之外，仲裁庭作出的裁决是关于案件事实和法律的最终决定。[2] "终局"是指对实质性争议内容不能上诉。[3]

终局原则的定义体现了两个重要方面。第一，裁决的终局性不受国内法院是否执行裁决的影响。正如德洛姆所说："在裁决承认阶段，司法审查的范围仅限于决定是否授予或拒绝承认及执行裁决。换句话说，拒绝承认执行裁决可能会影响裁决的效果（effectiveness），但与其法律效力（validity）无关。"[4] 第二，如上文所述，裁决的撤销和裁决的上诉是截然不同的概念。一般来说，撤销程序更倾向于终局性；而上诉程序则更倾向于一致性和正确性。[5]

裁决的终局性通常被认为是仲裁的主要优点之一，得到了各国立法和实践的普遍尊重。因此，在投资仲裁中，《ICSID 公约》和各国国内仲裁立法都对仲裁裁决的撤销理由和审查范围进行了限制，并且对某些理由的具体适用进行了限制，比如《ICSID 公约》第 52 条规定的撤销理由中，管辖权异议的错误必须是"明显的"，体现了对裁决终局性的尊重。

（二）投资仲裁裁决的终局原则与撤销程序

撤销程序有利于维护裁决的终局性，因为不论是 ICSID 专门委员会还是国内法院，只能以有限的关于程序性问题的理由撤销裁决，而不能对仲裁

---

① Alan Redfern, Martin Hunter, *Law and Practice of International Commercial Arbitration* (4th ed.), Sweet & Maxwell, 2004, pp. 432 – 433.

② Ian Laid, Rebecca Askew, "Finality versus Consistency: Does Investor-State Arbitration Need an Appellate System?", *The Journal of Appellatice and Process*, Vol. 7, 2005.

③ William H. Knull, III, Noah D. Rubins, "Betting the Farm on International Arbitration: Is It Time to Offer an Appeal Option?", *The American Review of International Arbitration*, Vol. 11, 2000.

④ Georges R. Delaume, "Reflections on the Effectiveness of International Arbitral Awards", *Journal of International Arbitration*, Vol. 12, 1995.

⑤ Jason Clapham, "Finality of Investor-State Arbitral Awards: Has the Tide Turned and Is There a Need for Reform", *Journal of International Arbitration*, Vol. 26, 2009.

裁决进行实体审查，或者以其自己的观点取代仲裁庭所达成的结论。相反，如果允许当事人对裁决的实体提出上诉，则有利于一致性和正确性，因为当事人能够获得重新审查案件部分或全部案情的机会，并且上诉机构有权用其自己的决定代替仲裁庭的决定。① 朔伊尔教授讨论了撤销和上诉之间的区别，他指出："行使撤销权力的裁决者只能在维持裁决或宣告无效之间作出选择。而上诉机构则可以用其自己在案件实体方面的决定来代替它认为存在缺陷的裁决……撤销只涉及裁决过程的合法性，并不关心争议实体方面的正确性，而上诉却涉及两者……终局性的目的是保证争议解决的效率和经济。正确性可能是一个需要花费时间、努力并且可能涉及多层次控制的难以实现的目标……在国际仲裁中，终局原则通常被视为优先于正确性原则，解决争议的目标被认为比裁决的实体正确性更重要。撤销是平衡这两个目标的首选解决方案，它旨在为严重违反一些基本原则的仲裁裁决提供紧急救济途径，同时在大多数方面保留裁决的终局性。"②

（三） 投资仲裁裁决的终局原则与审查的必要性

为防止裁决错误发生而支持审查仲裁裁决的论据也是充分的。如果一个法律体系听任仲裁裁决而使其免于上诉或司法审查，那么风险是显而易见的。首先，彼此独立的不同的仲裁庭对于相同或类似的问题可能会出现裁决不一致的情形。各仲裁庭一般并不了解相同的法律问题可能已由其他仲裁庭以不同的方式作出决定。其次，如果裁决不受仲裁机构或者管辖法院审查，还可能会产生仲裁庭不按其应有的权限或专业行事的风险。因此，裁决正确性和一致性也应当被考虑。

在"Lauder案"③ 中，两个相互独立的仲裁庭在捷克是否违反征收条款

---

① Jason Clapham, "Finality of Investor-State Arbitral Awards: Has the Tide Turned and Is There a Need for Reform", *Journal of International Arbitration*, Vol. 26, 2009.

② Christoph Schreuer, *The ICSID Convention: A Commentary*, Cambridge University Press, 2009, pp. 891 – 894; David D. Caron, "Reputation and Reality in the ICSID Annulment Process: Understanding the Distinction Between Annulment and Appeal", *ICSID Review*, Spring, 1992.

③ Lauder v. Czech, ICSID Case No. ARB (AF) /99/1IIC 205, Award, 3 Sep. 2001; CME Czech BVv. Czech, UNCITRAL, Partial Award, 13 Sep. 2001; CME Czech BVv. Czech, UNCITRAL, Final Award, 14 Mar. 2003.

的问题中得出了不同的结论。评论指出，"Lauder 案"的裁决是矛盾的。①
"Lauder 案"涉及美国投资人劳德先生和劳德先生在荷兰的投资公司 CME
对捷克的索赔。劳德先生声称捷克违反了《美国—捷克 BIT》，而 CME 指称
捷克违反了《荷兰—捷克 BIT》，因为捷克已经剥夺了他们对捷克电视频
道——TV Nova 的利益。因此，两个独立的仲裁庭分别成立并对争议进行审
理。虽然在两个仲裁庭中仲裁员审查的证据和指控的内容大致相同，但由
于仲裁庭组成不同，最终，Lauder 仲裁庭驳回了劳德先生的诉讼请求，而
CME 仲裁庭则认为捷克违反了条约义务，并裁决捷克向 CME 支付 2.69 亿
美元赔偿金。随后，捷克向瑞典法院申请撤销 CME 仲裁庭作出的裁决，但
并未成功。②

　　同样，在与 SGS 有关的案件中，不同的仲裁庭在"保护伞条款"的解
释问题上也得出了截然相反的结论。"保护伞条款"要求各缔约国遵守特定
承诺所产生的任何义务。③ 关于"保护伞条款"的讨论是："保护伞条款"
中的权利是否足以……将合同违约转化为违反条约的行为。④ ICSID 的一个
仲裁庭认为，保护伞条款没有将合同违约行为转变为条约违约行为；而另
一个 ICSID 仲裁庭虽然以类似的方式审查了"保护伞条款"，却得出了相反
的结论。在"SGS 诉巴基斯坦案"⑤ 中，SGS 根据《瑞士—巴基斯坦 BIT》
将争议提交仲裁，并依据双边投资条约中的保护伞条款，主张巴基斯坦违
反合同，并且违反其他独立条约待遇标准。仲裁庭认为，SGS 有权主张基于
条约的索赔，但保护伞条款未能将 SGS 的合同索赔转化为条约索赔，因此

---

① Susan D. Frank, "The Legitimacy Crisis in Investment Treaty Arbitration: Privatizing Public Inter-
national Law Through Inconsistent Decisions", *Fordham Law Review*, Vol. 73, 2005.

② The Czech Republic v. CME Czech Republic BV, Judgement of SVEA Court of Appea, 15 May
2003.

③ Ethan G. Shenkman, Jason File, "Recent Developments in Investment Treaty Jurisprudence: Arbi-
trating Contract Claims Under Umbrella Clauses", https://www.wilmerhale.com/en/insights/pub-
lications/recent-developments-in-investment-treaty-jurisprudence-arbitrating-contract-claims-under-
umbrella-clauses-2007，最后访问日期：2019 年 3 月 2 日。

④ Susan D. Frank, "The Legitimacy Crisis in Investment Treaty Arbitration: Privatizing Public Inter-
national Law Through Inconsistent Decisions", *Fordham Law Review*, Vol. 73, 2005.

⑤ SGS Société Générale de Surveillance S. A. v. Islamic Republic of Pakistan, ICSID Case No. ARB/
01/13, Decision of the Tribunal on Objections to Jurisdiction, 6 Aug. 2003.

仲裁庭无权审理这些索赔。然而,在"SGS诉菲律宾案"①中,仲裁庭却持相反意见。SGS根据《瑞士—菲律宾BIT》中的保护伞条款提出违约索赔,仲裁庭支持了SGS的主张,认为保护伞条款赋予仲裁庭管辖权以确定索赔。

因此,根据上述案件的裁决,我们认为,在国际投资仲裁中,一致性和正确性也是值得考虑的。

第二节 ICSID裁决的内部撤销程序

与国际商事仲裁裁决的监督机制不同,《ICSID公约》创设了独立的内部审查规则,ICSID裁决不适用仲裁地或其他司法管辖区国内法院的撤销程序。同时《ICSID公约》中还规定了不允许任一缔约国的法院审查仲裁庭的管辖权、程序性决定或其他行为。《ICSID公约》规定了四种裁决异议的程序,包括裁决的补充和更正②、裁决的解释③、裁决的复核④和裁决的撤销。⑤ 虽然这些异议申请不会引起上诉审查,但专门委员会可依据这些规则,根据当事人的撤销申请宣布裁决无效。因此,撤销程序制度是ICSID裁决的监督机制。

一 ICSID裁决撤销程序的创设

《ICSID公约》借鉴国际联盟和联合国国际贸易法委员会的经验,制定

---

① SGS Société Générale de Surveillance S. A. v. Republic of Philippines, ICSID Case No. ARB/02/6, Decision of the Tribunal on Objections to Jurisdiction, 29 Jau. 2004.

② 第49条第2款:仲裁庭经一方在作出裁决之日后45天内提出请求,可以在通知另一方后对裁决中遗漏的任何问题作出决定,并纠正裁决中的任何书写、计算或类似错误。其决定应为裁决的一部分,并应按裁决相同的方式通知双方。第51条第2款和第52条第2款规定的期限应从作出决定之日起计算。

③ 第50条第1款:如果双方对裁决的意义或范围发生争议,任何一方可以向秘书长提出书面申请,要求对裁决作出解释。

④ 第51条第1款:任何一方可以根据发现的某项其性质对裁决有决定性影响的事实,向秘书长提出书面申请要求修改裁决,但必须以在作出裁决时仲裁庭和申请人都不了解该事实为条件,而且申请人不知道该事实并非疏忽所致。

⑤ 第52条第1款规定:1. 任何一方可以根据下列一个或几个理由,向秘书长提出书面申请,要求撤销裁决:(1)仲裁庭组成不适当;(2)仲裁庭明显越权;(3)仲裁员有受贿腐败行为;(4)有严重的背离基本程序规则的情况;(5)裁决未陈述其所依据的理由。

了内部监督机制。但是起草者以批判的方式修改了它，因此，新的公约没有像 Rundstein 和 Scelle 建议的那样，将裁决监督纳入国际法院体系，而是创立了自成体系的国际审查机制。[①]

（一）ICSID 裁决撤销程序的创设过程

在《ICSID 公约》缔结过程中，最早出现的关于仲裁撤销规范方面的缔约文件是《公约预备草案第一稿》（First Preliminary Draft Convention，1963年9月形成）。在《公约预备草案第一稿》之后、最终版本的《ICSID 公约》之前，还存在以下过渡性的缔约文件：《公约草案》（Draft Convention，1964年9月形成）、《公约草案修改稿》（Revised Draft of the Convention，1964年12月形成）。[②] 就 ICSID 裁决撤销程序规定的撤销理由而言，《公约预备草案第一稿》仅仅规定了"仲裁庭越权"、"仲裁员有受贿行为"和"严重偏离基本程序规则，包括未陈述作出裁决的依据"三个严重违反基本程序规则的理由。

事实上，《ICSID 公约》的起草者试图使裁决的最终性与预防案件的不公正性相协调。Aron Broches[③] 作为世界银行总法律顾问，在1962年起草的工作文件中，仅规定了裁决的解释和复核，并没有规定撤销。而实际上，撤销机制被纳入了1963年的初稿中。在进一步辩论之后，起草人修改了该款的条文，把第一句中的主动语态换成了被动语态，将最后两个撤销理由分开。1964年12月，起草人就《ICSID 公约》第52条的最终文本达成了一致意见。[④]

作为 ICSID 裁决撤销程序的法律依据，《ICSID 公约》第52条规定了可以撤销的理由。从该规定中可以看出，在撤销程序制度框架的具体设计上，《ICSID 公约》第52条与联合国国际贸易法委员会1958年《仲裁程序示范

[①] W. Michael Reisman, *Systems of Control in International Adjudication and Arbitration：Breakdown and Repair*, Duke University Press, 1992, p. 50.

[②] 魏艳茹：《ICSID 仲裁撤销制度研究》，厦门大学出版社，2007，第18页。

[③] Aron Broches, "Awards Rendered Pursuant to the ICSID Convention：Binding Force, Finality, Recognition, Enforcement, Execution", *ICSID Review*, Fall 1987.

[④] History of the ICSID Convention（Vol. Ⅱ），https：//icsid. worldbank. org/sites/default/files/publications/History% 20of% 20the% 20ICSID% 20Convention/History% 20of% 20ICSID% 20Convention% 20 - % 20VOLUME% 20Ⅱ - 1. pdf，最后访问日期：2020年3月20日。

规则》（Model Rules on Arbitral Procedure）中的第 35~37 条较为相似，其中《ICSID 公约》第 52 条第 1 款所规定的撤销理由与 1958 年《仲裁程序示范规则》第 35 条是非常类似的。因此，《ICSID 公约》所设计的仲裁撤销程序制度框架仍然带有一般国际商事仲裁撤销制度的深深烙印，具体的撤销理由更与一般国际商事仲裁裁决的撤销理由极为相似。所以，尽管两者所调整的对象不同，《仲裁程序示范规则》仍为《ICSID 公约》撤销程序制度的构建提供了可借鉴的经验。[①]

（二）ICSID 撤销程序的启动

根据《ICSID 公约》的规定，只有最终裁决和否定管辖权的裁决才可以申请撤销，而肯定管辖权的初步裁决不能成为审查的对象。申请撤销裁决的当事人，可能是一方当事人，也可能是双方当事人。他们必须以书面形式向秘书长提出申请。《ICSID 公约》第 52 条规定了撤销申请的时限和任命专家组的程序，并且适用于仲裁庭的大多数程序规则也适用于专门委员会。

（三）ICSID 专门委员会的撤销审查程序

ICSID 的创新之处在于裁决撤销申请的控制实体。当事人提出撤销裁决请求后，由专门委员会进行审查。专门委员会的成员来自缔约国的推荐，并且任何成员的国籍与东道国和投资者都不同。尽管如此，专门委员会实际上是另一个仲裁庭，其所遵循的规则与原仲裁庭相同，但它的授权比原仲裁庭受到更多限制。如果专门委员会发现仲裁庭违反了一项或多项规则，则有权全部或部分撤销该裁决。一旦裁决被专门委员会宣告无效，则任何一方均可将争议提交至根据公约组成的新的仲裁庭。

撤销程序是《ICSID 公约》规定的最重要的救济方法，与根据第 50 条和第 51 条规定的裁决解释或裁决复核不同，裁决解释或复核程序仍由原仲裁庭在裁决作出后进行审查，而撤销申请只能提交专门委员会。ICSID 撤销程序与上诉程序也不同。首先，裁决撤销程序一旦成功，会导致裁决全部或部分无效，而不是对其进行修正。与上诉法院不同，专门委员会不得在

---

① 魏艳茹：《ICSID 仲裁撤销制度研究》，厦门大学出版社，2007，第 18 页。

撤销裁决中以其对案件任何方面的意见替换原仲裁庭的意见。撤销的效果是使撤销申请所涉及的部分争议恢复到未经裁决的状态，当事人因此获得机会在新的仲裁庭就相同的请求进行裁决。其次，专门委员会无权以任何方式审查原仲裁庭作出的关于实体案情的裁决。因为撤销程序旨在保护 ICSID 仲裁程序的完整性，而不是结果。专门委员会只有在第 52 条第 1 款规定的有限理由下才有权审查和撤销裁决。[1]

毫无疑问，专门委员会在审查中必须非常谨慎地确保仲裁庭的推理是容易理解的，并且防止裁决因无关紧要的理由而被撤销。但是，如果一个仲裁庭明显超出其权力范围或者严重背离了基本的程序规则，那么根据公约的规定，该理由就不是微不足道的。不同的法律体系在表达理由的方式上有所不同，因此，必须允许仲裁庭在推理方式上拥有一定程度的自由裁量权。同样，专门委员会对是否撤销裁决也拥有一定程度的自由裁量权。第 52 条第 3 款规定，专门委员会"有权撤销全部裁决或部分裁决"，这可被解释为赋予专门委员会一定的灵活性以确定在这种情况下决定是否撤销裁决。除其他事项外，专门委员会有必要考虑错误对于当事人合法权利的重要性。

二　ICSID 裁决撤销程序的特征

ICSID 的撤销程序通常被视为其优于其他仲裁体系的重要优势。ICSID 裁决是最终的，只有在公约规定的有限的情形中才可以被撤销。评论员和从业者经常将 ICSID 描述为一个自主的（autonomous）、非本地的（delocalized）和"自给自足的"（self-contained）的体系。[2] 东道国的法院或法庭无权根据案情实体对 ICSID 裁决进行司法审查，外国投资者也无法在其他争议解决方式中获得如此真正的"国际"仲裁庭。[3]

---

[1] Lucy Reed, Jan Paulsson, Nigel Blackaby, *Guide to ICSID Arbitration* (2nd ed.), Kluwer Law International, 2011, p. 162.

[2] ICSID 附加便利规则除外，其裁决与其他非 ICSID 裁决一样要受到国内法院的司法审查。

[3] Sara McBrearty, Silvia M. Marchili, "Annulment of ICSID Awards: Recent Trends", *ICSID Convention after 50 Years: Unsettled Issues*, Kluwer Law International, 2017, p. 428.

（一）ICSID 裁决撤销程序的自成体系性

所谓内部性或自成体系性（self-contained），指的是 ICSID 裁决撤销的"制度内救济"（built-remedy）这一特征。在 ICSID 仲裁裁决机制中，一方当事人如果对仲裁庭作出的裁决不服，那么，只能寻求《ICSID 公约》中规定的内部撤销程序予以救济，而不能通过其他方式。区别于商事仲裁裁决的撤销制度，只有依据《ICSID 公约》建立的专门委员会才有权依据《ICSID 公约》第 52 条规定撤销 ICSID 裁决。这与《ICSID 公约》的宗旨与目的相一致，避免国内司法干预，保证 ICSID 裁决的中立性和终局性。

（二）ICSID 裁决撤销理由与结果的有限性

ICSID 裁决撤销理由与结果的有限性也是由 ICSID 裁决撤销制度的自给自足性决定的。裁决撤销理由的有限性包括两个方面。裁决撤销的法律依据只能是《ICSID 公约》第 52 条规定的撤销理由，专门委员会只能依据该条款审查当事人的撤销申请，并且第 52 条规定的撤销理由也是有限的、排他的、穷尽的。仲裁的终局性决定了裁决的撤销只能存在于例外情况。对于撤销申请，专门委员会只能作出撤销或不撤销的决定。因为，撤销程序中的审查与上诉审查不同。有限性的这一特点平衡了仲裁公平与效率的冲突，使当事人既得以经由法定撤销理由实现其对裁决的公正诉求，又不致因撤销理由的过于宽泛而动辄滥用这种救济机制，以致最终损及双方都需要的效率。处理结果的有限性能使 ICSID 裁决机制尽可能地保持其对"当事人自治"原则的充分尊重，使得争议的最终解决权能握在当事人亲自挑选出来的仲裁庭手中，而不是当事人无权委任的、由行政理事会主席指定的专门委员会之中。①

（三）ICSID 裁决撤销的不确定性

ICSID 裁决撤销的不确定性也有双重含义，即撤销与否的不确定性，撤销决定中关于事实和法律的认定对新仲裁庭的影响的不确定性。仲裁庭的管辖权和正当程序问题是当事人申请撤销裁决时援引得比较多的理由，而这两个理由的理解和适用最容易产生歧义，具有不确定性，相同情形可能

---

① 魏艳茹：《ICSID 仲裁撤销制度研究》，厦门大学出版社，2007，第 29 页。

会得出不同的结果。专门委员会在撤销程序中对事实或法律的认定是否会被新的仲裁庭所接受也是不确定的。

三 ICSID 裁决的撤销理由与审查

《ICSID 公约》第 52 条规定裁决可以申请撤销的理由，是专门委员会决定裁决撤销与否的法律依据。

（一）ICSID 裁决撤销实践情况

截至 2020 年 12 月 31 日，ICSID 裁决撤销案件数量为 129 件（具体见附录二）。[1] 其中支持裁决拒绝撤销的有 55 件，全部撤销的有 5 件[2]，部分撤销的有 9 件[3]，程序中止的有 25 件，正在进行中的有 35 件。可见，裁决被全部撤销或部分撤销的案件数量并不是很多（见图 7）。

（二）"仲裁庭显然越权"的适用与审查

"仲裁庭显然越权"是 ICSID 裁决撤销中被广泛援引的理由，可以解释为缺乏管辖权、过度行使管辖权、无管辖权、未能正确适用法律 4 种情形。

通常，专门委员会对"仲裁庭显然越权"这一理由给予很大的关注，尤其是在裁决撤销实践中，关于"显然"（manifest）一词的解释分歧很大，并且对"显然"要求的解释也会因申请人的理由不同而有所不同。"显然越权"最明显的例子就是仲裁庭在不能行使管辖权的情况下行使了管辖权。

---

① UNCTAD, https://investment policy hub. unctad. org/ISDS/Filter By Follow Up Proceedings，最后访问日期：2021 年 3 月 14 日。

② Eiser Infrastructure Limited and Energía Solar Luxembourg S. àr. l. v. The Kingdom of Spain, ICSID Case No. ARB/13/36; Malaysian Historical Salvors Sdn Bhd v. Malaysia, ICSID Case No. ARB/05/10; Fraport v. Philippines（Ⅰ）, Fraport Ag Frankfurt Airport Services Worldwide v. Republic of Philippines, ICSID Case No. ARB/03/25; Sempra Energy International v. Argentina Republic, ICSID Case No. ARB/02/16; MR. Patrick Mitchell v. Democratic Republic of Congo, ICSID Case No. ARB/99/7.

③ TECO Guatemala Holdings LLC v. Republic of Guatemala, ICSID Case No. ARB/10/23; Bolivarian Republic of Venezuela（Applicant）v. Tidewater Investment SRL and Tidewater Caribe, C. A.（Respondents）, ICSID Case No. ARB/10/5; Venezuela Holdings, BV Mobil Cerro Negro Holdings, Ltd Mobil Venezolana De PetrÓleos Holdings, Inc. Mobil Cerro Negro, Ltd And Mobil Venezolana De PetrÓleos, Inc.（Respondents）v. Bolivarian Republic of Venezuela（Applicant）, ICSID Case No. ARB/07/27; Occidental Petroleum Corporation Occidental Exploration and Production Company v. Ecuador, ICSID Case No. ARB/06/11.

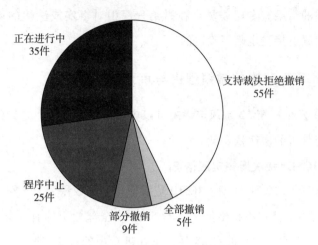

图 7　ICSID 裁决撤销程序案件情况

《ICSID 公约》第 25 条规定了管辖权的要件，如果其中一项或多项要求未得到满足，仲裁庭却行使了管辖权，那么这时也会出现"显然越权"的情形。①

管辖权异议审查中的关键问题是：专门委员会是否应该从头审查仲裁庭的管辖权决定。普遍的看法是，这种从头审查将与《ICSID 公约》第 52 条第 1 款和第 53 条相矛盾。② 在"Klockner Industrie-Anlagen 诉喀麦隆和喀麦隆肥料协会案"中，被申请人认为仲裁条款规定了 ICC 仲裁而不是 ICSID 仲裁。③ 专门委员会尽管批评了该仲裁庭作出的具有管辖权的裁决，但仍支持了该裁决，认为仲裁庭的认定是"可行的而非任意的"，并没有达到"显然"的程度。

一些专门委员会将"显然"解释为"不言自明的"（self-evident）或"明显的"（obvious）。在"MTD 诉智利案"中，专门委员会认为"错误必须是显然的，而不仅仅是有争议的"。在"Lucchetti 诉喀麦隆和喀麦隆化肥公司案"

---

① Gabriela Alvarez Avila, ICSID Annulment Procedure: A Balancing Exercise between Correctness and Finality, Albert Jan van den Berg, *Arbitration Advocacy in Changing Times* (*20th ed.*), Kluwer Law International, 2011, pp. 281, 291.

② Christoph Schreuer, *The ICSID Convention: A Commentary*, Cambriage University Press, 2009, pp. 941 – 942.

③ Klockner Industrie-Anlagen G. m. b. H. & Ors. v. Republic of Cameroon & Société Camerounaise des Engrais, ICSID Case No. ARB/81/2, Second ad hoc Committee Decision on Annulment, 17 May 1990.

中，专门委员会持相似的观点认为，他们不应该对仲裁庭的裁决进行全面审查，而且对管辖权问题应该考虑和衡量那些"显然"的问题。专门委员会表示，如果仲裁庭对管辖权的确定"显然是可行的"，那么它并不构成"明显越权"，因为专门委员会的任务不是确定最佳解释。专门委员会还认为，Lucchetti 的请求实际上是对仲裁庭裁定其缺乏属时管辖权的决定的上诉，但专门委员会可能不会审查仲裁庭对事实和法律认定的裁决。① 在"Fraport 诉菲律宾案"中，虽然专门委员会早些时候对仲裁庭进行解释的方式表达了一些保留意见，但它本身并无权作为上诉机构从而以自己对 BIT 的解释取代仲裁法庭的解释。专门委员会并不能决定哪种解释是正确的。只要仲裁庭作出的解释是站得住脚的，专门委员会就不能裁决仲裁庭明显越权。② 而在"Vivendi 诉阿根廷案"中，专门委员会指出，如果仲裁庭缺乏管辖权，那么仲裁庭审理实体显然就是越权的。它并没有特别关注"显然"的要求，也没有分析仲裁庭的认定是否正确。③

（三）撤销理由的同时援引

援引撤销理由时，到底是把特定仲裁瑕疵定性为"裁决未说明其所依据的理由"，还是定性为"仲裁庭明显越权"？这一"贴标签"的过程也就是撤销理由的界定和适用过程。从 ICSID 裁决撤销实践来看，在多数情况下，当事人在撤销申请中将声称存在的仲裁瑕疵自行"贴上具体的标签"，从而主张裁决中的某些论述既构成"仲裁庭明显越权"，又构成"裁决未说明其所依据的理由"，还构成"严重违反基本程序规则"。但在个别案件中，也有当事人将自己不服的地方都列举在撤销申请书中，然后笼统地说这些所谓的仲裁瑕疵构成了若干撤销理由。比如在"CDC 诉塞舌尔案"

---

① Empresas Lucchetti, S. A. & Lucchetti Peru, S. A. v. Republic of Peru, ICSID Case No. ARB/03/4, Decision on Annulment, 5 Sep. 2007.

② Frankfurt Global Airport Services Company v. Philippines Empresas, ICSID Case No. ARB/03/25, Decision on the Application for Annulment of Fraport AG Frankfurt Airport Services Worldwide, 23 Dec. 2010.

③ Compañiá de Aguas del Aconquija S. A. and Vivendi Universal S. A. v. Argentina Republic, ICSID Case No. ARB/97/3, Decision on the Argentina Republic's Request for Annulment of the Award, 20 Aug. 2007.

中①，塞舌尔的撤销申请列举了原裁决所存在的 19 处瑕疵，却没有具体指明各仲裁瑕疵分别构成《ICSID 公约》第 52 条第 1 款所列的哪种撤销理由，而是在这些所谓的仲裁瑕疵的基础上泛泛地宣称，原裁决的"仲裁庭明显越权""严重违反基本程序规则""裁决未说明其所依据的理由"。根据《ICSID 公约》第 52 条，只要裁决符合其所述的一种撤销理由，专门委员会就有权撤销。但是，为了提高胜算，在 ICSID 裁决撤销实践中，撤销申请人往往会同时援引多个撤销理由。

总之，ICSID 裁决撤销程序意图适用相当有限的审查范围。由于由不同的仲裁员组成和缺乏遵守先例，所以专门委员会不应纠正法律适用或解释中的错误。此外，严格的撤销程序要求专门委员会更仔细地审查裁决。如果专门委员会对那些需要对仲裁庭的观点和推理进行广泛分析的悬而未决的问题表明立场，则可能超出了适当的审查范围。正确适用撤销理由和最低监督门槛对于 ICSID 裁决的遵守和执行都非常重要。ICSID 撤销程序被设计为一种特殊而非普通的救济措施，它"保护完整性，而不是结果"②。如果把它当成普通的救济办法，撤销申请的数量可能会增加，这将增加仲裁的时间和成本。③

第三节　非 ICSID 裁决的司法审查机制

与 ICSID 内部的撤销制度不同，非 ICSID 裁决（包括适用 ICSID 附加便利规则的裁决）与国际商事仲裁裁决一样，适用相同的撤销依据而受到仲裁地法院的司法审查，并且根据《纽约公约》承认（或拒绝承认）与执行。因此，仲裁地国的法院依据其国内法，有权在裁决异议与撤销程序中审查该国境内作出的投资仲裁裁决。并且根据《纽约公约》，缔约国法院作为执行地法院也有权在承认与执行程序中对非 ICSID 裁决进行司法审查。

---

① CDC Group plc v. Republic of Seychelles, ICSID Case No. ARB/02/14, Decision on Annulment, 29 Jun. 2005.

② Lucg Reed, Jan Paulsson, Nigel Blackaby, *Guide to ICSID Arbitration*, Kluwer Law International, 2004, p. 99.

③ Christoph Schreuer, Why Still ICSID, Transnat'l Disp. Mgmt., 5 November 2011.

一　非 ICSID 裁决在撤销程序中的司法审查

在 ICSID 裁决中，仲裁地的使用或者选择并不会产生相应的法律后果，比如法律适用和裁决后救济问题，更多的是基于仲裁服务的目的。而在非 ICSID 裁决中，仲裁地的选择则会产生相应的法律效果，其中最重要的就是仲裁地法院撤销裁决的管辖权。[1] 管辖法院依据其国内相关法律规定对裁决异议进行司法审查，体现了国内司法对国际仲裁的监督。

（一）管辖裁决撤销的仲裁地法院

对非 ICSID 裁决的有效性或效力提出异议，必须向有管辖权的国内法院提出。[2] 原则上，这个法院是仲裁地国的法院。比如，假设仲裁在瑞士进行，那么管辖法院就是瑞士联邦最高法院，当然，当事人也可选择仲裁地的州法院。[3] 在法国是巴黎上诉法院，在英国则是商事法院。[4]

管辖国际仲裁的法律的重要作用在于限制可以撤销裁决的地点。《纽约公约》、《国际商事仲裁示范法》和国内仲裁法都对撤销裁决的地点作出了限制，禁止在裁决地之外的国家的法院撤销裁决。在某些案件中，如果裁决作出的依据是某国法律，则禁止当事方在该国之外的国家的法院申请撤销裁决。

根据《国际商事仲裁示范法》第 1 条第 2 款与第 34 条的规定，当"仲裁地点在本国领土内"时，其法院可以撤销裁决。虽然《纽约公约》的条文并没有明确地限制撤销裁决的地点，但是其用词以及结构明确地设置了这样的限制，要求公约下裁决的撤销必须只能在裁决撤销地或裁决所依据

---

① Carlo de Stefano, "The Circulation of International Investment Awards under the New York Convention", Katia Fach Gomez, Ana M. Lopez Rodriguez（eds.）, *60 Years of the New York Convention: Key Issues and Future Challenges*, Kluwer Law International, 2019, p. 443.

② 《国际商事仲裁示范法》第 6 条规定，各国指定法院或其他主管机关来履行示范法规定的职责，包括根据第 34 条撤销裁决。

③ 《瑞士联邦国际私法典》第 191 条规定：1. 撤销裁决的请求仅得向联邦最高法院提出。撤销请求的程序适用联邦司法组织法的有关规定。2. 当事人得约定由仲裁庭所在地的州法院代替联邦最高法院。该州法院的决定是终局性的。各州可为此专门指定某一州法院。

④ 〔英〕艾伦·雷德芬、马丁·亨特等：《国际商事仲裁法律与实践》（第四版），林一飞、宋连斌译，北京大学出版社，2005，第 458 页。

法律之国家作出。《纽约公约》第 5 条第 1 款 e 项①以及第 6 条②规定了有关撤销裁决地点的限制。第 5 条第 1 款 e 项允许成员国法律拒绝承认在以下国家已被撤销的裁决:"作出"仲裁裁决的国家(即在该国裁决不是"外国"裁决),或者裁决"所依据法律"之国家。第 6 条允许国内法院在当事方根据"第 5 条第 1 款 e 项中所称之主管机关"提出撤销裁决申请时,中止承认裁决的程序。《纽约公约》第 5 条与第 6 条并没有明确地要求撤销裁决只能在第 5 条第 1 款 e 项允许的两个地点进行,但公约的措辞、结构以及目的都指向了这样的结论。③ 这些法院对裁决具有"监督的"或"首要的"管辖权。与此相对应的是,受理申请承认与执行的法院对裁决则有"执行的"或"辅助的"管辖权。④

　　大多数国内仲裁法律允许当地法院撤销在本国内"作出"的裁决,但不允许法院撤销其他不在本国内作出的裁决。这与《纽约公约》和《国际商事仲裁示范法》规定的"地域性"是一致的。1996 年《英国仲裁法》第 2 条第 1 款规定⑤,本法只适用于"仲裁地"在英国的情况;并且第 53 条⑥指出,除非当事方另行约定,"仲裁地"即指裁决作出的地方。《美国联邦仲裁法》第 10 条规定⑦了裁决的撤销问题,而且限于在美国境内作出的

---

① 《纽约公约》第 5 条第 1 款 e 项:裁决对各方尚无拘束力,或业经裁决地所在国或裁决所依据法律之国家之主管机关撤销或停止执行者。

② 《纽约公约》第 6 条:倘裁决业经向第 5 条第 1 款第 5 项所称之主管机关声请撤销或停止执行,受理援引裁决案件之机关得于其认为适当时延缓关于执行裁决之决定,并得依请求执行一造之声请,命他造提供妥适之担保。

③ 〔美〕加里·B. 博恩:《国际仲裁:法律与实践》,白麟等译,商务印书馆,2011,第 409 页。

④ 《商事仲裁国际理事会之 1958 纽约公约释义指南:法官手册》,扬帆译,法律出版社,2014,第 86 页。

⑤ 《英国仲裁法》第 2 条第 1 款:如仲裁地在英格兰、威尔士或北爱尔兰,则适用本编规定。

⑥ 《英国仲裁法》第 53 条:除非当事人另有约定,只要仲裁地是在英格兰、威尔士或北爱尔兰,仲裁程序中的任何裁决均应视为在这些地方作出,而无须考虑其于何处签字、发出或向当事人送达。

⑦ 《美国联邦仲裁法》第 10 条:撤销;理由;重新审理。遇到下列任何情形,仲裁裁决地所属区内的美国法院根据任何当事人的请求,可以用命令将仲裁裁决撤销:(1)裁决以贿赂、欺诈或者不正当方法取得;(2)仲裁员全体或者任何一人显然有偏袒或者贪污情形;(3)仲裁员有拒绝合理的展期审问的请求的错误行为,有拒绝审问适当和实质的证据的错误行为或者有损害当事人的权利的其他错误行为;(4)仲裁员超越权力或者没有充分运用权力,以致对仲裁事件没有作成共同的、终局的、确定的裁决;(5)裁决已经撤销,但是仲裁协议规定的裁决的期限尚未终了,法院可以斟酌指示仲裁员重新审理。

裁决。

（二）《国际商事仲裁示范法》规定的撤销理由

根据《国际商事仲裁示范法》的规定，撤销裁决申请仅可在有关裁决作出地国提起，仅可基于《国际商事仲裁示范法》规定的理由提起，且必须向该国指定法院提起。比如，在新加坡，投资仲裁裁决的撤销需要向新加坡最高法院高等法庭提出。

《国际商事仲裁示范法》第 34 条规定了撤销裁决的理由。① 该款规定的可以"向法院追诉仲裁裁决"的理由列表是撤销裁决的排他性且穷尽的清单。第 34 条所列出的这些理由与该法第 36 条、《纽约公约》第 5 条规定的承认与执行的条件是相对应的。

根据第 34 条第 2 款的规定，仲裁裁决"只有"在对裁决提出异议的一方证明存在本条规定的理由时才可被撤销。其中 a 项规定了当事人提出证明存在以下情形才可撤销，包括：仲裁协议无效；一方未接获通知，或因他故致其不能陈述案件；裁决处理了所提交仲裁事项以外的争议；仲裁庭的组成或仲裁程序与当事各方的协议不一致。如在"莱索托王国诉 Swiss bourgh Diamond Mines（Pty）Ltd 案"② 中，关于仲裁庭所作出的裁决是否处

---

① 第 34 条规定，申请撤销，作为不服仲裁裁决的唯一追诉。（1）不服仲裁裁决而向法院提出追诉的唯一途径是依照本条第（2）和（3）款的规定申请撤销。（2）有下列情形之一的，仲裁裁决才可以被第 6 条规定的法院撤销：（a）提出申请的当事人提出证据，证明有下列任何情况：（i）第 7 条所指仲裁协议的当事人有某种无行为能力情形，或者根据各方当事人所同意遵守的法律或在未指明法律的情况下根据本国法律，该协议是无效的；（ii）未向提出申请的当事人发出指定仲裁员的适当通知或仲裁程序的适当通知，或因他故致使其不能陈述案情；（iii）裁决处理的争议不是提交仲裁意图裁定的事项或不在提交仲裁的范围之列，或者裁决书中内含对提交仲裁的范围以外事项的决定；如果对提交仲裁的事项所作的决定可以与对未提交仲裁的事项所作的决定互为划分，仅可以撤销含有对未提交仲裁的事项所作的决定的那部分裁决；（iv）仲裁庭的组成或仲裁程序与当事人的约定不一致，除非此种约定与当事人不得背离的本法规定相抵触；无此种约定时，与本法不符；或（b）法院认定有下列任何情形：（i）根据本国的法律，争议事项不能通过仲裁解决；（ii）该裁决与本国的公共政策相抵触；（iii）提出申请的当事一方自收到裁决书之日起，3 个月内不得申请撤销；如根据第 33 条提出了请求，则从该请求被仲裁庭处理完毕之日起 3 个月内不得申请撤销。（iv）法院被请求撤销裁决时，如果适当而且当事一方也要求暂时停止进行撤销程序，则可以在法院确定的一段期间内暂时停止进行，以便给予仲裁庭一个机会重新进行仲裁程序或采取仲裁庭认为能够消除请求撤销裁决的理由的其他行动。

② The Kingdom of Lesotho v. Swiss bourgh Diamond Mines（Pty）Ltd.

理了仲裁请求所提交事项以外的争议问题，新加坡最高法院高等法庭首先对"超出仲裁协议"与超出"提交仲裁的范围"（the terms of the submission to arbitration）两者之间的关系进行分析。如果仲裁庭决定了超出当事人仲裁协议的事项，那么裁决就应当被撤销。这是在大多数国家仲裁法律体系中仲裁庭超越权限的一种范例。如果《国际商事仲裁示范法》中规定的关于仲裁庭越权的撤销理由或者类似的法律规定不适用于裁决事项超出仲裁协议范围的情形，并区别于超出"提交仲裁的范围"的情形，那么其不仅与现代立法相悖，而且也与《国际商事仲裁示范法》的措辞和目的的解读相悖。我们无法得到一个令人满意的理由将提交仲裁（submission to arbitration）限制解释为当事人在特定仲裁程序中的提交，以及解释为通过当事人的仲裁协议排除提交仲裁的事项。如果一项裁决处理了明显不在仲裁协议范围之内的事项，那么它应当以"超越权限"为理由被撤销。b 项规定了以不可仲裁性和公共政策作为申请撤销的理由。对于这一条，并没有前置性地要求提出申请一方承担证明责任，因此，国内法院可以依照职权处理这些问题。

如果以上的任一条件都不能得到满足，那么裁决就不能撤销。这些条件是酌情判定而不是强制的，即法院可以但不被要求在上述任一条件获得满足时撤销裁决。然而在实践中，裁决存在第 34 条第 2 款中所述的一项理由就足以导致撤销结果成为必然；当然，也可能存在另一种情况，即一项程序上的瑕疵可以被剥离而不影响裁决的有效性。[1]

（三）仲裁地法规定的裁决撤销的理由

大多数法域都采取了和《国际商事仲裁示范法》相同的做法，即规定有限的撤销理由，而这些理由一般都与《纽约公约》中的规定一致，或者数量更少。比如，《法国民事诉讼法典》第 1520 条[2]、《瑞士联邦国际私法

---

[1] Swiss bourgh Diamond Mines（Pty）Ltd, Josias Van Zyl, The Josias Van Zyl Family Trust and others v. The Kingdom of Lesotho, PCA Case No. 2013 - 29, Judgment of the High Court of Singapore on the Set Aside Application, 27 Nov. 2018.

[2] 《法国民事诉讼法典》第 1520 条规定的五项可撤销理由包括：（1）仲裁庭对其是否拥有管辖权的认定有误；（2）仲裁庭的组成违反法律规定；（3）仲裁庭未按照被授予的职权范围作出裁决；（4）未遵守质证原则；（5）仲裁裁决的承认或执行违反国际公共秩序。

典》第 190 条[1]、第 194 条。[2] 但也有一些仲裁法律允许当事方根据《国际商事仲裁示范法》和《纽约公约》规定之外的理由申请撤销裁决。《纽约公约》并没有限制在仲裁地国撤销裁决的理由，这一点已经得到普遍认可。因此，一些国内法中规定了除《纽约公约》第 5 条规定之外的裁决撤销理由，比《国际商事仲裁示范法》更为宽泛。

在《国际商事仲裁示范法》规定的撤销理由之外，最常涉及的撤销理由就是对仲裁庭作出裁决的实体进行审查。尽管《国际商事仲裁示范法》对其并没有规定，但在一些国家的司法实践中得到了适用。实体审查可以多种形式展开，与《国际商事仲裁示范法》规定的撤销理由以及《纽约公约》中有关于不予承认及执行的理由都有本质的不同。实体审查主要考虑的是裁决的正确性，而不是对于仲裁程序、仲裁员公正性或者管辖权的异议，或者公共秩序事项。然而，在过去的几十年，无论是《国际商事仲裁示范法》的规定，还是美国的实践，对仲裁裁决实体进行的司法审查逐渐被摒弃。确实，现代国际仲裁程序的精髓就在于摒弃了对仲裁裁决的实体部分的司法审查。

但是，也有一些法域的法院有时会对裁决的实体部分进行某种形式的司法审查，而这些审查主要是基于公共政策或者越权裁决的。即使在这些允许对裁决实体进行司法审查的国家，审查范围一般也是受严格限定的，即法院仅能对非常严重的法律错误而非事实错误进行纠正。确实，如上所述，在司法审查程序中，对于事实或者法律判断的重新审查可能被认为构成对《纽约公约》的违反。近几十年的大趋势还是倾向于采用《国际商

---

① 《瑞士联邦国际私法典》第 190 条："终局性撤销裁决的请求 总则 1. 裁决自送达时起生效。当事人仅得依下述情况对裁决提出异议：（a）独任仲裁员指定不当或仲裁庭组成不当；（b）仲裁庭错误行使或拒绝行使管辖权；（c）仲裁庭的决定超出了向它提交的问题范围，或裁决未能就某一请求事项作出裁定；（d）当事人平等原则或陈述意见的权利未得到维护；（e）裁决违反公共秩序。2. 对涉及仲裁庭关于自身组成和管辖权决定的初步裁决，只有根据本条第 2 款（a）项和（b）项规定的情况才能提出异议；诉讼时效自该初步裁决送达之日起计算。"

② 《瑞士联邦国际私法典》第 194 条："外国仲裁裁决。外国仲裁裁决的承认与执行，适用《1958 年 6 月 10 日关于承认及执行外国仲裁裁决的〈纽约公约〉》。"

事仲裁示范法》中规定的有限的撤销理由。虽然国内法院有权对国际仲裁裁决进行司法审查,但也倾向于将触发审查的理由限制在《国际商事仲裁示范法》规定的理由之内。这一趋势主要是为了尊重当事方选择国际仲裁协议的初衷,尤其是考虑到当事方希望迅速、高效地解决纠纷,而使争议实体问题不受到过多的司法审查束缚。①

虽然《国际商事仲裁示范法》规定的撤销理由与《纽约公约》中规定的拒绝承认或执行的理由基本相同,但应注意到两个方面的实际差异。首先,与公共政策有关的理由,包括不可仲裁性,可能在仲裁地国和执行地国之间的适用有所不同。其次,更重要的是,拒绝承认或执行的理由仅在获胜方寻求承认与执行的国家(可能是多个国家)有效力和效果,而撤销理由则具有不同影响。②

二　非 ICSID 裁决在执行程序中的司法审查

与 ICSID 裁决排除国内司法审查的自动执行机制不同,非 ICSID 裁决在仲裁地以外国家的承认与执行如同国际商事仲裁裁决一样,要依据《纽约公约》或者其他区域公约,这些公约在一定程度上规定了执行地国对裁决的司法审查。执行地国法院依据其民事诉讼法或者仲裁法对非 ICSID 裁决进行审查,从而作出承认与执行或者拒绝承认与执行的判决。《纽约公约》将国内法院的司法管辖权限于拒绝承认与执行在境外作出的仲裁裁决,而不允许其撤销该等裁决。③

(一)《纽约公约》在国际投资仲裁中的作用

《纽约公约》可被视为国际私法领域最成功的国际公约,它大大促进了国际商事仲裁的广泛使用。从立法历史可以明显看出,《纽约公约》旨在适用于国际商事仲裁裁决的承认与执行,因此我们无法根据其明确规定得出《纽约公约》也适用于国际投资仲裁裁决的结论。然而,这一点也是可以理

---

① 〔英〕艾伦·雷德芬、马丁·亨特等:《国际商事仲裁法律与实践》(第四版),林一飞、宋连斌译,北京大学出版社,2005,第 488 页。
② 联合国国际贸易法委员会秘书处关于《国际商事仲裁示范法》的解释性说明。
③ 〔美〕加里·B. 博恩:《国际仲裁:法律与实践》,白磷等译,商务印书馆,2011,第 408 页。

解的。因为在《纽约公约》通过时，外交保护是解决国际投资争议的被普遍接受的方式。尽管第一个双边投资条约缔结于 1959 年，但该条约中并没有包含投资仲裁条款。依据《ICSID 公约》，ICSID 于 1966 年设立，而首次受理案件是在 1972 年。ICSID 一年受理案件数量超过 10 件的情况发生在 2001 年。① 可见，国际投资仲裁是从 21 世纪初才开始成为解决投资者与东道国之间投资争议的常用法律框架。

　　尽管《纽约公约》不是为了国际投资仲裁裁决的承认与执行而设计的，但它似乎仍然可以适用于这一特殊领域。随着非 ICSID 裁决的发展以及不断变化的法律环境，《纽约公约》在国际投资仲裁领域适用的空间可能会不断扩大。② 《纽约公约》可被视为 168 个（截至 2021 年 9 月 30 日）缔约国的全球文书，因此我们必须承认该公约的重要性，因为它设定了缔约国法院对裁决承认与执行可施加影响的最大限度。③ 但是与《ICSID 公约》相比，它提供的执行机制并没有那么便利。原因在于《纽约公约》允许国内法院在承认与执行程序中根据公约规定的理由对裁决进行司法审查，包括仲裁协议无效，不可仲裁性或执行地国的公共政策，拒绝承认及执行外国仲裁裁决。虽然《纽约公约》的起草者主要关心的是确保国内法院不会过度干涉仲裁程序，从而不会影响当事方的自主权④，但由于所有这些理由都要受到执行地国法院的解释，因此不同司法管辖区之间在审查非 ICSID 裁决承认与执行条件方面可能存在实质性差异。所以一个非 ICSID 裁决可能在一个国

---

① The ICSID Caseload-Statistics（Issue 2018 - 2），https：//icsid. worldbank. org/en/Documents/re-sources/ICSID％20Web％20Stats％202018 - 2％20（English）. pdf，最后访问日期：2018 年 12 月 10 日。

② Aliz Káposznyák，"The Expanding Role of the New York Convention in Enforcement of Internation-al Investment Arbitral Awards"，Katia Fach Gomez，Ana M. Lopez Rodriguez（eds.），*60 Years of the New York Convention：Key Issues and Future Challenges*，Kluwer Law International，2019，p. 426.

③ Guide on the Convention on the Recognition and Enforcement of Foreign Arbitral Awards，http：//www. uncitral. org/pdf/english/texts/arbitration/NYconv/2016_Guide_on_the_Convention. pdf，最后访问日期：2018 年 12 月 10 日。

④ Orsolya Toth，"The New York Convention and Investment Arbitration：Harmony or Tension？"，Katia Fach Gomez，Ana M. Lopez Rodriguez（eds.），*60 Years of the New York Convention：Key Issues and Future Challenges*，Kluwer Law International，2019，p. 411.

家得到承认与执行，而在另一个国家却由于《纽约公约》中规定的公共政策被拒绝执行。

由于《ICSID 公约》为国际投资仲裁的管辖权设置了条件，所以并非所有争议都可以提交 ICSID 裁决，同时如前所述，越来越多的投资条约在仲裁条款中提供了更多的仲裁机构和规则选择，使得非 ICSID 裁决所发挥作用日益扩大。那么根据这些仲裁规则作出的裁决的执行就要依赖于《纽约公约》。可见，《纽约公约》为非 ICSID 裁决的执行提供法律依据。

《ICSID 公约》第 54 (1) 条规定了简化和自动的执行程序，这一执行程序仅适用于 ICSID 裁决中东道国需要履行的金钱责任。这意味着《ICSID 公约》下的执行程序不会延伸适用到非金钱义务的裁决，如恢复原状或其他形式的实际履行或禁止某种行为方式的禁令。鉴于 ICSID 裁决执行机制下的金钱和非金钱义务的差异，ICSID 仲裁庭通常不会在其裁决中强加非金钱义务或者金钱替代方案，以确保其可执行性。① 因此 ICSID 裁决作出后，一方不履行非金钱债务时，《纽约公约》可以为其执行提供依据。

（二）国际投资仲裁裁决适用《纽约公约》的条件

第一，适用《纽约公约》的国际投资仲裁裁决被认为是该公约第 1 条第 1 款中规定的"外国的"仲裁裁决②，因此，裁决必须是在执行地国以外的国家领土内作出的，或者必须是非内国裁决③。非 ICSID 裁决受国内仲裁法管辖，被认为是在一国境内作出的裁决，所以适用《纽约公约》，需要符合第 1 条第 1 款规定的地域范围要求。即使国际投资仲裁裁决被认定为国内或非内国裁决，它们也都被包含在"非内国裁决"一词中，那么也属于

---

① Christoph Schreuer, *The ICSID Convention*: *A Commentary*, Cambridge University Press, 2009, pp. 1137 - 1139.

② 根据《纽约公约》的规定，"外国"裁决是指在 A 国作出，但是在 B 国申请承认的裁决：在这种情况下，该裁决对 B 国而言即为"外国"裁决。值得注意的是，裁决是否具有"外国"性质是相对的。一个裁决对某特定的国家属"外国"的前提是，该裁决是在另外一个（对其而言该裁决不是"外国的"）国家"作出的"。

③ 国内立法的普遍趋势是对仲裁裁决采取领土划分方式，将任何在国内领土上作出的裁决视为国内裁决，将任何国家领土外作出的判决视为外国或非内国裁决。

《纽约公约》的范围。[①]《纽约公约》并没有给国内裁决下定义。每个缔约国都可以自由地决定哪些裁决不被认为是国内裁决。[②]

第二，在理论和实践中得到公认的是，基于"无默契仲裁的概念"，当投资者提交仲裁请求时，就意味着投资者接受了包含在国际投资条约中的或者国内法中的东道国的长期要约。[③]《纽约公约》第 2 条和第 5 条第 1 款（a）项中规定的"书面协议"的要求就满足了这一条件。因此，外国投资者与东道国之间并不需要直接的合同关系来满足《纽约公约》的适用条件。

第三，仲裁地点设置在《纽约公约》缔约国境内。《纽约公约》允许缔约国对其第 1 条第 3 款中作出两项保留，包括互惠保留和商事保留。互惠保留意味着缔约国之间公约的适用以互惠为原则。有近乎 2/3 的缔约国作此保留。[④] 为了确保国际投资仲裁裁决不会因为这种互惠保留而阻碍其承认与执行，缔结国际投资条约的国家通常会将仲裁地点规定在《纽约公约》缔约国领土内。因此，无论缔约国是否作出互惠保留，《纽约公约》都可以很容易地适用于国际投资仲裁裁决。商事保留涉及争议的性质，即该争议是根据作出保留的缔约国法律认为基于商业的法律关系产生的。为了使投资裁决符合这一要求，各国通常在国际投资条约中规定，"提交仲裁的请求应当视为产生于《纽约公约》第 1 条规定的商业关系或商事交易……"[⑤] 但是，如果适用的国际投资条约不包含这样的规定，那么必须依赖执行地国的法律。如果仲裁地是适用《国际商事仲裁示范法》的国家，那么国际投资仲裁裁决就会很容易地适用《纽约公约》。因为《国际商事仲裁示范法》对"商业仲裁"一词作了广泛的解释，包括涉及投资等问题。因此，即使投资

---

① Christoph Schreuer, *The ICSID Convention: A Commentary Article 54*, (*2nd ed.*), Cambridge University Press, 2009, p. 1123.

② 《商事仲裁国际理事会之 1958 纽约公约释义指南：法官手册》，扬帆译，法律出版社，2014，第 20 页。

③ August Reinisch, "Will the EU's Proposal Concerning an Investment Court System for CETA and TTIP Lead to Enforceable Awards? – The Limits of Modifying the ICSID Convention and the Nature of Investment Arbitration", *Journal of International Economic Law*, Vol. 19, 2016.

④ 《商事仲裁国际理事会之 1958 纽约公约释义指南：法官手册》，扬帆译，法律出版社，2014，第 20 页。

⑤ 美国 BIT 范本（2004）第 34 条第 10 款。

索赔不符合相应的国际投资条约中规定的商业标准，只要执行地国的仲裁法采纳了《国际商事仲裁示范法》，《纽约公约》就可适用于 ICSID 裁决的承认与执行。①

（三） 拒绝承认与执行的理由

《纽约公约》第 5 条中列举的例外条款构成了法院拒绝承认外国裁决的专属依据。这些理由是有限的，原因在于《纽约公约》的起草者的意图就是排除国内法院的过度干涉。理由包括：仲裁协议无效、超越权限、当事人被拒绝给予陈述案情的机会、仲裁中的程序不正当行为、欠缺独立性、偏私、仲裁员的不当行为和欺诈以及违反公共政策的裁决。

与 ICSID 裁决的撤销程序不同，在根据 UNCITRAL 规则进行的临时仲裁或者依据 ICSID 附加便利规则进行的仲裁中，投资仲裁规则往往规定了最低限度的司法审查，并且有理由期待国内法院在执行仲裁裁决时的高度遵从态度。然而，《国际商事仲裁示范法》与《纽约公约》规定的执行异议的范围可能大于《ICSID 公约》，例如，考虑了公共政策。"公共政策"是最常被援引的理由，也被称为承认与执行的最后一道防线。

如上所述，与《ICSID 公约》不同，《纽约公约》并非旨在投资仲裁裁决的承认与执行。但根据《纽约公约》第 1 条第 2 款②的规定，"仲裁裁决"的定义涵盖了非 ICSID 裁决。在这种程度上，根据《纽约公约》第 5 条第 2 款（b）项，投资仲裁的被申请人的主权性质可能会引起主权国家或国有企业财产执行的公共政策问题。俄罗斯仲裁法院面临了一系列涉及国有企业的执行案件处理。在"联合世界诉 Krasny Yakor 案"中，伏尔加维亚特卡地区联邦仲裁法院认为，仲裁裁决的执行会导致 Krasny Yakor 的破产，而这家企业是俄罗斯的国有企业，为国家制造安全战略物资与安全物资，因此裁决的执行会对下诺夫哥罗德市的社会与经济的稳定产生负面影响，从而

---

① Aliz Káposznyák，"The Expanding Role of the New York Convention in Enforcement of International Investment Arbitral Awards"，Katia Fach Gomez, Ana M. Lopez Rodriguez（eds.），*60 Years of the New York Convention: Key Issues and Future Challenges*，Kluwer Law International，2019，p. 431.

② 《纽约公约》第 1 条第 2 款："仲裁裁决"一词不仅指专案选派之仲裁员所作裁决，亦指当事人提请仲裁之常设仲裁机关所作裁决。

影响整个俄罗斯联邦的社会与经济。① 同样地，在"莫斯科国家银行有限公司诉 MNTK Microhirurgia glaza 案"中，莫斯科地区的联邦仲裁法院不允许对 MNTK Microhirurgia glaza 的资产进行强制执行，因为它管理了俄罗斯联邦的货币资金。如果对其资产进行强制执行将会间接导致国家财产受到损害。② 可见，投资仲裁裁决的执行所面临的公共政策审查的概率更大。

各国对被撤销的裁决的执行问题观点不一。在"尤科斯案"③ 中，尤科斯的股东基于 ECT 所载的投资保护条款提出索赔。仲裁庭根据 UNCITRAL 规则针对三个案件作出了三个裁决。仲裁庭认定，申请人的确是被间接征收了，俄罗斯违反了 ECT 规定的义务。因此，俄罗斯被要求向申请人支付 500 亿美元作为补偿。这一裁决补偿数额是投资条约仲裁中获得的最高金额。随后被申请人俄罗斯开始在海牙地区法院进行裁决撤销程序。因为该仲裁约定的仲裁地是荷兰，所以裁决的撤销申请必须向荷兰法院提出。俄罗斯要求法院撤销"尤科斯案件"的裁决。经过几轮答辩，海牙地区法院以仲裁庭缺乏管辖权为由撤销了裁决。它认为俄罗斯事实上并不同意就此类争议进行仲裁。④ 尤科斯股东立即对该撤销判决表示不服，提出上诉。

与此同时，裁决在其他国家的若干执行程序正在进行。俄罗斯没有根据裁决的要求自动履行赔偿义务。事实上，它拒绝这样做，因为它认为这些裁决是无效的，撤销申请已经得到了海牙地区法院的判决支持。而执行申请在法国、比利时和美国等国家被提起。根据《纽约公约》第 5 条第 1 款（e）项，如果在作出裁决的国家中撤销了仲裁裁决，则可以拒绝承认与执行。公约中使用的词是可能（may），而不是应该（shall）。然而，尽管这

① Federal Arbitrazh Court of the Volgo-Vyatsky Region, Decision of 17 February 2003, Case No. A43 – 10716/02 – 27 – 10.

② Federal Arbitra Court of the Moscow Region, Decision of 19 June 2003, Case No. KGA40/2448 – 03 – P.

③ Hulley Enterprises Ltd (Cyprus) v. Russian Federation, PCA Case No. AA 226; Yukos Universal Ltd (Isle of Man) v. Russian Federation, PCA Case No. AA 227, Veteran Petroleum Ltd (Cyprus) v. Russian Federation, PCA Case No. AA 228.

④ Yukos Universal Ltd (Isle of Man) v. Russian Federation, UNCITRAL, PCA Case No. 2005 – 04/AA227, Judgment of Hague District Court, 20 Apr. 2016.

些裁决已经在仲裁地被撤销，但它在法国并不构成拒绝承认与执行外国仲裁裁决的理由。法国法院认为，仲裁裁决是非本地化的，是国际的，并且它没有被纳入仲裁地法律。只有裁决在法国被撤销时，法院才会拒绝执行该仲裁裁决。它认为，裁决的承认与执行将完全取决于被寻求承认与执行的国家的法律。

法院在承认与执行外国裁决程序中不应审查该裁决所包含的实体内容，这几乎是一个不可侵犯的原则。因此，"执行法院不会以对待一个上诉案件的方式对待仲裁裁决；不能以公共秩序为由对国际仲裁裁决的实体问题进行审查"①。公共政策本质上是国内的，在国际仲裁领域，尤其是国际投资仲裁中，法院应当对其进行比违反国内法律更多的考量。但是，国内法院往往将其对裁决的实体审查归为公共政策审查需要。

三　非 ICSID 裁决异议权利的放弃与排除

在裁决作出后，一方当事人可以放弃或排除其对仲裁裁决提出异议申请撤销的权利。但是一旦仲裁发生违规行为，可以通过行为进行豁免。当事人之间可以就异议权利的放弃或排除达成协议。这种异议权利的放弃或者排除也可以规定在仲裁法中。

（一）裁决异议权利的排除

原则上，法院在异议程序对仲裁裁决的控制是不能被排除的。除非适用的仲裁法明确允许排除，否则这种排除可被视为违反公共政策。② 这一原则在许多仲裁法规中有所规定。而《瑞士联邦国际私法典》第 192 条③中的规定是该规则的一个例外：如果瑞士仲裁的所有当事人在瑞士均无住所、惯常居所或营业机构的，那么，他们可以通过明确的协议排除异议的权利。

---

① Judgment of 9 January 1995, Inter Maritime Management SA v. Russian &Vecchi, XXII Y. B. Comm. Arb. 789, 796（Swiss Federal Tribunal）.

② Sanders，"Arbitration"，*International Encyclopedia of Comparative Law*，Brill Academic Pub，1997，p. 112.

③ 《瑞士联邦国际私法典》第 192 条规定：双方当事人在瑞士均无住所、惯常居所或营业机构的，可通过仲裁协议中的明示声明或事后的书面协议，完全放弃撤销裁决的请求权；亦可将请求撤销裁决的理由限制在第 190 条第 2 款规定的一项或数项之内。

"克罗地亚诉 MOL 案"中，瑞士最高法院拒绝了克罗地亚撤销裁决的申请，仲裁条款中"此处不得向任何法院就本协议所作出的裁决提出上诉"的约定构成对寻求撤销裁决救济权利的有效放弃。因此，法院驳回了克罗地亚"放弃仅限于全面上诉，而不是撤销仲裁裁决的救济行为"的主张。

"斯托姆修正案"的颁布旨在使比利时成为"国际仲裁的天堂"①。但是相关规定并未起到预想的提升比利时作为仲裁地吸引力的效果，反而因为缺乏裁决司法审查机制，减弱了比利时作为仲裁地的竞争力。根据 1985 年《比利时司法法典》第 1717（4）条规定，至少争议的一方当事人是具有比利时国籍或是住所在比利时的自然人，或是在比利时成立的或是在比利时有分支机构或任何其他商业地的法人，法院才能审理请求撤销裁决的申请。这意味着非比利时当事人无权向比利时法院提起撤销仲裁裁决的诉讼。1998 年，该条款得到修订，以类似于瑞士法律的方式明确了当事人意思自治原则，当事人均无比利时国籍或不居住在比利时时，或者总部或分支机构不在比利时的法人，可以通过仲裁协议或后续协议中的明确声明，排除任何撤销仲裁裁决的救济权利。

（二）裁决异议权利的放弃

放弃有不同的表述方式，例如不容反悔（estoppel）或权利时效（venire contra factum proprium）的原则。《国际商事仲裁示范法》第 4 条明确规定：当事人知道存在本法中可以背离（parties may derogate）的任何条款或者仲裁协议没有被遵守的情况，但未在不过分迟延（without undue delay）或者指定的时间内提出该情况，应视为其放弃异议。一些国家的国内法中规定了在仲裁协议有效性不存在异议的情况下对裁决异议权利的放弃或者对仲裁员异议权利的放弃。比如 1996 年《英国仲裁法》第 73 条第 1 款②的规

---

① M. Storme, *International Commercial Arbitration in Belgium: A Hand Book*（1st ed.）, Spinger, 1989, p. 2.
② 《英国仲裁法》第 73 条规定，一方当事人在发现仲裁程序中存在四种情况，但仍参与仲裁且未立即（forthwith）或者在特定时间（仲裁协议约定或者仲裁庭指定）内提出异议的，即丧失了嗣后对仲裁庭和法院提出异议的权利。这四种情况包括：（1）仲裁庭缺乏实体管辖权；（2）程序存在不当操作；（3）任何未遵守仲裁协议或者该法第一部分的行为；（4）其他影响仲裁程序或者仲裁庭的不规范行为（irregularity）。

定。对于该法第 73 条中规定的"异议",一般认为应进行狭义解释,包括构成仲裁程序和裁决异议理由的特定事实和情况。放弃异议最大的价值在于在仲裁程序终结后,保证仲裁程序的稳定性以及仲裁裁决的可执行性,同时也体现了仲裁意思自治的本质属性。

第三章　国内法院审查国际投资仲裁裁决异议的管辖权

如前所述，国际投资仲裁是在国际法层面上对主权国家之间缔结的条约中的义务进行裁决，且仲裁庭的管辖权以投资条约为基础并由其决定。东道国承担责任的前提是仲裁庭认定其违反了投资条约或者习惯国际法规定的义务。投资者可获得的救济措施、补偿标准等也受国际法管辖。因此，在国际投资仲裁中，管辖权、责任和数额是以条约义务或习惯国际法为基础，并由投资条约中指定的仲裁程序予以确定的。虽然仲裁庭在国际投资仲裁中也需要确定许多国内法问题，但最终，国际投资仲裁是依据相关条约或者国际法来确定东道国的潜在责任。那么国内法院是否有权审理投资仲裁裁决的异议？如果有的话，它是否处理异议的合适法庭？[①] 它在司法审查过程中应当适用何种审查标准？本章将对这些内容进行讨论。

第一节　国际投资仲裁裁决异议司法审查的管辖权基础

相较于商事仲裁，仲裁地法院对国际投资仲裁进行司法审查。处理涉及国际法问题的国际投资仲裁是一件极具挑战性的事情，当然这也是国家司法能力的重要体现。投资仲裁的基础是投资条约，争议往往与东道国政府的行政行为有关，因此涉及条约的解释和对东道国主权行为的审查。仲裁庭审查东道国是否违反了 IIA 的标准，这通常是一个"自上而下"的过

---

① Katia Yannaca-Small, *Arbitration under International Investment Agreements: a Guide to the Key Issues*, Oxford University Press, 2010, p. 662.

程，在该过程中，国际仲裁机构对东道国政府的决策行使管辖权。然而，投资仲裁还涉及一种"自下而上"的权力行使，相应地通过公私法视角来解读。国内法院也可能被赋予管辖权来决定投资仲裁裁决（即国际投资仲裁庭作出的决定）是否应接受国内司法审查。从这个维度上看，确定司法审查的可能性及特点以及仲裁程序规则是仲裁地仲裁法的问题。因此，关键的考虑因素是国内法院是否有权审查此类裁决，以及其审查的严格程度。[1]

一 仲裁地审查国际投资仲裁裁决的管辖权依据

各司法管辖区并没有为国际投资仲裁裁决的撤销发展出特殊的法律体系，所以商事仲裁裁决的司法审查规则必须延伸适用。因此，非 ICSID 裁决与国际商事仲裁相同，受仲裁地法院管辖，适用仲裁地仲裁法的相关规定。[2]

（一）仲裁地法院审查投资仲裁裁决的法理基础

根据"locus regit processum"的一般国际法原则，法院对仲裁裁决进行司法审查的管辖权和范围应当受到仲裁地法律的管辖。

国际仲裁中，"仲裁地"是一个牢固确立且为国际上很多国家认可的基本概念，对仲裁的进行和裁决的执行有着至关重要的影响。仲裁地指仲裁的法律地或者司法管辖地，它决定了管理仲裁程序所适用的法律为仲裁地法（lex arbitri），以及仲裁地法院对仲裁的支持管理或监督介入的范围和程度。尽管在许多案件中，仲裁地法院同时也是案件实际开庭的地方，但仲裁地这一概念是一个法律上的而非纯地理上的概念，就像是一个固定仲裁的法律坐标。它反映的内容是仲裁本身与仲裁地的法律之间的地域联系：当一个人说仲裁地在伦敦、巴黎或日内瓦时，不仅仅指地理位置，还指仲裁是在英国、法国或瑞士的仲裁法框架内进行，或者是根据相关国家的法律。仲裁的地理位置是仲裁法与仲裁本身之间的事实联系因素，被视为当事人与仲裁员之间的合同和程序权利和义务的关系。[3]

---

① RENÉ URUEÑA, "Subsidiarity and the Public-Private Distinction in Investment Treaty Arbitration", *Law and Contemporary Problems*, Vol. 79, 2016.

② Juan Fernández-Armesto, "Different Systems for the Annulment of Investment Awards", *ICSID Review*, Vol. 26, 2011.

③ Reymond, "Where Is an Arbitral Award Made?", *LQR*, Vol. 108, 1992.

仲裁地往往是法律重心，但这并不意味着仲裁的所有程序都必须在那里进行，尽管一些人更愿意这么做。"席位"的选择表明仲裁的地理位置，但这并不意味着当事人将它们自己限制在那个地方，正如"Naviera Amazonia Peruana SA 诉 Compania Internacional de Seguros del Peru 案"① 中指出的那样，会议甚至听证会通常都会在方便的国家举行，但这并不意味着仲裁的"席位"随着国家的变化而变化。即使实际地点不时发生变化，仲裁地也保持不变，除非当事人同意更改。②

仲裁受其所在地即仲裁地③法律管辖的概念，在国际理论和实践中均已得到充分论证和体现。④ 1923 年的《日内瓦公约》和 1958 年的《纽约公约》中的措辞都受到了这一概念的影响，如《纽约公约》保留了"仲裁地所在国法律"⑤ 的表述，并且提到了"作出裁决的国家的法律"⑥，进一步明确了仲裁地与管辖仲裁的法律（仲裁法）之间的地域联系。这种地域联系在《国际商事仲裁示范法》第 1 条第 2 款⑦中再次得到了确认。《日内瓦仲裁条款议定书》第 2 条也作出了相似的规定。⑧ 在《英国仲裁法》中，"仲裁地"被定义为当事人指定的或者仲裁机构或仲裁员本身（视情况而定）指定的"仲裁的法定席位"⑨。除非当事人另有约定，仲裁员在裁决时必须对仲裁地予以说明。⑩

总之，仲裁地法律管辖仲裁裁决已经在国际立法与实践层面都达成了共识。根据《纽约公约》第 5 条第 1 款 e 项以及第 6 条的规定，该公约下裁

① Naviera Amazonia Peruana SA v. Compania Internacional de Seguros del Peru ［1988］1 Lloyd's Rep 116, p. 121.

② Union of India v. McDonnell Douglas Corporation ［1993］2 Lloyd's Rep 48.

③ "seat" or "forum", or locus arbitri of the arbitration.

④ Born, *International Commercial Arbitration* (2nd ed.), Kluwer Law International, 2014, pp. 1530 – 1531.

⑤ the law of the country where the arbitration took place.

⑥ the law of the country where the award is made.

⑦ 《国际商事仲裁示范法》第 1 条第 2 款规定："本法之规定，除第八、九、三十五及三十六条外，只适用于仲裁地点在本国领土内的情况。"

⑧ 《日内瓦仲裁条款议定书》（1923）第 2 条规定："仲裁程序，包括仲裁庭的组成，应按照当事人的意愿，适用仲裁地国的法律。"

⑨ 《英国仲裁法》第 3 条。

⑩ 《英国仲裁法》第 52 条第 5 款。

决的撤销只能在裁决作出地或裁决所依据法律之国家作出。这一规定也同样适用于非 ICSID 裁决。

（二）仲裁地法院审查投资仲裁裁决的法律依据

各国国内法都规定了其作为仲裁地法院对仲裁裁决异议进行司法审查的权力（power）及撤销裁决所应适用的理由，却没有区分投资仲裁与商事仲裁。下文对几个主要的已经受理过国际投资仲裁裁决司法审查案件的司法管辖区的相关法律进行简要的分析。

与《国际商事仲裁示范法》相比，1996 年《英国仲裁法》规定了更加广泛的审查范围。其中，第 67、68、69 条对裁决审查作出了规定，当然这一裁决也包括非 ICSID 裁决。第 32 条规定了对仲裁庭管辖权提出异议，第67 条规定了对实体管辖权裁决提出异议，其范围在"Fiona Trust 诉 Privalov案"[1] 中被界定，即推定理性商人将由订立关系引起的任何争议纳入仲裁条款，是相当宽泛的表面成立（prima face）管辖权条款。值得注意的是，根据第 67 条提出的申请涉及法律和事实问题，被认为是全面复审，而不是法院的司法审查，即审查仲裁庭是否正确地作出决定。在"厄瓜多尔诉 Occidental Exploration & Production Company 案"（以下简称厄瓜多尔诉 Occidental 案）中，厄瓜多尔根据《英国仲裁法》第 67 条[2]向英国高等法院申请撤销仲裁裁决。法院认为，《英国仲裁法》第 67 条赋予了仲裁地为英格兰、威尔士和北爱尔兰的仲裁当事人对仲裁庭管辖权提出异议的权利。[3] 在"Griffin 诉波兰案"中，仲裁庭根据 SCC 规则成立，仲裁地在伦敦。仲裁庭作出了对申

---

[1] Fiona Trust & Holding Corp v. Privalov, [2007] EWCA Civ 20.

[2] 《英国仲裁法》第 67 条："裁决异议：实体管辖权。（1）仲裁程序的一方当事人（经通知其他当事人和仲裁庭）可向法院申请：（a）就仲裁庭的实体管辖权对裁决提出异议；（b）因仲裁庭无实体管辖权，要求法院裁定宣布仲裁庭就实体方面作出的裁决全部或部分无效。当事人可能会丧失异议权（见第 73 条）且其异议权不得违背第 70 条第 2 款和第 3 款的限制性规定。（2）按照本条对有关管辖权裁决向法院提出的申请如尚未决定，仲裁庭可继续进行仲裁程序并作出进一步的裁决。（3）对根据本条就仲裁庭实体管辖权对其裁决提出异议的申请，法院可以命令方式：（a）确认裁决，（b）修改裁决，（c）全部或部分撤销裁决。（4）针对本条项下法院决定的上诉应获得法院的准许。"

[3] David Wolfson and Susanna Charlwood, "Challenges to Arbitration Awards", in Julian D. M. Lew, Harris Bor, et al. (eds.), *Arbitration in England, with Chapters on Scotland and Ireland*, Kluwer Law International, 2013, p. 532.

请没有管辖权的裁决。随后，申请人 Griffin 向英格兰及威尔士高等法院对裁决提出异议。英格兰及威尔士高等法院根据《英国仲裁法》第 67 条，对仲裁庭的管辖阶段进行了全面复审。法院认为，它有权根据国际法解释《比利时—卢森堡经济联盟—波兰 BIT》，并采用与仲裁庭不同的推理方式。第 68 条规定了对严重违法行为裁决的异议，异议的范围可能涉及仲裁庭的诉讼程序或裁决。第 69 条规定了就法律问题（仅根据英国法律）提出上诉，这被认为是一项非常广泛的法院审查。第 67 和 68 条是强制性条款，而第 69 条不是强制性的，可以由当事方选择退出。如果一方选择 LCIA 或 ICC 的仲裁规则，那么第 69 条将自动退出。《英国仲裁法》赋予了法院在司法审查时采取最大限度的审查方法的权力。特别是第 69 条规定的上诉理由使法院对裁决司法审查的范围和作用被扩大了。

《美国联邦仲裁法》第 10 节规定了仲裁裁决撤销的理由。这些理由与《纽约公约》第 5 条和《国际商事仲裁示范法》第 34 条相似但略有不同。《美国联邦仲裁法》中没有规定对仲裁裁决的案情进行实质性审查，甚至禁止当事人就法院判决的案情进行审查达成协议，但当事人可以将上诉程序纳入其仲裁（不涉及法院）。[1] 这一限制值得注意，因为它允许当事人在一定程度上自主地决定仲裁程序，同时限制国内法院在审查中的作用发挥。历史上，美国法院采用"明显无视法律"的审查程度，适用于仲裁庭在作出裁决时公然无视法律的情形，而这一情形与违反公共政策密切相关。

法国法院根据审查的类型决定不同的审查范围。法国法院对仲裁协议的有效性进行了非常有限的审查，但一旦确定了管辖权，就会对管辖权进行彻底审查。[2] 与《国际商事仲裁示范法》相比，无论裁决在法国境内或境外作出，法院在执行和撤销程序中的审查程度是相同的。[3] 法国法院在对裁

---

[1] Rowan Platt, "The Appeal of Appeal Mechanisms in International Arbitration: Fairness over Finality?", *Journal of International Arbitration*, Vol. 30, 2013.

[2] William W. PARK, "The Arbitrator's Jurisdiction to Determine Jurisdiction in International Arbitration: Back to Basics?", http://www.bu.edu/law/faculty-scholarship/working-paper-series/, 最后访问日期：2019 年 4 月 21 日。

[3] Emmanuel Gaillard, John Savage（eds.）, *Fouchard Gaillard Goldman on International Commercial Arbitration*, Kluwer Law International, 1999, p.921.

决进行审查时，并不考虑在外国司法管辖区的执行地法院如何处理裁决。法国法律规定了裁决撤销所必须达到的限制较少的门槛，与所有其他司法管辖区一样，法国撤销的标准和承认与执行的相同。

瑞士作为国际仲裁的仲裁地有着悠久的传统，其历史可以追溯到19世纪。[①]《瑞士联邦国际私法典》第190～192条[②]规定国际仲裁裁决撤销程序。当事人据此申请撤销，必须满足一定的条件，首先仲裁地必须在瑞士，并且在仲裁协议缔结时，至少一方必须在瑞士境外居住或拥有惯常居所。

新加坡仲裁法律体系实行双轨制，有两个独立的法律体系规范仲裁的实施。《仲裁法》规范国内仲裁，而《国际仲裁法》规范国际仲裁程序的实施。国内仲裁与国际仲裁体系的主要区别在于法院对仲裁的干预力以及仲裁过程中当事人的自治程度。在国际仲裁中，新加坡试图将法院的干涉力减至最小，而赋予当事人充分的法人自治权。《国际仲裁法》第5（2）条对国际投资仲裁进行了界定，国际投资仲裁属于其第b（i）项中规定的情形：仲裁协议中确定的或者根据仲裁协议确定的仲裁地点。第10条规定了就管辖权裁决的上诉（appeal）。此处的"上诉"非诉讼法中上诉的意思，而是指向一个不同的仲裁庭上诉（ICSID裁决的内部撤销程序），或者是指向可要求变更裁决的有关法院上诉，或者由该法院发回仲裁庭重审，或者由该法院裁定全部或部分撤销该裁决。[③] 第10（3）条规定：如果仲裁庭裁定其具有管辖权（作为仲裁的先决问题）或在仲裁程序的任何阶段裁定其不具有管辖权，任何一方当事人可以在收到裁定通知之日起30天内向高等法院申请就此事作出裁定。上述两起案件中原告都援引该条款作为申请撤销的法律依据。[④]

由此可见，在新加坡的仲裁法律框架下，只要仲裁地选择为新加坡，

---

① Stephan Wilske, "The Global Competition for the 'Best' Place of Arbitration for International Arbitrations", *Contemporary Asia Arbitration Journal*, Vol. 1, 2008.

② PILA. Art. 176 (1) PILA.

③ 〔英〕艾伦·雷德芬、马丁·亨特等：《国际商事仲裁法律与实践》（第四版），林一飞、宋连斌译，北京大学出版社，2005，第433页。

④ 〔新加坡〕杨炎龙：《国际商事争议解决如何在新加坡和香港进行国际商事仲裁》，中国商务出版社，2011，第40页。

那么非 ICSID 裁决同国际商事仲裁裁决一样，都适用《国际仲裁法》。从当事人的角度来说，这是其对仲裁管辖权裁决提出异议并向法院申请撤销的理由；从法院的角度来说，这是其受理撤销申请对管辖权裁决进行司法审查的依据。撤销审查中，法院没有权力调查争议的实质或者重审由仲裁庭认定的法律问题或事实。

二 条约解释与适用问题的可审理性

如同商事仲裁中的仲裁协议，仲裁庭的管辖权来源于投资条约中争议解决条款的授权，包括争议解决方式、争议的范围等。只有受投资条约保护的合格的"投资者"确有符合条约规定的"投资"，才能将条约下的争议提交仲裁，仲裁庭才能获得管辖权。因此，仲裁庭作出的管辖权裁决必然涉及对条约中"投资者""投资"以及争议解决条款的解释与认定。而法院在对仲裁庭的管辖权进行司法审查的过程中，也同样要对条约中的相关条款进行解释和适用，才能对仲裁庭是否具有管辖权作出判决。这就意味着国内法院需要根据国际法规则处理相关问题。

（一）英国法院关于"可审理性"（"justiciable"）问题的认定

"厄瓜多尔诉 Occidental 案"是英国法院受理的第一个国际投资仲裁裁决撤销案件。本案中，申请人厄瓜多尔根据《英国仲裁法》第 67 条的规定向高等法院申请撤销仲裁裁决。被告 Occidental 认为，仲裁庭的管辖权问题在英国法院是"不可审理的"（not "justiciable"）。因为厄瓜多尔的异议将要求法院解释国际条约的规定，这与英国法律规则相悖，所以这种解释问题在英国法院不可审理。法院接受了上议院在"Tin Council 案"[①] 中所阐述的规则，即未被纳入英国法律的条约不能在国内法中产生任何权利或义务，但认为"Tin Council 案"中制定的不可审理性规则在本案中并不适用。原因在于，尽管为了审查仲裁庭作出的管辖权裁决异议，法院需要对主权国家之间在国际法层面缔结的在投资关系中的权利进行裁判，但是这种救济权利是国内法上的法人、自然人和适格投资者意图在仲裁地依据国内法组

---

① J. H. Rayner Ltd v. Department of Trade, 1990 2 AC 418.

成和管辖的仲裁庭中援引的。因此，法院认为，本案与"Tin Council案"不同，国内法中只要有一个连结点可以就国际法作出裁决，即《英国仲裁法》第 67 条赋予了仲裁地在英格兰、威尔士和北爱尔兰的仲裁当事人对仲裁庭管辖权提出异议的权利。"不可审理"原则并不能阻止法院根据该条款对厄瓜多尔的撤销申请进行审理。因此，高等法院决定受理厄瓜多尔对仲裁庭管辖权的异议①，随后，Occidental 向英格兰和威尔士上诉法院提出了上诉。但是，上诉法院驳回了 Occidental 的上诉，认为高等法院得出了正确的结论。②

（二） 新加坡法院关于"可审理性"问题的认定

"老挝诉 Sanum 案"中，被告 Sanum 公司认为原告的撤销申请仅涉及纯国际法问题，不属于新加坡法院可审理的范围。因为，虽然其承认国际法问题是可审理的，但本案与"Lee Hsien Loong 诉 Review Publishing Co Ltd 案"不同，新加坡不是《中国—老挝 BIT》的缔约国，条约的适用问题与新加坡国内法律无关。同时，新加坡法院对《中国—老挝 BIT》的解释将会对以中国作为缔约方的 130 多个双边投资条约产生潜在的影响。③ 新加坡最高法院高等法庭并不支持被告对可审理性的主张，认为尽管新加坡不是双边投资条约的缔约国，但这并不一定意味着条约适用的问题与新加坡国内法下的个人的权利与义务无关。原告依据《新加坡国际仲裁法》（以下简称 IAA）第 10 （3） 条的规定提出撤销申请，寻求法院对仲裁庭管辖权进行司法审查。这个问题显然与新加坡法律的适用以及原告对本法院审查仲裁庭的管辖权裁决的权利有关。④

新加坡最高法院高等法庭认为，英国法院在"Occidental 诉厄瓜多尔案"⑤ 中的推理和结论适用于本案，因为本案中有两个重要方面与其非常相

---

① Occidental v. Ecuador, LCIA Case No. UN3467, Non-justiciability of Challenge to Arbitral Award, 29 Apr. 2005.

② Occidental v. Ecuador, LCIA Case No. UN3467, Non-justiciability of Challenge to Arbitral Award (Appeal Court), 9 Sep. 2005.

③ Lao People's Democratic Republic v. Sanum Investments Ltd ［2015］ SGHC 15, para. 21 – 23.

④ Sanum Investments Ltd v. Lao People's Democratic Republic, ［2016］ SGCA57.

⑤ Occidental v. Ecuador, LCIA Case No. UN3467, Non-justiciability of Challenge to Arbitral Award (Appeal Court), 9 Sep. 2005.

似：法院需要解释的国际法是双边投资条约，并且与英国不是《美国—厄瓜多尔 BIT》缔约方一样，新加坡也不是《中国—老挝 BIT》的缔约国。换言之，高等法庭如果不能首先考虑《中国—老挝 BIT》能否适用于澳门的问题，那么就不能依据 IAA 第 10（3）条的规定确定原告的权利。法院依据 IAA 第 10（3）条的规定来决定原告对仲裁庭管辖权异议的合法性，其中包括了对《中国—老挝 BIT》的解释问题。①

　　Sanum 公司对新加坡最高法院高等法庭的撤销判决不服，上诉至上诉法庭。虽然 Sanum 并没有把条约解释的可审理性问题作为上诉的理由，但是基于完整性，上诉法庭还是对这一问题进行了分析。上诉法庭认为，《中国—老挝 BIT》的解释与适用毫无疑问是新加坡法院需要在本案中处理的事项。高等法庭不仅有权力考虑这一问题，而且在一定情况下，它有义务这样做。这是因为当事人选择新加坡作为仲裁地。因此一个必然的结果就是 IAA 适用于管辖该仲裁，并且高等法庭需要考虑仲裁庭的管辖权问题。为了审查仲裁庭的管辖权，高等法庭必须对新加坡作为第三国的双边投资条约进行解释。因此，法院认为《中国—老挝 BIT》的解释和适用问题是可审理的，它们是新加坡法院作为仲裁地法院必须考虑的事情。②

　　综上可见，尽管投资条约的解释与适用属于国际法的问题范围，但是仲裁地法院并不认为这一问题是不可审理的，并且法院会根据本国仲裁法与国际法规则对这一问题进行审理。

三　仲裁地法院审查国际投资仲裁裁决的适格性

　　相较于国际投资仲裁裁决司法审查的管辖权问题，法院审查国际投资仲裁裁决的适格性问题更加复杂。一方面，国际投资仲裁裁决的司法审查有其特殊性，这种特殊性是由投资仲裁机制的本质和特征决定的。另一方面，相较于国际仲裁庭的专业性，仲裁地法院审理涉及国际投资争议的能力和经验略显欠缺。这些因素都使得适格性问题愈加复杂。

---

① Sanum Investments Ltd v. Lao People's Democratic Republic，[2016] SGCA57.

② Sanum Investments Ltd v. Lao People's Democratic Republic，[2016] SGCA57.

（一）国际投资仲裁裁决司法审查的特殊考量需要

在审查国际投资仲裁裁决异议时，仲裁地法院不得不对主权国家之间缔结的投资条约中的条款进行裁判。并且，投资条约的缔约国中只有一个缔约国即作出仲裁请求所针对的东道国，成为裁决异议司法审查程序的当事方。对于审理异议的仲裁地法院而言，司法审查可能引起干涉其他国家事务的问题，因为仲裁地法院必须对两个或几个主权国家之间的约定作出裁决。①

由于国际投资仲裁的一方当事人是主权国家，在投资仲裁裁决司法审查过程中，一方面，投资者可能会担心法院对裁决撤销采取较低的门槛以确保对不利于主权国家的仲裁裁决的合法性不会有疑问。另一方面，缔约国可能担心由于仲裁地存在政治偏见而得不到公正的审理。

（二）国内法院对国际投资仲裁中主权义务的审查

正如在"厄瓜多尔诉 Occidental 案"中，如果投资仲裁的一方根据其适用的仲裁法对仲裁裁决提出异议，国内法院通常不愿意行使管辖权来审查裁决，即使法院必须根据条约来裁决其他主权国家的义务。国内法院在行使这种管辖权时，有时必须裁决其他主权国家的国际法义务，这是因为当它们在双边投资条约或多边投资条约的仲裁条款中约定了包含 ICSID 附加便利规则、UNCITRAL 规则或 SCC 规则时，就意味其接受了一揽子安排。如果投资条约的缔约国不希望根据该条约作出的仲裁裁决受仲裁地国内法院的审查，则它们有可能在条约中列入这方面的规定。当然，这些排除协议是否会被认定有效，取决于仲裁所适用的法律。例如，《瑞典仲裁法》第 51 条②明确规定，当事人可以协议排除本法第 34 条规定的仲裁裁决撤销理由的适用，前提条件是当事人均不得居住在瑞典或在瑞典拥有营业地。

除此之外，仲裁地法院通常对国际投资仲裁裁决异议司法审查中可能出现的国际公法问题没有足够的知识和经验。

---

① Kai Hober, Nils Eliasson, "Review of Investment Treaty Awards by Municipal Courts", Katla Yannaca-Small, *Arbitration Under International Investment Agreements: A Guide to the Key Issues*, Oxford Unversity Press, 2010, p. 644.

② 《瑞典仲裁法》第 51 条：如任一方当事人在瑞典均无住所或营业地，则其在某一商业关系中可以通过明示的书面协议排除或限制第 34 条所指撤销裁决理由的适用。受此类协议约束的裁决，可以根据适用于外国裁决的规则在瑞典得到承认与执行。

第二节　国际投资仲裁管辖权异议的司法审查

相较于传统的国际商事仲裁裁决的异议，国际投资仲裁裁决的异议似乎更多地涉及仲裁庭管辖权的异议。这并不奇怪，因为与国际商事仲裁中的标准条款相比，国际投资条约中的仲裁条款更为复杂。同时，在国际投资仲裁中，申请人通常必须克服管辖权的高门槛才能落入相关投资条约的范围之内。这也意味着管辖权问题在国际投资仲裁中比在商事仲裁中更复杂。

国际商事仲裁的管辖权裁决通常仅限于对争议是否产生于合同或与包含仲裁条款的合同相关的问题。而国际投资仲裁中的仲裁庭经常必须就国际公法问题作出裁决，包括条约解释，比如申请人是否有资格成为条约中规定的"投资者"，申请人是否存在条约所规定的"投资"，争议是否是争议解决条款所涵盖的等。因此，仲裁庭通常需要对复杂的事实和法律问题进行认定才能作出最终的裁决。另外，这些问题往往与案件的实体问题相关，因此，管辖权问题与实体问题的识别成为必要，但这在实践中是非常困难的。

一　国际投资仲裁中管辖权问题与实体问题的识别

司法在监督仲裁方面应当有所限制，这是由仲裁的自治性决定的。因此，管辖权问题与实体问题的识别在国际投资仲裁裁决的司法审查中尤其重要。因为这一识别决定了国内法院的司法审查范围，但是哪些问题与管辖权问题相关，哪些问题与实体问题相关，在审查实践中并不总是容易区分，甚至分歧较大。

（一）裁决中管辖权问题与实体问题的识别

在"Petrobart 诉吉尔吉斯斯坦案"中，瑞典最高法院指出，虽然仲裁庭在确定其管辖权时应适用主张原则（doctrine of assertion）是瑞典法律的一项既定原则，但其内容和范围仍存在一定的不确定性。该原则的核心是，仲裁庭在确定其管辖权时，不得审查申请人声称确立仲裁协议所涵盖的法律关系的任何事实。瑞典最高法院认为，仲裁庭应将这一原则适用于本案，应根据 Petrobart 所指控的事实确定其管辖权。因此,最高法院撤销了关于管辖权的否定裁决。[①] 在"Sedelmayer 诉俄罗斯案"中,仲裁庭认定 Sedelmayer 符合管辖权要求的"投资者",俄罗斯对此提出异议。但是,法院驳回了俄罗斯的异议,并指出 Sedelmayer 主张他是在德国拥有"永久居住权"的投资者,是仲裁庭确立管辖权的充分依据。

尽管采用了这种方法,瑞典上诉法院仍以管辖权为理由撤销了 SCC 在"RosInvest Co 诉俄罗斯案"中的裁决。仲裁庭认为,根据《英国—俄罗斯BIT》中最惠国待遇条款的规定,其具有管辖权。该条款和《丹麦—俄罗斯BIT》第 8 条一起适用。瑞典上诉法院决定撤销裁决是基于 2 年前地区法院作出的缺席判决,且 RosInvest Co 并未提出上诉。在缺席判决中,地区法院批准了俄罗斯的动议,该动议要求宣布根据《英国—俄罗斯 BIT》的规定,仲裁庭没有管辖权决定征收是否发生。瑞典上诉法院的裁决表明,如果先前的法院判决中决定了仲裁庭的管辖权问题,并且该判决没有受到异议,那么在最终裁决受到异议时其将不会重新审查管辖权问题。[②]

斯德哥尔摩地区法院在"Renta4 & Ors.诉俄罗斯案"的裁决中提到了最高法院在"Petrobart 诉吉尔吉斯斯坦案"中的裁决,并指出案例法中关于主张原则的存在和范围存在一定的不确定性。俄罗斯对管辖权的异议,即双边投资条约是否适用于相关投资以及投资是否在俄罗斯境内进行,应该通过适用主张原则进行初步审查或全面审查来考虑。法院指出,主张原则的目的是说明与仲裁协议范围有关的问题应当由仲裁庭决定。法院认为,相关问题,如投资是否由双边投资条约涵盖和投资是否在俄罗斯境内进行的等问题与管辖权和案情都有关系。因此,法院得出结论:这种情况只能由仲裁庭进行全面审查,地区法院必须接受仲裁庭的认定。[③]

---

① Petrobart v. Kyrgyz（Ⅰ）, Judgment of the Supreme Court of Sweden, 28 Mar. 2008.

② RosInvest Co UK Ltd v. Russian Federation, SCC Case No. V079/2005, Judgment of the Svea Court of Appeal, 5 Sep. 2013.

③ Renta4 S. V. S. A., Ahorro Corporacion Emergentes F. I., Rovime Inversiones SICAV S. A., Quasar de Valors SICAV S. A., Orgor de Valores SICAV S. A., GBI 9000 SICAV S. A., ALOS 34 S. L. v. Russian Federation, SCC No. 24/2007, Ruling of the Stockholm District Court on Jurisdiction, 11 Sep. 2014.

（二）裁决司法审查实践中的识别困难

对国际投资仲裁裁决进行从头审查时，法院在区分管辖权问题和实体问题时都非常谨慎。但是，法院可能会重新将所涉及的问题定性为管辖权问题、可审理性问题或实体问题。

在"Occidental 诉厄瓜多尔案"中，仲裁庭驳回了申请人的征收索赔申请。关于案件的定性，英国高等法院与仲裁庭的判断并不相同。英国高等法院认为，案件所涉及的问题属于实体问题而非管辖权或可审理性问题，并拒绝审查裁决。[1] 在"Eureko 诉波兰案"中，布鲁塞尔法院一审认为，仲裁庭未遵守争议解决选择条款以及无视该条款，并不违反双边投资条约中的仲裁协议，也不涉及仲裁庭的管辖权。[2] 在"BG Group 诉阿根廷案"中，阿根廷对裁决提出异议，理由是仲裁庭越权审理争议。虽然地区法院确认了该裁决，但是哥伦比亚特区联邦上诉法院撤销了该裁决。在上诉法院看来，当地诉讼要求的解释和适用是涉及申请人请求的可仲裁性事项，因此是应由法院从头审查的问题。法院认为，申请人未向阿根廷法院提起诉讼，这意味着仲裁庭无权审理此案。最后，美国联邦最高法院认为，当地诉讼要求是仲裁的程序性先决条件，而不是同意仲裁的条件，并不涉及仲裁协议。[3] 因此，应当主要由仲裁庭来解释和适用，法院对仲裁庭裁决的审查应当给予相当程度的遵从。

可见，在审查实践中，对于撤销申请所涉及问题的识别是一个重要却非常困难的问题，尤其是涉及仲裁启动条件问题。

二　国际投资仲裁的自裁管辖权原则

自裁管辖权原则（Competence）是国际商事仲裁中最重要的基本原则。一般而言，根据自裁管辖权原则的规定，国际仲裁庭有权审理和决定其管辖权的争议。该原则与仲裁庭和国内法院在审理和决定管辖权争议上的权

---

[1] Occidental v. Ecuador, LCIA Case No. UN3467, Non-justiciability of Challenge to Arbitral Award, 29 Apr. 2005.

[2] Eureko v. Poland, Judgment of Court of First Instance of Brussels: Setting Aside of Award, 23 Nov. 2006.

[3] Argentina v. BG Group, Judgment of the Supreme Court of the United States, 5 Mar. 2014.

力分配有关。几乎所有国家法律体系都承认自裁管辖权原则。[1] 但对于该原则的适用与后果仍然存在较大的分歧和不确定性。自裁管辖权的目的在于防止由于一方当事人的单边拒绝而使得仲裁程序崩溃。因此，国内法院应当对仲裁庭的管辖权裁决予以尊重。[2]

（一）自裁管辖权原则概念及其表述

大法官拉夫伯勒在有关 1794 年《杰伊条约》的争议中就自裁管辖权问题提出了意见："关于委员会有权解决它们自己的管辖权的怀疑是荒谬的……它们必须决定案件是否在其管辖权范围之内。"[3] 仲裁庭决定其自身管辖权的权力被称为"固有的"权力。这是仲裁自治性的必然结果。仲裁是合意的产物，所以仲裁庭的权力或能力来自当事人的协议授权。仲裁庭因此获得权力来解决当事人约定中的争议，但不得超越其管辖权范围。自裁管辖权原则已经受到广泛认可，反映了司法对仲裁的克制。各司法管辖区主要的法律制度之间存在一定的多样性，在仲裁庭自裁管辖权的效力以及仲裁庭与法院之间管辖权的分配方面所采取的处理方法不同。

自裁管辖权原则起源于德国，在历史上被理解为承认仲裁庭有权最终决定其自身管辖权，而无须受司法审查。相比之下，在一些司法管辖区，自裁管辖权是指仲裁庭享有对其管辖权作出初步决定的权力，但要受到随后的司法审查。比如，在某些司法管辖区，如果当事人之间的仲裁协议授权仲裁庭有权最终决定管辖权争议而无须受到随后的司法审查，那么司法会确认该约定具有法律效力；而在少数司法管辖区，当事人之间关于同意仲裁庭享有最终决定其管辖权的授权约定不能发生法律效力。

关于这一原则，各国立法中存在不同表述。仲裁庭有权审查和决定其管辖权的原则被称为"自裁管辖权"原则（competence-competence doctrine

---

[1] P. Binder, *International Commercial Arbitration and Conciliation in UNCITRAL Model Law Jurisdictions* (3rd ed.), Sweet & Maxwell, 2009, p. 4006.

[2] Attorney-General v. Mobil Oil NZ Ltd, New Zealand, High Court, Wellington, 1 Jul. 1987, ICSID Reports, Vol. 4, 117, https://www.cambridge.org/core/journals/icsid-reports/article/abs/attorneygeneral-v-mobil-oil-nz-ltd/765B50007F765223A6CAA0CC8C3CDB2D, 最后访问日期：2019年2月25日。

[3] J. Moore, "History and Digest of the International Arbitrations to Which the United States Has Been a Party", *The American History Review*, Vol. 4, 1898.

或者 Kompetenz-Kompetenz doctrine）、"管辖权"原则（jurisdiction compe-tence principle）或"谁决定"问题（"who decides"question）。① 这些不同的用词及表达方式可能会产生不同的有时甚至是相互矛盾的适用情况，这取决于所在国家的法律制度和实际情况。②

（二）有关自裁管辖权原则的公约和立法

自裁管辖权原则在国际仲裁公约、国内立法、司法判决，仲裁机构规则和国际仲裁裁决中几乎被普遍接受。这些法律渊源中有说服力的判例（Authority）都一致承认了自裁管辖权原则。可见，国际仲裁庭被推定拥有审理和决定其管辖权的权力，应该被视为普遍公认的国际仲裁法原则。但是对于仲裁庭和法院对管辖权作出裁决的适当时间、允许仲裁庭首先决定其管辖权的结果几乎没有达成国际共识。而各国法律制度对这些管辖权事项也采取了各不相同的规定。

国际条约中以明示或者默示的方式承认了自裁管辖权原则，并给予该原则法律效力，比如：《国际商事仲裁欧洲公约》③（以下简称《欧洲公约》）、《美洲国家间国际商事仲裁公约》④（以下简称《美洲公约》）。《欧洲公约》明确规定了自裁管辖权原则和法院与仲裁庭之间的管辖权分配。《欧洲公约》第 5 条第 3 款规定："在符合法律规定的任何后续司法监督的情况下，有管辖权的仲裁庭有权进行仲裁，对自己的管辖权作出裁决，并决定仲裁协议或合同中仲裁条款的存在或有效性。"该条款在若干方面确立了自裁管辖权原则。它规定当仲裁庭的管辖权受到异议时，仲裁庭有权进行仲裁，并对自己的管辖权进行裁决，以及在仲裁协议存在或有效时作出裁决。《美洲公约》第 3 条规定，若当事人未协议选择任何机构仲裁规则，则适用"美洲国家商事仲裁委员会"的规则。相应地，该委员会也通过了一套与 UNCI-

---

① William W. Park, "The Arbitrator's Jurisdiction to Determine Jurisdiction", http://www. bu. edu/law/faculty-scholarship/working-paper-series/，最后访问日期：2019 年 4 月 21 日。

② Born, *International Commercial Arbitration* (2nd ed.), Kluwer Law International, 2014, p. 1048.

③ 《国际商事仲裁欧洲公约》于 1964 年生效，目前有 31 个缔约国。公约包含 19 条规定和 1 个附件。

④ 《美洲国家间国际商事仲裁公约》于 1975 年 1 月 30 日签署于巴拿马。美国于 1990 年批准该公约。

TRAL 基本相同的仲裁规则。该规则第 21 条第 1 款规定，仲裁庭有权对其无管辖权的异议作出裁决，包括对仲裁条款或单独的仲裁协议的存在和效力所提出的任何异议。据此可见，《美洲公约》也确认了自裁管辖权原则。尽管《纽约公约》中没有关于这一原则的明确措辞，但第 2 条第 3 款和第 5 条第 1 款都明确承认，仲裁庭和法院均可审理和裁决与仲裁庭管辖权有关的争议。

仍然需要讨论的问题是在法院和仲裁庭之间如何分配管辖权，包括司法审查管辖权问题的时间和性质以及国内法院对仲裁庭管辖权裁决的遵从程度。在几乎所有的国家的仲裁制度中，仲裁庭有权审理管辖权异议，但须经后续司法审查。如果没有明确的相反协议，仲裁庭有权考虑并初步解决有关其管辖权的争议。这一推定来自仲裁程序的基本目标以及仲裁庭的固有权力和授权。当事方可以更改推定，要么拒绝仲裁庭的自裁管辖权，要么允许仲裁庭最终解决管辖权争议而不经司法审查，但这样做需要明确的肯定性协议，以排除司法审查。《国际商事仲裁示范法》明确授权仲裁庭审理自己的管辖权并作出裁决。其中第 16 条①明确授予仲裁庭自裁管辖权裁决其管辖范围内的异议，包括对仲裁协议的存在和有效性的异议。无论当事人的仲裁协议是否包含有效的明确规定，该结论均适用。

虽然《美国联邦仲裁法》的文本内容没有明确规定仲裁庭的自裁管辖权②，但是在司法实践中，美国法院一再认为，仲裁庭具有裁决其自身管辖权的固有权力，但须经过后续的司法审查，并且可能被授予最终确定其管

---

① 《国际商事仲裁示范法》第 16 条：仲裁庭对其管辖权作出裁定的权力。（1）仲裁庭可以对其管辖权包括对仲裁协议的存在或效力的任何异议，作出裁定。为此目的，构成合同一部分的仲裁条款应视为独立于合同其他条款的一项协议。仲裁庭作出关于合同无效的决定，不应在法律上导致仲裁条款无效。（2）有关仲裁庭无权管辖的抗辩不得在提出答辩书之后提出。当事一方已委任或参与委任仲裁员的事实，不妨碍其提出此种抗辩。有关仲裁庭超越其权力范围的抗辩，应在仲裁程序中被指控权之情事出现后立即提出。在这两种情况下，仲裁庭如认为有正当理由，均可准许推迟提出抗辩。（3）仲裁庭可以根据案情将本条第 2 款所指抗辩作为一个初步问题裁定或在实体裁决中裁定。如果仲裁庭作为一个初步问题裁定它有管辖权，当事任何一方均可在收到裁定通知后 30 天内要求第 6 条规定的法院对这一问题作出决定，该决定不容上诉；在等待对这种要求作出决定的同时，仲裁庭可以继续进行仲裁程序和作出裁决。

② William W. Park，"The Specificity of International Arbitration：The Case for FAA Reform"，*Vanderbilt Journal of Transnational Law*，Vol. 36，2003.

辖权的具有约束力的裁决的权限。自裁管辖权原则的主要权威（authority）来自"First Options of Chicago 诉 Kaplan 案"，美国最高法院在该案中审理了这一问题，即谁——法院或仲裁庭——有主要权力决定当事人是否达成仲裁协议。① 法院认为"谁有权力决定可仲裁性"的问题可转化为"双方就争议达成了什么，双方是否同意将可仲裁性问题本身提交仲裁"。法院的这一分析表明了自裁管辖权原则适用于美国法院受理的国内和国际案件。具体而言，法院的分析认为，仲裁庭的自裁管辖权的性质和范围在很大程度上取决于当事人仲裁协议的条款。也就是说，与《纽约公约》第 2 条和《欧洲公约》第 5 条第 3 款规定的内容相同，当事方可以授予仲裁庭管辖权权限或仅向国内法院保留管辖权决定权。

《法国民事诉讼法》明确确认了仲裁庭在国内和国际案件中的自裁管辖权原则。根据经修订的《法国民事诉讼法》第 1465 条的规定，仲裁庭具有专属管辖权对其管辖权异议作出裁决。可见，法国法院也强调维护仲裁庭的自裁管辖权。正如法国早期的一项决定所宣称的那样："原则是审理争议的法官有权决定自己的管辖权。这必然意味着，当裁判者是仲裁员时，其权力来自当事人的同意，因此他有权审查该协议的存在和有效性。"②

《瑞士联邦国际私法典》第 186（1）条规定："仲裁庭应自行决定其管辖权。"明确地说，瑞士法院在国内和国际案件中都强调了对仲裁庭自裁管辖权的维护。③

1996 年《英国仲裁法》明确规定了仲裁庭的自裁管辖权，与《国际商事仲裁示范法》相同，英国法院也一再肯定了该原则。因此，英国最高法院在最近的一项裁决中宣称："国际商事仲裁中的仲裁庭有权审查其管辖权的原则无疑是一般法律原则。"④

尽管自裁管辖权原则被普遍接受，但仍有少数国家对该原则持保留态

---

① First Options of Chicago, Inc. v. Kaplan, 514 U. S. 938, 942 (U. S. S. Ct. 1995).

② Judgment of 29 November 1968, Impex v. P. A. Z. , 1968 Rev. arb. 149, 155 (Colmar Cour d'appel).

③ Judgment of 16 October 2001, DFT 128 Ⅲ 50, 59 (2011); Judgment of 20 October 2009, 109 Blätter für Zürcherische Rechtsprechung 77, 78 (2010) (Zurich S. Ct.).

④ Dallah Real Estate v. Gov't of Pakistan [2010] UKSC 46, pp. 96, 103, 104 (U. K. S. Ct.).

度甚至是反对。目前来看，这种观点仅限于少数司法管辖区，而且自裁管辖权往往不包含在法律规定或司法权力中。例如，印度尼西亚的仲裁立法没有明确承认该原则，而且印度尼西亚的司法实践暗示管辖权异议必须由国内法院解决。①

（三）自裁管辖权原则在国际投资仲裁领域的适用

这一原则也同样适用于国内投资仲裁。根据《ICSID 公约》第 41 条的规定，ICSID 仲裁庭有权独立地决定其管辖权范围。UNCITRAL 规则②和 ICSID 附加便利规则也都规定了仲裁庭有权对其管辖权作出裁决。这些规定赋予仲裁庭裁决其自身管辖权和能力的排他权力。③ 在"Inceysa 诉萨尔瓦多案"中，投资的合法性是仲裁庭管辖权的前提条件。因此，仲裁庭必须确定投资是否根据东道国法律进行的。国际仲裁庭认为，它必须就投资的合法性作出自主决定，并且不会接受国内法院在这一问题上的任何决定。④ 特别是，国际仲裁庭不会接受国内法院对其管辖权的限制或缩减。

三　管辖权异议审查中法院与仲裁庭的权力划分

在国内法院和国际仲裁庭互动的情况下，管辖权问题是最具对抗性的。⑤ 国际投资仲裁裁决司法审查程序中亦是如此。管辖权异议审查始终围绕着以下问题：谁有权作出这一决定——是国际仲裁庭还是国内法院？哪些问题属于仲裁庭的权力范围之内，并且能够排除法院司法审查？哪些是法院有权审查并应当作出最终裁决的？而法院与仲裁庭之间的权力划分对于裁决的司法审查结果意义重大，当然这种权力划分往往取决于具体的法律制

---

① Mills, "National Report for Indonesia (2011)", in J. Paulsson (ed.), *International Handbook on Commercial Arbitration*, Kluwer Law International, 1996, p. 35.
② 《UNCITRAL 仲裁规则》第 23 条第 1 款规定，仲裁庭有权力对其自身管辖权作出裁定，包括对与仲裁协议的存在或效力有关的任何异议作出裁定。
③ Christoph Schreuer, *Interaction of International Tribunals and Domestic Courts in Investment Law*, Nijhoff Publishers, 2011, p. 76.
④ Inceysa v. El Salvador, ICSID Case No. ARB/03/26, Award, 2 Aug 2006.
⑤ Colin Yc Ong, "The Award and the Courts: Interaction between National Courts and Arbitral Tribunals", Christian Klausegger, Peter Klein et al. (eds.), *Austrian Yearbook on International Arbitration*, Manz'sche Verlags-und Universitätsbuchhandlung, 2012, p. 209.

度以及每个司法管辖区仲裁相关的政策和原则。

（一）影响权力划分的仲裁前置程序的性质

国际投资仲裁管辖权异议的司法审查主要集中在对国家同意仲裁的前提条件的解释和适用上。关于这些前提条件，谁有权作出最终的决定——仲裁庭还是法院？如果属于仲裁庭的自裁管辖权范围之内，那么仲裁庭即有权作出最终决定，并排除法院的司法审查，而法院应当尊重仲裁庭的裁决。至于争议的问题是否属于仲裁庭的自裁管辖权范围，则取决于这个问题的性质以及仲裁地法律制度。

正如本书第一章中所提到的，缔约国在同意提交国际仲裁时会设置一些前提条件，比如：磋商要求或者等待期。如果外国投资者没有遵守这些前置条件会发生什么后果？这取决于这个磋商程序的性质是程序性的还是管辖权的？如果是程序性的，那么投资者没能遵守这一条款就不会影响仲裁的同意。[1] 比如，在"Lauder 案"[2] 中，仲裁庭认为，BIT 第 6 条第 3 款（a）规定的 6 个月等待期的要求不是管辖权规定，即限制仲裁庭裁决案件实体的管辖权，而是申请人必须满足的程序要求[3]，目的是允许各方在启动仲裁之前进行诚意谈判。[4] "如果坚持认为仲裁程序直到 1999 年 8 月 19 日仲裁通知后的 6 个月才能开始，在本案情况下，这将构成一种不必要的、过于形式化的方法，不会起到保护当事方任何合法利益的作用。"[5]

同样，仲裁庭在"Biwater Gauff 诉坦桑尼亚案"[6] 中认为：双边投资条约下的 6 个月友好谈判期是程序性的，其目的是促进友好解决的机会……不妨碍仲裁程序。

---

① Abaclat and ors v. Argentina Republic, ICSID Case No. ARB/07/5, Decision on Jurisdiction and Admissibility; Alps Finance and Trade AG v. Slovak Republic, UNCITRAL, Award, 5 Mar. 2011; Teinver SA, Transportes de Cercanias SA, Audobuses Urbanos del Sur SA v. Argentina Republic, ICSID Case No. ARB/09/1, Decision on Jurisdiction, 21 Dec. 2012.

② Lauder v. Czech, Final Award UNCITRAL, 3 Sep. 2001.

③ Ethyl Corp v. Canada, UNCITRAL, June 24, 1998.

④ Murphy Exploration and Production Co. International v. Ecuador, ICSID Case No. ARB/08/4, A-ward on Jurisdiction, 15 December 2010.

⑤ Murphy Exploration and Production Co. International v. Ecuador, ICSID Case No. ARB/08/4, A-ward on Jurisdiction, 15 December 2010.

⑥ Biwater Gauff Ltd v. Tanzania, ICSID Case No. ARB/05/22, Award, 2 Jul. 2008.

对仲裁其他先决条件的分析也采用了类似的方法，例如，无论当地法院是否作出判决，投资者都有在诉诸仲裁之前在一段时间内寻求当地法院救济的义务。在"BG Group 诉阿根廷案"中，BIT 中关于将争议提交阿根廷法院的 18 个月后提交仲裁的条款在一定情况下并不认为是"仲裁的绝对障碍"。

然而，一些仲裁庭认为，根据双边投资协定进行仲裁的条件，例如协商期是管辖权的先决条件。例如，在"Guaracachi America Inc. 和 Rurelec PLC 诉玻利维亚案"① 中，仲裁庭的结论是，它对某些主张无管辖权，因为其未能遵守 6 个月的"协商期"，即使它认为这样做本来可能是徒劳的。

（二）影响权力划分的仲裁地法律制度

各司法管辖区的法律制度在赋予仲裁庭自裁管辖权的时间顺位优先和终局性方面的含义不同。比如，一些国家的法律制度规定，由仲裁庭首先决定管辖权问题，受之后的司法审查管辖，但法院不能就这些问题进行临时审理和裁决，比如印度、法国和我国香港地区。而其他国家法律制度允许法院在仲裁庭审理或裁决这些问题之前对管辖权异议进行临时或中间司法判决，比如美国、英国、瑞典。还有一些法律制度规定，仲裁庭关于其自身管辖权的决定无须受到随后的司法审查程序的干涉或排除。

因此，在一些司法管辖区，仲裁庭通常具有首先审理和决定管辖权争议的权力，这被称为自裁管辖权的积极效果，最终受司法审查管辖。这些司法管辖区的国内法院通常不允许以中间性（interlocutory）理由考虑管辖权异议，而必须等待仲裁庭的初步管辖权裁决。这种对国内法院中间管辖权的限制有时被称为"管辖权的消极影响"或消极管辖权。其他司法管辖区的法律规定，仲裁庭具有审理管辖权异议的能力，但对同一异议的中间司法审查在任何时候都是允许的，包括在仲裁庭作出管辖权裁决之前。这些司法管辖区承认仲裁庭自裁管辖权原则的积极效果，而不承认它的消极效果。然而，其他法律制度采纳了各种中间性理由，例如，《国际商事仲裁示范法》、美国和英国，都承认仲裁庭自裁管辖权的积极效果，但在一些情

① Guaracachi America Inc. and Rurelec Plc v. Plurinational State of Bolivia, PCA Case No. 2011 – 17, Award, 31 Jan. 2014.

况下允许法院对管辖权问题进行中间性司法判定。这些法律体系根据双方仲裁协议的性质、管辖权异议的性质以及特定案件的效率和权益，对管辖权异议采取了不同的处理方法。

英国最高法院在"Dallah 诉巴基斯坦案"的裁决中需要处理 1996 年《英国仲裁法》第 103（2）（b）条中关于国际仲裁的中间裁决和最终裁决执行的合理适用问题。柯林斯勋爵认为："英国法院的一贯做法是，他们将自行审查或从头审查仲裁庭的管辖权，包括根据 1996 年《英国仲裁法》第 67 条对仲裁庭的管辖权提出异议，或以当事人同意仲裁为由中止司法诉讼程序的申请。"①

法院和仲裁庭的权力和权力之间的适当平衡是经常被讨论的。如果法院和仲裁庭之间存在重叠管辖权，国内法院可以尝试限制自己行使对申请的管辖权，那么仲裁实践可能会得到大大改进。但是无论如何，在管辖权异议审查实践中，我们总是无法做到"上帝的归上帝，恺撒的归恺撒"。投资条约中的争议解决条款明确表达的同意仲裁的前提条件能否转化成一个普通的管辖权程序条款，是法院在审查管辖权异议中留下的悬而未决的问题。

第三节　国际投资仲裁管辖权异议审查标准的适用

审查标准的概念可以定义为国际裁决者给予国内决策者的审查程度或遵从的程度。② 与国际法的其他领域，特别是与国际贸易法相比，审查标准的概念在投资法和仲裁领域发展相对较慢且缺乏一致性。③ 这是由多个因素造成的。首先，国际投资条约往往篇幅都比较短，一般都不会提到审查标

---

① Dallah Real Estate & Tourism Holding Company v. The Ministry of Religious Affairs, Pakistan [2010] UKSC 46.

② Jan Bohanes and Nicolas Lockhart, "Standard of Review in WTO Law", Daniel Bethlehem, Donald McRae, Rodney Neufeld and Isabelle van Damme (eds.), *The Oxford Handbook of International Trade Law*, Oxford University Press, 2010, p. 379.

③ Valentina Vadi, Lukasz Gruszczynski, "Standards of Review in International Investment Law and Arbitration: Multilevel Goverance and The Commonweal", *Journal of International Economic Law*, Vol. 16, 2013.

准，即仲裁法庭针对接受审查的国家措施所采取的态度。然而，对审查标准的适用保持沉默似乎是国际法的一个共同特征，因为条约很少规定必要的审查标准。其次，与国际法的其他分支不同，国际投资仲裁的发展繁荣相对较晚。但是在国际投资仲裁领域，确定适用的审查标准是一个需要解决的关键问题，因为选择标准的角度不同，特定争议的结果就可能有所不同。

国际投资仲裁庭是否应该遵从国内司法裁判？国内法院是否应该遵从国际投资仲裁庭？这被投资仲裁专家框定为审查标准的问题。① 本节所讨论的审查标准是指国内法院在审查国际投资仲裁裁决管辖权异议时所适用的审查标准（standard of review）。在国内法中，审查标准通常被描绘成一个连续体，法院选择适用非常严格的审查标准，即从头审查裁决——实际上是通过司法审查代替原裁决，或者完全遵从该裁决。② 仲裁地法院在审查仲裁裁决时，都承担了一项微妙的任务：既要尊重仲裁庭的权威，同时又要维护其审查职能。③ 这决定了审查标准适用的难度与分歧。

一　管辖权异议的审查标准

审查标准的适用因司法管辖区而异，一些国家采取从头审查的标准（De novo standard of review），对与管辖权裁决有关的所有事实和法律问题进行全面的重新审理，甚至允许新证据的可采性。而其他国家则对仲裁庭的裁决采取遵从审查标准（Standard of deferential），给予相当程度的遵从。此外还有正确性标准（Correctness standard of review）。

（一）从头审查标准

在《布莱克法律词典》中，从头审查是指：审查的法院在审判过程中

---

① RENÉ URUEÑA, "Subsidiarity and the Public-Private Distinction in Investment Treaty Arbitration", *Law and Contemporary Problems*, Vol. 79, 2016.

② Ronald R. Hofer, "Standards of Review-Looking Beyond the Labels", *Marquette Law Review*, Vol. 74, 1991.

③ Céline Lévesque, "Correctness as the Proper Standard of Review Applicable to 'True' Questions of Jurisdiction in the Set-aside of Treaty-based Investor-State Awards", *Journal of International Dispute Settlement*, Vol. 5, 2014.

应当重新考虑事实。从头审查意味着，仲裁庭自身关于管辖权的决定在法院面前不具有任何法律或者证据价值，因此，法院对于管辖权的异议可以作出独立的判决，而不受仲裁庭的事实认定和理由的限制。但是，这并不意味着仲裁庭仲裁过程中所涉及的所有情况可以被忽视，因为对所有证据全面的重新听证是必需的。简而言之，法院在考虑事实的时候有自由裁量权，不受任何事实发现能力原则的限制。

根据《英国仲裁法》第 67 条的规定，英国法院对管辖权裁决审查采取的一般做法是从头审理。在"厄瓜多尔诉 Occidental 案"中，英国高等法院受理了厄瓜多尔以仲裁庭缺乏或超出管辖权为理由的异议申请，并形成了适用从头审查标准的模式，重新审理仲裁庭在仲裁中所涉及的事项，法院要审查的是仲裁庭作出的管辖权裁决是否正确，而不是仲裁庭是否有权作出这样的裁决。①

同样，法院在"OKKV 诉吉尔吉斯斯坦案""Stans 能源公司诉吉尔吉斯斯坦案""Sanum 诉老挝案"的司法审查中都表明了关于管辖权问题从头审查的潜在影响。莫斯科商事法院推翻了两项针对吉尔吉斯斯坦的裁决，其中一项是 MCCI 仲裁庭根据 1997 年《莫斯科保护投资者权利公约》作出的具有管辖权的裁决。根据该公约，投资争议应由包括"国际仲裁庭"在内的管辖机构审理。在最初的 OKKV 裁决中，莫斯科商事法院拒绝了撤销裁决的请求。随后，独联体经济法院提出咨询意见，认为上述公约第 11 条不能解释为缔约国同意仲裁。莫斯科商事法院依据独联体经济法院的意见解释了该公约规定，并得出结论，认为 MCCI 仲裁庭缺乏管辖权。因此，法院不同意仲裁庭将该条款解释为将投资争议提交给申请人选择的机构的独立同意。②

（二）遵从审查标准

遵从审查标准是指：法院应当对仲裁庭所作出的管辖权裁决予以尊重，

---

① Ecuador v. Occidental, Commercial Court, [2006] EWHC 345 (Comm), 2 Mar. 2006. Ecuador v. Occidental, [2007] EWCA Civ 656, CA (Civ. Div.), 7 Apr. 2007.

② OKKV (OKKB) and Others v. Kyrgyz, Second Judgment of the Moscow Arbitration Court on Application to Set Aside Award, 19 Nov. 2014.

对其在有关管辖权事实和法律上的认定予以接受。瑞士联邦最高法院在"Recofi SA 诉越南案"[1] 中对管辖权裁决采取了遵从审查标准。美国法院在大部分情况下对仲裁裁决予以尊重。

（三）正确性审查标准

适用正确性审查标准意味着，如果法院认定仲裁庭的裁决不正确，仲裁裁决应予以撤销。

在"SD Myers 诉加拿大案"中，加拿大联邦法院认为，适用的审查标准是关于"纯粹的法律问题"的"正确性"，以及"关于事实和法律的混合问题"的"合理性"。在仔细重新审查仲裁庭的推理后，法院得出结论认为，解释是正确的，申请是合理的。[2] 而在"Bayview 诉墨西哥案"中，法院却采取了另一种做法，安大略省高等法院认为，对仲裁庭管辖权的任何异议都应进行"有力推定"（powerful presumption），即仲裁庭是在授权范围之内进行裁决的，法院不应适用从头审查标准审查仲裁庭的裁决。[3]

正确性审查标准与从头审查标准类似。主要司法管辖区的法院对仲裁庭的管辖权裁决的审查适用从头审查的标准，审查的问题是仲裁庭是否正确地行使或拒绝管辖权。因此，标准适用的是管辖权裁决的"正确性"审查。法院的分析可以包括条约的解释问题，比如，是否满足"投资者"和"投资"的要求，争议是否属于同意条款的范围，以及其他对管辖权裁决具有重要影响的事实和法律。然而，必须指出的是，虽然在大多数司法管辖区，法律问题和法律适用问题都适用从头审查标准，但一些司法管辖区（例如瑞士）的法院不会对与管辖权有关的事实认定的正确性进行从头审查，或进行有限的从头审查。

二 管辖权异议审查标准适用的分歧

关于审查标准的适用产生了一定的分歧，大多数法院在国际投资仲裁

---

[1] Recofi SA v. Vietnam, UNCITRAL, Judgment of the Federal Supreme Court of Switzerland, 20 Sep. 2016.

[2] SD Myers v. Canada, UNCITRAL, Reasons for Order (Review by Federal Court of Canada), 13 Jan. 2004.

[3] Bayview Irrigation District & Ors. v. United Mexican States, ICSID Case No. ARB (AF) /05/1, Ontario Superior Court of Justice, Reasons for Judgment (Application for Set-Aside), 5 May 2008.

裁决管辖权异议审查中采取从头审查标准，即对管辖权问题进行独立、全面或重新审查。但在审查实践中仅就从头审查标准的适用也会有分歧。这种分歧包括不同法域之间产生的标准适用分歧，也包括同一法域下产生的标准适用分歧。

（一）"投资"认定中的审查标准适用分歧

瑞士联邦最高法院在"Recofi SA 诉越南案"[①] 中对管辖权裁决采取了遵从审查标准，其判决中写道：处理有关仲裁庭自裁管辖权，应该可以任意审查任何法律问题。然而，它不能运作成法院的上诉程序，也不自动考虑任何法律问题。它只会在非常有限的情况下审查仲裁庭关于事实的认定，即使事实是"以明显不准确的方式确立的或者违反法律的"，它也不能自行纠正或者完整地作出事实决定。可见，瑞士联邦最高法院将其对"Recofi SA 诉越南案"管辖权裁决的审查限于仲裁庭是否采取了正确的法律方法，来确定法国和越南投资条约中"投资"的意义，而没有分析案件的事实，因为它认为这些事实超出了法院审查的范围。

而丹麦法院对仲裁庭的管辖权裁决采取从头审查标准。在"SwemBalt 诉拉脱维亚案"中，拉脱维亚向哥本哈根海事和商业法院提出异议申请，认为为浮动贸易中心购买船只不构成"投资"。但丹麦法院拒绝了拉脱维亚的请求，驳回了它的撤销申请。法院认为，《拉脱维亚—瑞典 BIT》条款的措辞中并没有关于"投资"一词的有限解释，因此，投资概念应该作扩大解释。[②] 法院遵从了仲裁庭对投资概念的解释。

同样，瑞典法院在"Petrobart Ⅱ案"中似乎对管辖权问题也适用了从头审查标准，审查事实和法律。为了 ECT 暂时适用于直布罗陀投资者的问题，瑞典上诉法院对条约解释的复杂问题以及关于不将直布罗陀纳入联合王国批准书的事实问题进行全面审查。法院认为当事人双方之间形成了有效的仲裁协议。吉尔吉斯斯坦认为，"投资"这个术语在不同的国际环境中可能有不同的含义，而投资者没有进行 ECT 条款中规定的"投资"。法院驳

---

① Recofi SA v. Vietnam, Judgment of the Federal Supreme Court of Switzerland, 20 Sep. 2016.

② Republic of Latvia v. SwemBalt Ltd, UNCITRAL, Review by the Maritime and Commercial Court, Copenhagen, 7 Jan. 2003.

斥了吉尔吉斯斯坦这一主张，认为 ECT 条款中定义的术语含义具有广泛的适用范围。从所提供的证据中可以明显看出，当事人在谈判时有明确地给予"投资"宽泛意图的意思。①

（二）用尽当地救济认定中的审查标准适用分歧

美国最高法院在"BG Group 诉阿根廷案"中首次就投资仲裁裁决管辖权异议的审查标准适用作出决定。经过协商，在法官 7∶2 的分歧中，多数人基于美国国内法为私人当事人之间普通合同中仲裁协议的规定发展形成的解释性推定，采取了遵从审查的标准。

该案中，阿根廷根据《美国联邦仲裁法》向仲裁地法院美国哥伦比亚特区地区法院申请动议撤销裁决，其理由是仲裁庭越权，允许 BG 集团不遵守当地诉讼要求进行仲裁。BG 集团却提交了一项交叉动议，请求确认裁决。地区法院驳回了阿根廷的动议，并确认了该裁决。地区法院解释道：采用遵从审查标准是由于有利于仲裁争议解决的明确的联邦政策作为特殊的力量适用在国际商事仲裁领域，因此对仲裁裁决进行仔细审查（careful scrutiny）② 将破坏仲裁的目标。仲裁，即有效解决纠纷，避免冗长和昂贵的诉讼。③

但是，首席大法官索托马约尔认为，国际投资仲裁不是纯粹的商业性，因为它们涉及一个重要的主权因素，这需要仔细审查。另外，几乎没有证据表明投资者选择投资仲裁是因为它快速而廉价，许多投资者与东道国的投资仲裁都需要很长时间才能完成，并涉及数百万美元的法律费用。

美国哥伦比亚特区联邦上诉法院推翻了地区法院的裁决并撤销了仲裁裁决。上诉法院认为，法院对"遵守当地诉讼要求"的审查应当适用从头审查标准，即不依赖于仲裁庭的意见。BG 集团对这一判决进行上诉并获得了复审令。联邦最高法院撤销了上诉法院的裁决。法院面临的问题是：谁来承担解释和适用当地诉讼要求的主要责任，法院还是仲裁庭？布雷耶法官所撰写的多数意见认为，这个问题应该由仲裁庭负责，因为它与仲裁何时开始有关。因此，法院必须恭敬地审查仲裁庭关于当地诉讼要求问题的

---

① Kyrgyz v. Petrobart, SCC Case No. 126/2003, Jugement of the Svea Court of Appeal, 19 Jan. 2007.

② BG Group I. , 715 F. Supp. 2d at 116.

③ La Prade v. Kidder, Peabody & Co. , 94 F. Supp. 2d 2, 4 – 5 (D. D. C. 2000).

裁决。但首席大法官罗伯茨（以及肯尼迪大法官）所写的不同意见认为，这个问题应由法院从头审查来决定，因为符合这些条件与争议各方是否同意仲裁有关，而不仅仅是他们同意何时这样做。

可见，这一案件经过了地区法院、联邦上诉法院、联邦最高法院的审理，各个法院在审查标准的适用方面存在非常大的分歧。

（三）新证据的提交问题

关于法院审查事实认定的权力以及接受新证据的可能性，法院的立场也因司法管辖区而异。在英国，依据1996年《英国仲裁法》第67条的规定，对仲裁庭的实质性管辖权裁决的异议审查意味着全面审理（full hearing），包括仲裁庭仲裁过程中的所有争议和证据，并且还存在有限地提出新证据的可能性。新加坡法院在审查裁决过程中接受未提交给仲裁庭审理的证据，并对仲裁庭的事实认定进行审查。① 比如，在"老挝诉 Sanum 案"中，法院不仅仔细审了仲裁庭已经审查过的证据，并且审查了未提交给仲裁庭的新证据。

各法院对仲裁庭的事实认定进行重新审查的做法并不统一，某些司法管辖区的法院未重新审查仲裁庭的事实认定。例如，在瑞士，联邦法庭只能审查法律问题，并且必须接受仲裁庭对事实的认定。而在决定仲裁庭是否具有管辖权时，法国法院可以在事实和法律上对裁决进行全面审查，并审查包括新证据在内的证据。但法国法院的实践表明，法院通常不会审查事实问题，也不会重新审理证据。

三　管辖权异议审查标准适用的分歧的原因

国际投资仲裁裁决管辖权异议审查标准适用的分歧较大，原因在于，国际法层面和国内法层面都没有关于审查标准适用的规定，因此，法院只能行使自由裁量权就个案进行认定。此外，国际投资仲裁裁决的司法审查相较于国际商事仲裁，属于新鲜事物，案件数量相对较少。因此，国内法院在处理裁决异议司法审查案件中，并无可参照或借鉴的标准。

---

① Sanum Investments Ltd v. Lao People's Democratic Republic, UNCITRAL, PCA Case No. 2013 – 13, Judgment of Singapore High Court, 20 Jan. 2015.

（一）审查标准适用缺乏明确的法律规定

不仅国际投资法中没有对审查标准进行专门规定，国内法中对于投资仲裁裁决的审查标准也没有相关规定。这导致国内法院在审查投资仲裁裁决时适用何种审查标准成为个案认定的情形。法官根据个案的实际情况行使自由裁量权，导致裁决审查中的适用标准引发极大争议。

（二）关于国际投资仲裁裁决性质的认识分歧

国际投资仲裁与国际商事仲裁在审查标准适用上是否应当有所区别？部分意见认为应当有所区别，因为国际投资仲裁的条约基础和公法性质决定了裁决审查应当区别于商事仲裁，尤其在标准适用上。并且他们认为持相反意见的观点未能充分理解国际公法基础和投资条约仲裁的公法性质。

"BG Group 诉阿根廷案"是这一问题最好的例证，该案中多数意见认为条约与私人当事人之间的普通合同相似。他们试图通过探寻条约作为有争议的文件"是否具有关键性的差异"这一事实来纳入国际公法范式，并得出结论认为它并没有引起关键性的差异。因为"条约是合同，虽然是在国家之间"，而条约的解释是"确定当事人意图"的问题。当被要求解释《美国联邦仲裁法》下撤销或确认执行仲裁裁决动议的意图时，最高法院认为"通常应该适用美国法律提供的推定"。这一结论使多数意见回到上面所述的解释性推定，导致最高法院采用与地区法院相同的遵从审查标准。

这种意见遭到了批评，认为他们不加鉴别地将商法概念引入投资条约的背景中，忽视了投资仲裁的公法性质。在大多数商事仲裁中，缔约方同意接受仲裁对私法纠纷的管辖权，仲裁协议的缔约方和争议的当事方通常也是同一主体，并且在签订合同时彼此都知道。相比之下，投资条约赋予投资者挑战主权国家的权利，授权外国投资者作为一个群体，并且东道国在谈判或条约生效时并不了解他们的所有身份。[①] 投资条约因此创造了一种落入公法审查与私法商事仲裁之间的争议解决形式。

首席大法官罗伯茨认为：多数意见是在错误的道路上开始的，因此，

---

① Gus Van Harten, *Investment Treaty Arbitration and Public Law*, Oxford University Press, 2007, pp. 143 – 144.

结论是错误的也就不足为奇了。作为阿根廷与英国之间达成的条约，其并未包括 BG Group 与阿根廷之间完整的仲裁协议，因为投资者并不是该条约的缔约方。相反，投资者和东道国必须在仲裁义务产生之前，以另一种方式达成协议。《英国—阿根廷 BIT》第 8 条第 2 款（b）项允许争议各方同意将争议直接提交仲裁。(a) 项明确规定的是：投资者向东道国法院提交与东道国的纠纷必须在 18 个月之后，或者得到一个令人不满意的裁决之后，可以请求仲裁。据此，首席大法官罗伯茨得出结论，"当地的诉讼要求"是协议达成的条件，而不仅仅是执行现有协议的问题。

而且，美国国内法的推定没有反映仲裁所依据的投资条约缔约国阿根廷和英国的期待。国际投资仲裁适用的法律通常是国际法、投资条约本身或者是其他特定的国家法律。投资条约没有指明华盛顿为所有仲裁的仲裁地，条约缔约国也不会提前知道仲裁裁决的承认与执行地。条约缔约国不能期待使用明确的措辞来取代国内法的推定，这种情况会出现在许多可能成为仲裁地或执行地的国家。

索托马约尔法官在其单独的同意意见中强调，在双边投资条约的背景下，同意尤为重要，条约不是已知方之间已经商定的仲裁条款，而是一个国家向不特定私人投资者群体提出的长期要约。其关注的是保护条约当事方将某些要求作为"同意条件"的能力，从而确保从头审查，否则仲裁庭可能会强制迫使当事人进行仲裁。① 在大多数情况下，多数意见强调在一些美国条约中使用的明确的标签"不太可能是决定性的"，以"保证放弃或增加我们的普通意图决定框架的复杂性"，但它留下了日后解释这些条约的问题。

总之，多数意见基于美国国内法为私人当事人之间普通合同中仲裁协议的规定发展形成的解释性推定，采取了遵从审查标准。相反，异议者倾向于选择从头审查标准，理由是基于承认国家已将管辖仲裁裁决的重要职能委托给国内法院，并且国内法院在行使这一职能时需要特别谨慎。有学者认为异议者的方式是更为可取的，因为它意识到国际公法基础和投资条

---

① BG Group v. Republic of Argentina, UNCITRAL, Concurring Opinion of Justice Sotomayor, 5 Mar. 2014.

约仲裁的公法性质，由此与私人之间的合同仲裁有所不同。

　　国际投资仲裁裁决的最终基础是缔约国之间授权仲裁的投资条约。正是基于缔约国之间的投资条约，而不是争议当事方的随机选择，因此应更有效地约束审查标准的确定。

第四章　国际投资仲裁裁决司法审查的法律适用与解释

在国际投资仲裁裁决的司法审查过程中，法律适用和条约的解释问题对于裁决结果有重要影响。其中，条约解释应遵循《维也纳条约法公约》（VCLT），这一点已经达成共识，但在对具体条款的解释过程中法院所采用的解释方法仍然存在分歧。

第一节　国际投资仲裁裁决司法审查的法律适用

国际条约、国际法院判例、国际投资仲裁庭实践都会在国内法院对国际投资仲裁裁决进行司法审查中适用。除此之外还包括仲裁地国内法、执行地国内法。

一　国际投资仲裁裁决司法审查中法律适用的理论

相较于国际商事仲裁，国际投资仲裁裁决的司法审查更应该适用国际法规则，这是由其性质与特征决定的。

（一）缔约国授权对法律适用的影响

虽然《纽约公约》允许仲裁地法院在撤销程序中适用其国内法，但并没有要求适用其国内法，也不排除在这些案件中适用国际法。① 实际上，任何国家的国内法院在审查国际投资仲裁裁决时都应该依据国际法，包括

---

① Ondrej Chvosta, "The Potentially Applicable Systems of Law in Commercial and Investment Arbitrations: A Comparative Perspective", *Willamette Journal of International Law and Dispute Resolution*, Vol. 22, 2014.

VCLT。因为，裁决根本上是基于授权同意国际投资仲裁的国家间缔结的投资条约。我们应当更合理地理解缔约国对投资者仲裁的授权，即授权给仲裁地法院以符合投资条约规定的方式，而不仅仅是仲裁地法的规定，确定任何由此产生的仲裁裁决的有效性。

（二）作为仲裁地法的第三国法律

仲裁地法律作为第三方国家的国内法律，是由国际投资争议各方当事人选择的，而不是由条约缔约国选择的。[①] 投资条约应当被理解为限制仲裁地法院只考虑其国家法律以确定国际投资仲裁裁决的有效性和审查标准的适用。相反，法院在解释投资条约时必须依据国际法，比如 VCLT。

此外，仲裁地法是由投资者和东道国在争议发生之后诉诸仲裁时所选择的，而不是由投资条约缔约国选择的。这一事实不仅将投资条约仲裁与国内仲裁相区别，而且还与基于合同的国际仲裁相区别。就后者而言，仅由合同当事人决定并同意仲裁条款和仲裁地。如果允许仲裁地法排他地适用国际投资仲裁裁决的司法审查，那么将意味着仲裁庭根据某一投资条约作出的裁决可能会受到不同的审查，尤其是适用不同的审查标准。[②]

二 国际投资仲裁裁决司法审查中的仲裁地法的适用

仲裁地法在国际投资仲裁司法审查中的适用主要包括仲裁相关立法以及诉讼程序法律规定。

（一）仲裁地法律的适用

在"吉尔吉斯斯坦诉 Stans 能源公司等案"[③] 中，吉尔吉斯斯坦根据《英国仲裁法》第 67 条向英国高等法院提出裁决撤销申请，认为根据 2003 年《英国投资法》吉尔吉斯斯坦语版本的解释，仲裁庭应无管辖权。高等法院驳回了吉尔吉斯斯坦的撤销申请。法官认为，在关于《英国投资法》

---

① Laura M. Murray, "Domestic Court Implementation of Coordinative Treaties: Formulating Rules for Determining the Seat of Arbitration Under the Convention on the Recognition and Enforcement of Foreign Arbitral Awards", *Virginia Journal of International Law*, Vol. 41, 2001.

② Jarrod Wong, "BG Group v. Republic of Argentina: A Supreme Misunderstanding of Investment Treaty Arbitration", *Pepperdine Law Review*, Vol. 43, 2016.

③ Kyrgyz v. Stans Energy Corporation & Anor, [2017] EWHC 2539.

的解释方面，用语的含义受到上下文的影响，这是语言的天性，这一点同样也适用于成文法的解释。法官还采信了投资者方专家的意见，认为法律解释时应考虑到立法目的。具体而言，解释吉尔吉斯斯坦国内投资法时可以结合该法的序言中的立法目的——为投资者提供保护，包括规定在投资争议发生时可提交仲裁程序。该法对投资和投资活动都赋予了宽泛的含义，这一点也可以在双方无争议的俄语版中得到印证。而从该法关于征收的条文规定来看，这些条文明确援引了争议解决程序。因此，如果按照吉尔吉斯斯坦的主张，对投资争议做非常狭隘的解释，那么是无法解释得通的，比如，根本无法举出出售过程中发生征收争议的例子。据此，英国法院认为，根据该法的立法目的和上下文对相关用语进行解释，可以认定投资者的主张更有说服力，据此，吉尔吉斯斯坦的申请应予以驳回。

在"Anatolie stati 诉哈萨克斯坦案"①中，英国商事法院诺尔斯法官首先就当事人提出的英国法下与本案争议有关的若干法律规定及判例所确定的司法原则进行了归纳，包括如下几个方面：根据《英国仲裁法》第 103 条的规定，执行仲裁裁决将违反公共政策构成《纽约公约》拒绝执行仲裁裁决的事由；而《英国仲裁法》第 103 条下的公共政策应限于那些旨在维护英国社会公平有序之治理的公共政策；审查裁决是否系基于欺诈行为产生的结果而作出、裁决本身或裁决产生的方式是否违反执行地公共政策，是否存在应被谴责的、明显不合理的且对裁决的形成产生实质性影响的行为；应当审查当事人是否存在故意隐瞒证据而影响公正裁决的行为；若依据违反公共政策而拒绝执行仲裁裁决，则应当予以特别的警惕和实行严格的审查标准。

在"Metalclad 诉墨西哥案"中，加拿大不列颠哥伦比亚最高法院首先对法律的适用进行了阐述，认为根据《加拿大国际商事仲裁法》的规定，有关解释问题可以参考《国际商事仲裁示范法》的有关规定，对商事仲裁作广义的解释，包括对因投资关系产生的争议仲裁。尽管墨西哥政府行使管理经济事务的权力导致 Metalclad 案争议的产生，但法院认为这只是该案中的原告与墨西哥之间存在投资关系的附带产物。NAFTA 第 11 章只适用于

---

① Anatolie stati, Gabriel stati, Stati Ascom Group S. A. v. Republic of Kazakhstan, [2017] EWHC 1348.

投资争议，而不适用于（公法性质的）行政管理争议（regulatory disputes）。因此，NAFTA 第 11 章仲裁程序属于"商事"仲裁的范畴，应当适用《国际商事仲裁法》。①

（二）仲裁地法律中"公共政策"的适用

"Anatolie stati 诉哈萨克斯坦案"② 中，哈萨克斯坦向瑞典上诉法院申请撤销该案仲裁裁决，理由是：SCC 仲裁管理上存在瑕疵，包括剥夺了哈萨克斯坦指定仲裁员的权利、仲裁申请人没有遵守 ECT 规定的仲裁前的等待期；最重要的是，哈萨克斯坦认为投资者在仲裁中恶意隐瞒了对其不利的证据，违反了公共政策。而 Anatolie stati 则向英国和美国法院申请承认与执行该案仲裁裁决。在撤销程序启动后，英国和美国法院先后暂缓了仲裁裁决的执行。

在裁决的承认与执行程序中，英国商事法院诺尔斯法官注意到，美国哥伦比亚特区地区法院已经拒绝就欺诈事由问题进行庭审，理由是仲裁庭并没有依据这些欺诈性文件作出裁决。但诺尔斯法官对美国法院裁决的理由进行了限缩解释，认为裁定理由只是涉及投资者关于 LPG 项目成本的测算，而不涉及这些成本对哈萨克斯坦关于项目价格评估的间接影响。对英国法院而言，更为棘手的是瑞典法院在撤销仲裁裁决程序中的判决，其认为欺诈对本案仲裁裁决既无直接影响，也无间接影响。英国法院对此有所保留（with respect），认为虽然瑞典法院认定报价的估价本身不是欺诈性证据，但本案中投资者对存在欺诈的估价的依赖则是欺诈的产物。据此，英国高等法院认为，本案不存在一事不再理的问题。欺诈对本案仲裁裁决造成何种间接影响尚未审理。并且，本案为承认与执行外国仲裁裁决案，需要确保裁决符合英国公共政策，而不是瑞典公共政策。

三 国际投资仲裁司法审查中国际法的适用

国际投资仲裁的公法特征使得对其司法审查过程中，不可能排他地完

---

① 梁丹妮：《〈北美自由贸易协定〉投资争端仲裁机制研究》，法律出版社，2007，第 184 页。
② Ascom Group S. A. , Anatolie Stati, Gabriel Stati and Terra Raf Trans Traiding Ltd v. Republic of Kazakhstan, SCC Case No. 116/2010, Judgment of the Svea Court of Appeal, 9 December 2016.

全适用国内法，国际法规则的适用必不可少。

（一）《国际商事仲裁示范法》在裁决司法审查中的适用

IAA 第 3 条明确了《国际商事仲裁示范法》（除第八章外）在新加坡具有法律效力。因此，《国际商事仲裁示范法》中关于撤销的规定在新加坡同样适用。

在"莱索托王国诉 Swissbourgh Diamond Mines 案"① 中，法院是否有权撤销申请的另一个依据是《国际商事仲裁示范法》第 34（2）（a）（iii）条。原告莱索托王国认为仲裁裁决内容超过了提交仲裁的范围，并依据《国际商事仲裁示范法》第 34（2）（a）（iii）条作为 IAA 第 10（3）条的替代，提出撤销申请。被告投资者对此提出质疑，认为第 34（2）（a）（iii）条在管辖权本身存在争议情形下并不适用，其只适用于涉及仲裁庭管辖权范围的争议。而为了证明第 34（2）（a）（iii）条只适用于裁决的事项超出提交仲裁范围的情形，而不适用于提交事项本身超出仲裁协议范围的情形，被告援引了案例和权威意见。新加坡最高法院高等法庭认为第 34（2）（a）（iii）条对两种情况均可适用。被告对撤销判决不服，向新加坡最高法院上诉法庭提出上诉，对法院的管辖权提出异议，认为第 34（2）（a）（iii）条只适用于裁决的事项超出提交仲裁范围的情形。上诉法庭对第 34（2）（a）（iii）条的适用进行了分析，认为《国际商事仲裁示范法》第 34 条意图规定排他性的机制适用所有类型的裁决撤销。因此，它应当被灵活解读。第 34（2）（a）（iii）条不会意图排除类似于本案中的适用，即根据投资条约的词语，仲裁庭可能不具有管辖权情形的适用。

由此可知，本案中关于法院管辖权争议的焦点是仲裁庭处理了超出仲裁协议范围的事项是否属于第 34（2）（a）（iii）条中规定的"裁决处理了不是提交仲裁的条款所考虑的或不是其范围以内的争议，或裁决包括对提交仲裁之外的事项作出的决定"情形。因此，《国际商事仲裁示范法》第 34（2）（a）（iii）条的理解与适用成为关键。

新加坡最高法院高等法庭首先对"超出仲裁协议"与"超出提交仲裁

① The Kingdom of Lesotho v. Swissbourgh Diamond Mines（Pty）Limited and Others，［2017］SGHC 195.

的范围"（the terms of the submission to arbitration）两者之间的关系进行分析。如果仲裁庭决定了超出当事人仲裁协议的事项，那么裁决应当被撤销。这是大多数国家仲裁法律体系中关于仲裁庭超越权限的一种范例。如果认为《国际商事仲裁示范法》中规定的超越权限的撤销的理由或者类似的法律规定不适用于裁决事项超出仲裁协议范围的情形，并区别于"超出提交仲裁的范围"，那么这样的解释不仅与一些现代立法相反，而且也与《国际商事仲裁示范法》语言和目的的解读相悖。我们无法得到一个令人满意的理由将提交仲裁（submission to arbitration）限制解释为当事人在特定仲裁程序中的提交（submission），以及解释为通过当事人的仲裁协议排除提交仲裁的事项。如果一项裁决处理了明显不在仲裁协议范围之内的事项，那么它应当以"超越权限"为理由被撤销。另外，法官还对被告援引的"Aloe Vera of America 诉 Asianic Food（S）Pte Ltd and another 案"① 与 "PT First Media TBK 诉 Astro Nusantara International BV and Others and Another Appeal 案"② 进行了评析，认为这两个案件间接支持了 IAA 第 31（2）（d）条和《纽约公约》第 5（1）（c）条都涉及"提交仲裁的范围"的观点。因此，新加坡最高法院高等法庭得出结论：超出仲裁协议的争议属于第 34（2）（a）（iii）条中"提交仲裁的范围之外"的情形。并且高等法庭通过对被告援引案例的分析，认为其所援引的案例试图分清仲裁协议存在和有效性异议、仲裁庭实体管辖权异议两者之间的界限。所以，这两个案件没能阻止法院得出裁决的事项超出仲裁协议的范围，应当依据第 34（2）（a）（iii）条被撤销的结论。③

最后，高等法庭认为裁决的事项超出仲裁协议的范围，依据《国际商事仲裁示范法》第 34（2）（a）（iii）条予以撤销，这与判例、原则和政策一致。因此，高等法庭认为其具有管辖权，并依据该条款对裁决异议进行

① Aloe Vera of America v. Asianic Food（S）Pte Ltd and another［2006］3 SLR 174,［2006］SGHC 104 78, OS 762/2004, RA 327/2005.

② PT First Media TBK v. Astro Nusantara International BV and Others and Another Appeal［2014］1 SLR 372；［2013］SGCA 57.

③ The Kingdom of Lesotho v. Swissbourgh Diamond Mines（Pty）Limited and Others［2017］SGHC 195.

司法审查。

投资者对新加坡最高法院高等法庭的撤销判决不服，向新加坡最高法院上诉法庭上诉。上诉法庭对上诉人援引的判例进行分析，并讨论了国际投资仲裁的性质。上诉法庭认为它有权（power）依据《国际商事仲裁示范法》第 34（2）（a）（iii）条的规定撤销裁决，该法根据 IAA 具有法律效力，该条款延伸适用于裁决处理的问题超出仲裁协议范围的情形。上诉法庭在分析该条款的适用过程中，将投资条约中的仲裁条款归类为单务合同（unilateral contract）。当国家缔结了一项将提交仲裁作为争议解决方式的投资条约，它就作出了一个有效的单方要约。因此，缔约国自身将受到提交仲裁请求的拘束，一旦投资者根据争议解决条款的规定提起仲裁，就构成了承诺，那么投资仲裁协议就生效了。因此，投资仲裁中的仲裁协议不同于商事仲裁。提交仲裁的要约是缔约国向另一缔约国不特定的适格的投资者发出的不可撤销的要约。缔约国关于同意的表达是概括的、抽象的、长期的，并转化为在具体的投资仲裁中的"同意"。因此，在投资者依据投资条约中的仲裁条款提起仲裁的争议不在仲裁条款范围之内时，应当依据《国际商事仲裁示范法》第 34（2）（a）（iii）条，认定争议超出了仲裁协议的范围或者提交仲裁的范围，属于仲裁庭超越权限的情形。

（二）VCLT 在裁决司法审查中的适用

在"Griffin 诉波兰案"①中，仲裁庭于 2017 年 2 月作出一项初步裁决，认为根据双边投资条约中的争议解决条款第 9 条的规定，其对公平公正待遇（FET）没有管辖权，仅有权认定华沙上诉法院维持判决的行为是否构成征收，而无权处理是否构成间接征收的问题。该裁决极大地限制了实体审理的范围，故申请人 Griffin 公司根据《英国仲裁法》第 67 条的规定，向英国法院提起诉讼，要求撤销该初步裁决。本案的争议焦点在于，仲裁庭认为条约第 9.1（b）条的内容仅限于征收，而不包括申请人主张的间接征收以及 FET 标准这一观点是否正确。2018 年 3 月 2 日，英国高等法院作出判决，否定了仲裁庭对其自身管辖权的限制。关于条约解释问题，布莱恩特法官

---

① Claimant in GPF GP S. a. r. l. v. Republic of Poland，［2018］EWHC 409.

从以下几个方面进行了分析。

首先，应当优先适用文本解释。VCLT 第 31 条规定，条约应当按照其通常意思（ordinary meaning）进行善意解释，根据该规定以及相关国际司法实践（包括国际法院判例以及 ICSID 仲裁庭的裁决），解释条约应当根据其文本而非隐含的意思。根据这一原则，法官将第 9.1（b）条分为两个部分，第一部分为"征收、国有化以及将财产置于公共监管"，第二部分为"以及"（as well as）之后部分，即"导致征收或类似结果的剥夺或限制财产权的国家行为"。第一部分为"征收"，第二部分则"是导致征收类似于结果的其他方式"。其次，应当适用有效性解释。有效性原则可以从 VCLT 第 31 条中的"善意"推断出来，根据该原则，在不超出条约文本的情况下，应当倾向于对条约作出有效性的解释。布莱恩特法官同时指出，有效性原则在投资仲裁中已被许多仲裁庭认可。综合以上两点，布莱恩特法官认为仲裁庭的管辖权应当包括 Griffin 公司所主张的所有请求，并基于此撤销了初步裁决中的部分内容，并将其变更为仲裁庭对申请人所主张的涉及征收、间接征收以及是否违反 FET 标准问题均有管辖权。

在"BG group 诉阿根廷案"中，法院没有援引 VCLT，而是适用《美国联邦仲裁法》来解释《英国—阿根廷 BIT》，这一做法受到了批判。根据国际司法实践以及国际投资仲裁的本质特征，法院应当适用 VCLT 来解释 BIT。东道国与投资者之间的任何仲裁协议——以及根据该协议作出的任何裁决——均来自 BIT。[1] 因此，我们必须对 BIT 进行解释以确定其性质、范围和裁决的效果。与所有条约一样，投资条约的解释受 VCLT 的管辖，而 VCLT 通常被接受为习惯国际法。在对仲裁庭裁决的司法审查过程中，法院必须解释《英国—阿根廷 BIT》以充分理解英国投资者 BG Group 和阿根廷之间的仲裁。而英国和阿根廷都是 VCLT 的缔约国，所以 VCLT 应当适用于该 BIT 的解释。事实上，由于 VCLT 是习惯国际法，即使它尚未被批准，对美国也具有约束力。

---

[1] Brief for the United States as Amicus Curiae in Support of Vacatur and Remand at 1, BG Group, v. Republic of Argentina, 134 S. Ct. 1198 (2014) (No. 12 - 138), 2013 WL 4737184.

第二节　国际投资仲裁裁决司法审查中的条约解释

国家间发生的争议大部分都与条约履行或条约解释有关。早在古罗马时期，政治家西塞罗就指出："在约定中，应当注意的总是当事人的意思，而不是语言。"① 投资条约的解释问题在国际投资仲裁以及裁决司法审查中都是格外重要的，条约的解释影响裁决结果。

一　缔约国与仲裁庭在条约解释中的作用

国内法院，尤其是仲裁地法院在国际投资仲裁裁决异议的司法审查过程中，都会涉及对投资者母国与东道国之间缔结的双边投资条约或者多边投资条约的解释。这是由国际投资仲裁的特征决定的。国际投资仲裁的条约解释主要是对多边投资条约和双边投资条约中的相关条款进行解释。

（一）缔约国的有权解释

在条约解释的一般理论中，缔约国对条约的解释被称作有权解释。② 有权解释主要分为两种：明文解释和默示解释。明文解释包括在条约中明确规定的解释条款，附于条约的议定书（protocol）、附件（annex）、议定记录（agreed minutes）和换文（exchange of notes）等，条约生效后当事国缔结的解释条约的协定以及缔约一方所作出的经他方明确表示接受的单方宣言。默示解释是指条约生效后，条约各当事国默示对该条约的某一用语有一致的理解并且有一致的适用实践。③

（二）仲裁庭的授权解释

如今大部分投资条约中都规定了以国际投资仲裁的方式解决外国投资者与东道国之间的投资争议。④ 仲裁庭大多是依据投资条约并参照《ICSID

---

① 李浩培：《条约法概论》，法律出版社，1987，第 1、406 页。
② 李浩培：《条约法概论》，法律出版社，1987，第 421 页。
③ 李浩培：《条约法概论》，法律出版社，1987，第 422 ~ 423 页。
④ UNCTAD, World Investment Report 2012：Towards a New Generation of Investment Polices, https：//unctad. org/system/files/official-document/wir2012_ embargoed _ en. pdf, 最后访问日期：2018 年 12 月 20 日。

公约》或者 UNCITRAL 规则逐案设立的。不管是依据《ICSID 公约》还是 UNCITRAL 规则设立的仲裁庭，都会在解决争议的过程中或多或少涉及条约的解释问题。

（三）缔约国与仲裁庭的博弈

早期的双边投资条约内容极为简单，鲜有针对条约文本的明文解释。后来的少数双边投资条约会以附于条约的议定书或者换文的形式对条约文本中涉及的某些概念进行进一步阐释。如《中国—德国 BIT》就在其议定书中对投资的定义、国民待遇的适用、转移以及争议解决做了进一步说明。随着国际投资仲裁的发展，缔约国逐渐意识到投资仲裁庭在解释投资条约时拥有较大的自由裁量权，而有的仲裁庭裁决往往会对东道国维护公共利益的公权力造成过度干涉，因此有必要对仲裁庭解释条约的权力进行限制。为此有的投资条约缔约方通过专门的条约解释机构对条约中的某一特定条款作出解释，如 NAFTA 中贸易委员会就把 NAFTA 第 1105 条规定的公平与公正待遇界定为符合习惯国际法要求的国际最低待遇标准。①

现有的国际投资仲裁实践中，缔约国的条约解释和国际投资仲裁庭的条约解释有着较为严重的失衡，甚至在某些方面不能调和。缔约国在解释条约方面具有双重角色，一方面，主权国家作为投资条约的缔约国，有权对条约作出解释。通过条约授权仲裁庭对争议包括裁决过程中条约的解释与适用问题进行裁决。另一方面，国家作为仲裁赛场上可能上场的或者已经上场的"运动员"，意图通过解释自己制定的规则来逃避责任，尤其在仲裁庭作出不利解释时。但是，尽管国际投资条约明确赋予仲裁庭解决外国投资者和缔约国之间争议的权力，却从未规定仲裁庭所享有的权力是排他性的，而且国际投资仲裁毕竟不同于国际商事仲裁，其仲裁结果会对东道国甚至缔约国国民产生重要影响。因此，在实际中仲裁完全摒弃缔约国的有权解释也是不可取的。

---

① 北美自由贸易区自由贸易管委会：第二章规定的解释说明，2001 年 7 月 31 日。http://www. international. gc. ca/trade-aggreements-accords-commerciaux/disp-dift/nafta-interpraspx？lang = en，最后访问日期：2018 年 6 月 5 日。

在投资仲裁领域，根据仲裁员在仲裁实践中的具体表现，可以对其进行归类，有的仲裁员会在实践中偏向于保护外国投资者，有的会偏重于保护缔约国，而有的会保持中立态度。显而易见，争议双方都希望选择那些能够对其立场有明显偏好，但是又能很好地隐藏这种偏好，并将其表现在最终的裁决中的仲裁员。① 在国际投资仲裁领域，一些发展中国家也在质疑国际投资仲裁庭的仲裁裁决对来自发达国家的投资者具有明显的保护倾向，也正基于此，有的拉美国家已经申请退出《ICSID 公约》。玻利维亚总统莫拉莱斯在谈到玻利维亚退出《ICSID 公约》时就指出"拉美国家政府，甚至是全世界的政府，据我所知从没有赢过一个案件，而跨国公司永远是赢家"②。2004 年《纽约时报》曾经就"Chevron 诉厄瓜多尔案"③ 发表评论指出，这样的裁决"明显呈现一边倒的形势，它过于偏向于保护资金雄厚的跨国公司，却忽视了贫穷国家的利益，以后的裁决必须要比如今的更体现公平"④。

二　司法审查中仲裁地法院的条约解释权

投资者与东道国进行国际投资仲裁的基础是投资条约，缔约主体是主权国家，因此，相比法院对国际商事仲裁裁决关于合同审查的解释问题，投资条约的解释更为复杂。条约是国家之间的合同，其解释通常是由缔约国的意思来决定的。⑤ 尤其，审查仲裁裁决的管辖法院大多不是仲裁基础的双边投资条约的缔约国的法院，而是作为非缔约国的第三国法院，其正当性值得探讨。

（一）仲裁地法院作出的非缔约国解释

法院在审查仲裁裁决过程中不可避免地要适用投资者母国与东道国之

① Thomas W. Walde, "Interpreting Investment Treaties: Experiences and Examples", in Christina Binder et al., *International Investment Law for the 21st Century*, Oxford University Press, 2009, p. 731.

② Leslie Mazoch, Chavez Takes Cool View Toward OAS, Says Latin America Better Off Without World Bank, The Huffington Post, 2007 – 4 – 30.

③ Chevron Corp v. Ecuador, PCA Case No. 2009 – 23.

④ Editorial Board, "The Secret Trade Courts", *New York Times*, 2004 – 9 – 27.

⑤ BG Group v. Republic of Argentina, Certiorari to the United States Court of Appeals for the District of Columbia Circuit, No. 12 – 138.

间缔结的双边投资条约，尤其是审查管辖权裁决，基本上都要对双边投资条约中的争议解决条款进行解释。如新加坡法院受理的"Sanum 诉老挝案"就涉及对《中国—老挝 BIT》的适用范围问题进行解释。那么，新加坡作为第三国，解释条约的权力来源如何？解释条约的正当性如何？

新加坡法院在这一问题的论证中援引了英国上诉法院在"厄瓜多尔诉 Occidental 案"① 中的裁决。在该案中，争议当事方适用的是 UNCITRAL 规则，仲裁地是伦敦。英国上诉法院认为必要时其有权解释国际文件以便根据国内法来确定当事人的权利和义务。因此，法院有权解释《厄瓜多尔—美国 BIT》，并考虑 BIT 的特殊性质和当事方同意仲裁的合意。由于当事方同意仲裁，法院就认为其承认《英国仲裁法》的管辖，因为仲裁地在伦敦。而且法院进一步认为，英国法院被要求解释协议的范围并以此判断权利和义务是包含在同意仲裁之内的。② 据此新加坡法院认为：英国上诉法院在"厄瓜多尔诉 Occidental 案"的司法审查中的理由和结论是可以在本案中适用的。原因在于两个案件有两个重要相似之处：其一是被要求解释的国际文件都是双边投资条约；其二是同英国不是《厄瓜多尔—美国 BIT》的缔约方情形一样，新加坡也不是《中国—老挝 BIT》的缔约国。尽管这两个投资条约存在差异，但双方对于原告有权援引 IAA 第 10 条规定的管辖权来寻求救济并无争议。因此，撤销申请并没有涉及不可审理的国际法问题，如涉及主权行使或者涉及高度政治事项的立法权。本案只是涉及原告依据《国际仲裁法》第 10 条规定的对仲裁裁决的异议问题，并且这一问题包含了对《中国—老挝 BIT》的解释。③ 因此，根据 IAA 行使审查仲裁庭的管辖权时，《中国—老挝 BIT》的解释与适用问题是可审理的，是新加坡法院作为仲裁地法院有必要考虑的事情，即使新加坡不是缔约方，法院也必须对《中国—老挝 BIT》进行解释。

这一做法与英国、美国、荷兰以及其他国家的法院所采取的立场是一

---

① Ecuador v. Occidental, [2006] 2 WLR 70.

② Sanum Investments Ltd v. Lao People's Democratic Republic, [2015] SGHC, paras. 26 – 29.

③ Sanum Investments Ltd v. Lao People's Democratic Republic, [2015] SGHC, paras. 30, 31.

致的。^① 在备受争议的美国法院审查的第一个投资仲裁裁决案件"BG Group 诉阿根廷案"中，美国法院也对《英国—阿根廷 BIT》进行了解释，即对第 8 条进行解释来确定仲裁庭是否具有管辖权。

（二）仲裁地法院对条约进行解释的必要性与限制

如前文所述，投资仲裁裁决的异议大部分是管辖权异议。而管辖权异议基本上与投资条约中具体条款的适用与解释有关。比如，投资仲裁申请人是否满足投资条约中的"投资者"的条款要求决定了其是否可以援引投资条约，其所作的投资活动是否满足条约项下的"投资"也决定了其是否可以援引投资条约。仲裁地法院不对条约进行解释就无法对管辖权异议司法审查作出判决。因此，尽管条约解释问题不是当事人异议申请所直接指向的，但的确是法院对争议进行裁决的必经环节。

而仲裁地法院对条约的解释应当限制在与裁决异议申请紧密相关的条款解释中。条约的适用和解释间存在不可分割的联系，条约中的管辖权条款主要涉及的就是条约在解释或适用时的争议，因此，仲裁庭很少会对二者加以区分。^②

国际投资仲裁中的条约解释除了涉及投资条约外，还会涉及其他条约或法律的解释。比如，依据 UNCITRAL 规则提起仲裁的案件也会涉及对该仲裁规则的解释。甚至有的时候在认定东道国对于将投资争议提交国际仲裁的"同意"时，也会涉及对某一缔约国在国内法中作出的单方面声明（unilateral declaration）的解释。如果严格按照 VCLT 的规定，对于这些协定或法律的解释，并不能援引 VCLT 第 31 条和第 32 条，因为 VCLT 第 2 条明确规定它只适用于国家间的协定。但是 VCLT 中关于条约解释的规定的其习惯国际法地位已经获得了国际法院和仲裁庭的普遍承认，因此它们同意将其适用于此类协定或法律。

---

① Born and Jonathan W. Lim, Dharshihi prasad, Sanum v. Laos（Part Ⅱ）, The Singapore Court of Appeal Affirms Tribunal's Jurisdiction under the PRC-LAOS BIT, Kluwer Arbitration Blog, 最后访问日期：2017 年 5 月 2 日。

② Franklin Berman, "International Treaties and British Statutes", *Statute Law Review*, Vol. 26, 2005.

（三） 仲裁地法院条约解释结果的公正性

国际投资仲裁一般会涉及对东道国国内行政行为或措施的审查，因此在裁决的司法审查过程中，仲裁地法院也需要面对这一问题。而国内法院在审查裁决时，对投资条约进行解释时所适用的规则以及解释的方法、路径都存在一些差异。尤其是条约解释的公正性问题，引发东道国政府和投资者的关注。

"Sanum 诉老挝案"引起广泛关注的主要原因在于《中国—老挝 BIT》在澳门的适用问题。首先在确定《中国—老挝 BIT》能否适用澳门这一问题的法律适用方面，仲裁庭、新加坡最高法院高等法庭、新加坡最高法院上诉法庭的判断基本是一致的，均认为应当适用 VCLT 第 29 条和《关于国家在条约方面的继承的维也纳条约》（以下简称《1978 年公约》）第 15 条。其次在对所适用的法律规则的性质认定方面也是一致的，认为 VCLT 第 29 条和《1978 年公约》第 15 条都是习惯国际法。"中国和老挝都是《维也纳条约法公约》的缔约国，但都不是《关于国家在条约方面的继承的维也纳条约》的缔约国。而《维也纳条约法公约》第 29 条和《关于国家在条约方面的继承的维也纳条约》第 15 条都是习惯国际法，二者不是矛盾的，只是适用于不同的情形。两个条款规定的例外就像是硬币的正反面，是相关的。"[1] "《关于国家在条约方面的继承的维也纳条约》第 15 条[2]和《维也纳条约法公约》第 29 条[3]反映了习惯国际法规则中的'移动条约边界规则'。"[4] "因为条约约束全部领土范围，'移动条约边界规则'则推定当成为国家领土的一部分的时候，条约自动延伸适用到新的领土。并且进一步

---

[1] Sanum Investments Ltd v. Lao People's Democratic Republic, [2016] SGCA.

[2] 第 15 条规定：关于部分领土的继承。一个国家的部分领土，或虽非该国的部分领土但在国际关系方面是由该国负责的任一领土成为另一个国家的领土的一部分时，（a）被继承国的有关国家继承的领土的条约自国家继承日期起失效；（b）继承国的有关国家继承的领土的条约自国家继承日期起生效，但条约本身表明或另有其他规定，适用此项条约于该领土与条约的宗旨和目的不兼容或将根本改变条约的实施条件的除外。

[3] VCLT 第 29 条规定："除条约表示不同意思，或另经确定外，条约对每一当事国之拘束力及于其全部领土。"

[4] Sanum Investments Ltd v. Lao People's Democratic Republic, PCA Case No. 2013 - 13; Sanum Investments Ltd v. Lao People's Democratic Republic, [2015] SGHC15; Sanum Investments Ltd v. Lao People's Democratic Republic [2016] SGCA57.

规定，随着主权之下的领土发生改变的时候，被继承国政府缔结或加入的条约对发生变化的领土自动失效，继承国条约自动生效。当然，根据《关于国家在条约方面的继承的维也纳条约》第 15 条和《维也纳条约法公约》第 29 条的文本意思，'移动条约边界规则'是一个可以被取代的推定的规则，这一点是明显的。"① 据此，新加坡最高法院上诉法庭认为，本案中，自 1999 年 12 月 20 日中国对澳门恢复行使主权，就推定《中国—老挝 BIT》自动适用于澳门。除非"移动条约边界规则"被取代，否则被继承国葡萄牙缔结或加入的条约就停止在澳门适用，而中国缔结或参加的条约自动适用于澳门。② 尽管新加坡最高法院高等法庭和上诉法庭对本案的裁决结果不同，但两审法院都认为"移动条约边界规则"应当适用于本案。新加坡法院对于条约适用的空间范围的解释这一裁决引起了学者广泛的讨论。

笔者认为，"移动条约边界规则"适用本案来解释条约适用的空间范围存在错误。该规则来源于《1978 年公约》第 15 条，结合该公约的制定目的与宗旨、适用情形、相关的国家实践以及我国对澳门恢复行使主权这一主权行为对该条款在本案中的适用，以下几点存疑。第一，从该公约的目的和宗旨来看。在第二次世界大战结束后的 45 年间，国家在条约方面的继承问题主要是由于殖民地独立而产生的。但冷战的结束以及随后出现的国家分裂的情形又产生了一些完全不同的条约继承问题。可见，《1978 年公约》主要是为了解决殖民地独立和冷战后的国家分裂情形中所涉及的条约的继承问题。第二，从适用的情形来看，该规则适用于"在领土本身不属于国家的情况下主权发生改变，并且继承国是一个已经存在的国家"③。即在该条款的理解上设定了一个前提：当一部分领土发生转移的情况下，转移国和接收国的法律主体资格都是完整、不变的。在这种情况下，被广泛接受的默认规则使两国的条约地位没有受到影响，只是通过移动"边界"来扩

---

① Sanum Investments Ltd v. Lao People's Democratic Republic, [2016] SGCA57.

② Sanum Investments Ltd v. Lao People's Democratic Republic, [2016] SGCA57.

③ United Nations, Draft articles on Succession of States in Respect of Treaties with Commentaries 1974, p. 208, part II.

展条约的地理范围。结果是相对简单的，会产生两方面的效果：积极的和消极的。正如 Andreas Zimmermann 所指出的："被继承国的条约在有关国家继承的割让的领土的效力停止了，而继任者的条约事实上通常会延伸到这一领土。"① "就像其他规则一样，这一规则的适用并不是绝对的。法律为与之相反的协议留有余地，而在条约中明确地涉及割让领土的情况下，可能确实需要采取相反的方法。"② 第三，从该规则的国家实践来看。1978 年以来的国家实践相对较少。在已经发生的少数领土割让或合并的情况下，一些例子似乎肯定了《1978 年公约》第 15 条所采用的方法，而在两种特殊情况下，各国选择了一种微妙的方法。至于确认实践，从南非到纳米比亚的沃尔维斯湾的转移说明了"移动条约边界规则"的运作。③ 1994 年之后，根据一些特殊的安排，"被继承国南非的条约停止了对割让的领土的适用，而继承国纳米比亚的条约事实上普遍地（generally）向沃尔维斯湾延伸适用"④。德意志联邦共和国（西德）与德意志民主共和国（东德）所缔结的关于统一的条约规定，原则上，联邦德国缔结的大多数条约将适用于整个统一国家，而对于那些只有前民主德国作为当事国缔结的条约将与其他当事国进行磋商。⑤ 可见，该条款的适用实践主要是在符合国际法规则情况下的领土合并与割让。第四，从该规则的拘束力来看。按照 VCLT，我国不是《1978 年公约》的缔约国，不受该公约约束，该公约不应当适用于我国。习惯国际法规则的识别和证明是适用的前提。所以仲裁庭或者法院将某一规则作为习惯国际法规则予以适用的时候，必须首先证明该规则是习惯国际

① Andreas Zimmermann, State Succession in Treaties, https://opil. ouplaw. com/view/10. 1093/law：epil/9780199231690/law – 9780199231690 – e1109，最后访问日期：2019 年 3 月 20 日。

② Christian J. Tams, "State Succession to Investment Treaties：Mapping the Issues", *ICSID Review*, Vol. 31, 2016.

③ The Treaty between the Government of the Republic of South Africa and the Government of the Republic of Namibia with Respect to Walvis Bay and the Off-Shore Islands International Legal Materials, https://www. un. org/Depts/los/LEGISLATIONANDTREATIES/PDFFILES/TREATIES/ZAF-NAM1994OI. PDF，最后访问日期：2019 年 2 月 20 日。

④ Andreas Zimmermann, State Succession in Treaties, https://opil. ouplaw. com/view/10. 1093/law：epil/9780199231690/law – 9780199231690 – e1109，最后访问日期：2019 年 3 月 20 日。

⑤ Anthony Aust, *Modern Treaty Law and Practice* (*2nd ed.*), Cambridge University Press, 2007, p. 368.

法规则。仲裁庭或者法院在没有进行具体严谨的分析证明的情况下，就简单概括地予以适用是极其错误的。由于习惯国际法规则具有普遍拘束力，对其进行识别和证明是完全必要的。习惯国际法规则的形成需要一个国家作为主体长期一致的实践和法律确信两个要素，缺一不可。退一步讲，就算仲裁庭或者法院认为这一规则在领土合并、割让以及殖民地独立过程中的实践形成了习惯国际法规则，它也不能在其他情形中予以适用。更何况，从国际法规则角度，"移动条约边界规则"是否具有习惯国际法的属性是值得怀疑的。安东尼·奥斯特①在《〈关于国家在条约方面的继承的维也纳条约〉的说明》中写道：《1978 年公约》是国际法逐渐发展的一个实例，然而，关于国家在条约方面的继承问题的国际习惯法仍适用于大多数国家，但没有反映在《1978 年公约》的文本中。因此，就这类关于条约继承的习惯法规则而言，《1978 年公约》并不是一个可靠的指南。② 第五，从澳门的历史角度看。尽管 1887 年葡萄牙占领了澳门，但我国对澳门的领土主权从未丧失。因此我国对澳门恢复行使主权不会发生国家的继承和条约的继承问题。1978 年 6 月 11 日葡萄牙内阁会议通过的关于中葡建交的档案中说，葡萄牙宪法没有把澳门并入葡萄牙的领土，宪法只把澳门看作在葡萄牙管理之下。③《中葡和好通商条约》是葡萄牙政府取得"永驻管理澳门"特权、破坏中国政府对澳门行使主权的唯一的条约。但它与中英《南京条约》有着本质区别。从国际法角度上看，《中葡和好通商条约》本身并未表明中国政府将澳门割让给葡萄牙，仅仅是允许葡萄牙永驻管理澳门。而管理权只是一种事实，并非主权本身，是低于主权的。因此，澳门仍然是中国的领土。这一点，在 1887 年《中葡和好通商条约》签订后的第三天，葡萄牙外交部部长就笑称："我们从未指明，也不拟指明这行动是割让领土。"④ 既

---

① 曾任职于英国外交部门（1967～2002 年），离任时为副法律顾问，1988～1991 年任英国驻纽约联合国代表团法律顾问（参赞）。

② Anthony Aust, introductory note of the "1978 Convention on the Succssion of States in Respect of Treaties", United Nations Audiovisual Library of International Law, http://legal. un. org/avl/ha/vcssrt/vcssrt. html, 最后访问日期：2018 年 12 月 20 日。

③ 王西安：《国际条约在中国特别行政区的适用》，广东人民出版社，2006，第 123 页。

④ 陈霞飞主编《中国海关密档》（四），中华书局，1992，第 396 页。

然澳门未被割让给葡萄牙，澳门的"所有权"就属于中国。就法理而言，所有权是主权最根本的标志。同时，《中葡和好通商条约》表明，中国对澳门具有法定的最终处分权，这是因为"由葡国坚允，若未经中国首肯，则葡国永不得将澳门让与他国"。就是说，葡萄牙没有交还、出卖、出租、割让等澳门的最终处分权。澳门的最终处分权（主权）仍然由中国掌握。① 可见，葡萄牙政府并没有通过签订《中葡和好通商条约》取得澳门主权，只是破坏了中国政府对澳门行使主权而已。②

可见，仲裁地法院对投资条约的解释有时缺乏公正性，虽然不会产生先例效果，但仍然会对投资条约的缔约国产生影响。

三　司法审查中投资条约解释的主要规则

仲裁地法院对裁决异议申请所涉及的条约解释与适用有分歧的，应当根据 VCLT 中规定的解释规则进行解释，即使仲裁地国不是该公约的缔约国。因为该公约中规定的解释规则已经成为习惯国际法规则。

（一）　解释规则的习惯国际法性质

就目前各国法院审查投资仲裁的情况来看，在解释条约方面适用 VCLT 解释规则已成为一种共识，并且将 VCLT 解释规则作为习惯法规则。比如在"BG Group 诉阿根廷案"中，少数意见认为，尽管美国不是 VCLT 的缔约国，但它承认 VCLT 中的解释规则是反映习惯国际法的，并将其作为条约解释的权威指南。他们认为在解释条约中参照美国国内法在商业和劳动仲裁背景下发展而来的推定来解释国际公法条约是毫无意义的。应当按照 VCLT 解释规则来解释阿根廷和英国缔结的双边投资条约。③ 因此，VCLT 不是一份选择性文件，而是解释国际条约的强制性工具。

（二）　通常意义解释规则

VCLT 第 31 条第 1 款将条约文本的一般含义作为确定其条款范围的起

---

① 黄启臣：《我国政府对澳门恢复行使主权的历史过程》，《广西社会科学》1999 年第 6 期。

② 黄启臣：《澳门主权问题始末》，《中国边疆史地研究》1999 年第 2 期。

③ David P. Stewart, "Judicial Review of Investment Treaty Awards: BG GrouP v. Argentina", *The American Journal of International Law*, Vol. 108, 2014.

点。首先要看内容中所选择使用的词语的普通含义。词语的意思必须客观，而无须探究缔约者的主观意图。① 因此，VCLT 采用了文本主义的方法。它遵循文本主义学派。然而，语言的一个自然特征是：它不是一成不变的，不是只有一个简单的含义。因此，模棱两可的术语是常态。当文本的普通含义发生歧义的时候，就需要对其进行解释。根据 VCLT 第 31 条第 1 款，词语的通常意思与上下文之间存在必要的相关性，这意味着条款在条约中的地位，而不是条约结构的上下文。② 如果根据条约草案时的主要观点或者法院或仲裁庭确定时的主要观点确定普通含义，则 VCLT 不予澄清。但随着时间的推移，可能会出现严重的差异。这种现象在法律界并不新鲜，事实上在国内层面也存在很大争议。人们可能会想到关于美国宪法解释的矛盾哲学，理解它是一种"活着的宪法"③，对动态解释持开放态度，或者它具有"固定意义"的特定术语，但是，在国际法中现在似乎是以条约文本的当代意义为共同标准，除非条约缔约方明确规定它们保持不变。④ 因此，确定条约术语的普通含义涉及确定其原始意图和当代理解。因此，国际条约的条款是动态的，除非签署方明确另有说明。

（三）参照条约的目的与宗旨

VCLT 第 31 条第 1 款规定了参照条约的目的和宗旨的解释规则。有人认为，如果通常意义的规则不能提供确切的结果，那么这种求助可能会发生。然而，这种方法仍然主要是理论上的，因为术语通常具有不同的含义。因此，基于条约目的和宗旨产生争论的可能性是相当大的。参照条约的目的和宗旨可以确认适用普通意义规则的结果，但也可能超出条约条款中的内容。这种做法有可能导致条约被修改，但只有条约有相应规定时才是被允许的。VCLT 缔结时并没有预想到目的和宗旨的这种深远影响。因此，条约

---

① Iran-United States Claims Tribunal, Decision Concerning the Question of Jurisdiction over Claims of Persons with Dual Nationality, Case No. A/18, 6 Apr. 1984.

② Hrvatska Elektroprivreda D. D. v. The Republic of Slovenia, ICSID Case No. ARB/05/24, Dissenting Opinion of Jan Paulsson, 8 Jun. 2009.

③ Howard Lee McBain, *The Living Constitution: A Consideration of the Realities and Legend of Our Fundamental Law*, The Workers Education Bureau Press, 1927, p. 50.

④ Sondre Torp Helmersen, "Evolutive Treaty Interpretation: Legality, Semantics and Distinctions", *European Journal of Legal Studies*, Vol. 6, 2013.

的文本内容作为目的和宗旨的分析的限制。①

理想情况下，国家在缔结条约时的主观目的和客观目标是一致的。然而，实际上它们经常发生分歧。这也强调了合理地起草条约的重要性。条约应尽可能详尽地表达缔约方的基本意图和具体条款所涉及的内容范围。这是缔约国协商、缔结条约时所关注的重点。虽然投资仲裁庭对条约解释的权力范围是由缔约国授权决定的，但是一旦缔约国未能通过具体条款的拟定来确定条约所涉及的内容和范围，那么在国际投资仲裁实践中，国际仲裁庭就会获得更大的条约解释空间。而仲裁庭对条约的解释可能会偏离意图，甚至与缔约国的意图相悖，并对裁决结果产生不利影响。

有些人认为解释规则的发展有利于强调条约的目的而不仅仅是文本，即所谓的目的性解释。② 这种发展意味着习惯国际法正在逐步转变范式，而不是 VCLT 采取的普遍客观方法。这种趋势确实反映了国际法的深刻变化，还是仅仅是一种暂时的现象，还有待进一步观察。但是，从目前来看，严重依赖条约的目的和宗旨不是条约解释的适当规则。相反，它无视这样一个事实，即条约文本是国际公法中任何解释的焦点。这种条约的目的和宗旨必须纳入考虑以便确认或改变解释结果，但是如前所述，它可能无法取代条约术语的普通含义。

国际条约的形式和内容是多样的。同样，国际条约也有不同的目标，涉及各种缔约方。如果这些明显的差异对条约的解释方式产生影响，更具体地说，如果不同的条约要求采用不同的解释方法，那么就是一个极具复杂性和挑战性的问题。VCLT 第 31 条至第 33 条的规定为条约解释提供了一个系统的可遵循的和可参照的规则体系，即便如此，在国际法实践中仍然很难认定这三条规定在多大程度上能够得以适用。只要考察 VCLT 的缔结过程中各缔约国围绕条约解释规则的争论，便可大致了解要形成一个统一的条约解释规则有多困难。即使 VCLT 第 31 条至第 33 条的习惯国际法地位已

---

① International Law Commission, "Draft Articles on the Law of Treaties with Commentaries", *Yearbook of the International Law Commission*, Vol. 2, 1966.

② Michael Byers, "The Shifting Foundations of International Law: A Decade of Forceful Measures against Iraq", *European Journal of International Law*, Vol. 13, 2002.

经广泛确立，有关条约解释的争论仍然没有停止。

（四）嗣后协定与实践

VCLT 第 31 条第 3（a）和（b）条规定，任何后续关于条约适用的解释或实践的协议均应予以考虑。此类嗣后协议构成了当事人在解释过程中的意愿的最终表达。一方面，法官或仲裁员必须遵守当事方在解释相关条约时的规范，各国在程序进行中就特定条款的解释发表联合声明，然后被纳入适当考虑。但这种情况并不常见。① 另一方面，嗣后实践反映了对解释问题的共同理解。

（五）条约的准备工作补充解释

除了根据参照目的和宗旨以及通常含义解释规则外，VCLT 第 32 条规定了条约的准备工作。第 32 条对使用补充解释手段提出了明确限制。② 因此，准备工作材料是第二个解释来源。但它不应该被低估，因为准备工作可以给解释者提供帮助。根据其可用性和详细程度，它们可以更准确地解释冲突的措辞。如果法官或仲裁员试图探讨缔约者缔结条约时的意图，这些准备工作的文件可能会提供强有力的支持。

---

① CME Czech BVv. Czech, UNCITRAL, Final Award, 14 Mar., 2003.
② Churchill Mining Plc v. Republic of Indonesia, ICSID Cases No. ARB/12/14 and 12/40, Decision on Jurisdiction, 24 Feb., 2014.

第五章　国际投资仲裁裁决司法
审查机制的完善

裁决后的救济与监督被认为是 ICSID 裁决和非 ICSID 裁决二者最不一致的程序，涉及从裁决异议风险到是否撤销的基本问题。鉴于目前 ICSID 撤销程序中存在的问题以及非 ICSID 司法审查程度的不确定性，投资者不得不谨慎地权衡潜在风险以及不同类型仲裁所固有的相关缺点。

第一节　国际投资仲裁裁决司法审查所面临的
挑战与完善

国际投资仲裁裁决的审查规则在国家或国际层面都不统一，尤其是非 ICSID 裁决的司法审查。由于双边或多边投资保护条约中关于投资争议解决通常包括不同的仲裁机制，这也使得审查规则不一致。根据这些仲裁机制，国际投资仲裁裁决的司法审查问题就留给了国际仲裁庭（ICSID 裁决）或国内法院（非 ICSID 裁决）。如果国内法院对国际投资仲裁裁决进行司法审查能够形成一项规则，那一定是系统性的规则体系。但是，从目前实践来看，国内法院对国际仲裁庭的裁决进行司法审查并没有形成体系。同时，另一个重要问题是不同国家的法院所适用的审查标准不同。[①]

一　非 ICSID 裁决司法审查机制的分散性

相较于 ICSID 裁决的内部撤销程序，非 ICSID 裁决的司法审查监督框架

---

① Vladimír Balaš, "Review of Awards", Peter Muchlinski, Federico Ortino, Christoph Schreuer, *The Oxford Handbook of International Investment Law*, Oxford University Press, 2008, p. 1889.

相对分散，一方面，同一个投资条约可能会产生多个在不同仲裁地的仲裁裁决及其司法审查程序；另一方面，各仲裁地法院根据其国内相关立法独立地行使司法审查权，因此在裁决司法审查标准的确定性、审查程度的一致性以及条约解释与适用的公正性上存在一定的分歧。

（一）非 ICSID 裁决司法审查依据的不确定性

与仅仅依赖于一套规则的 ICSID 撤销程序不同，非 ICSID 裁决司法审查的依据是各仲裁地所在国的国内法，其中关于非 ICSID 裁决撤销的多层级审查机制会对裁决司法审查产生更大程度的不确定性，而这种不确定性对异议是否成立所带来的风险事实上往往与潜在的索赔人的期望不一致。

加拿大就是一个例子。加拿大是联邦制国家，有 13 个联邦级行政区，包括 10 个省和 3 个地区（territory）。各省和区均有独立的立法权和司法权，都有自己独立的仲裁法，因而加拿大法院对非 ICSID 裁决司法审查的法律依据是联邦或各省的国际商事仲裁法或商事仲裁法。而《加拿大联邦仲裁法》适用于联邦政府作为当事人一方参与的仲裁，但不适用于私人商事仲裁。加拿大在法系分类中属于混合法系，除魁北克省属于大陆法系外，其他省和区都属于普通法系。属于普通法系的省和区，除不列颠哥伦比亚省之外，都以《国际商事仲裁示范法》为蓝本制定了本省或地区的仲裁法，但各省和地区在仲裁裁决的审查方式上可能有细微差别。"Metalclad 公司诉墨西哥案"裁决的司法审查就是一个例证。

（二）非 ICSID 裁决司法审查标准的不确定性

裁决撤销适用的审查标准因不同的司法管辖区而有所差异，这种相对分散的审查框架无疑意味着审查标准适用的差别，同时，这种审查标准适用的差异会在一定程度上引起撤销的不确定性。[1] 某些"问题司法管辖区"甚至表现出因不可预见的原因而撤销仲裁裁决的倾向，特别是在本国作为当事方参与的情况下。[2] 不可否认，只要裁决后允许当事人寻求救济，投资仲

---

[1] Fenghua Li, "The Divergence of Post-Award Remedies in ICSID and Non-ICSID Arbitration: A Perspective of Foreign Investors' Interests", *The Chinese Journal of Comparative Law*, Vol. 4, 2016.

[2] Juan Fernández-Armesto, "Different Systems for the Annulment of Investment Awards", *ICSID Review*, Vol. 26, 2011.

裁中不确定性仍然很大，当然，其中一些不确定性是国际仲裁所固有的。[1]

国际投资仲裁裁决不仅区别于国内仲裁裁决，还区别于基于合同的国际仲裁，包括国际商事仲裁。基于合同的国际仲裁裁决是根据仲裁协议作出的，并且完全基于争议各方之间的同意，因此可能不受仲裁地法的约束。而审查国际投资仲裁裁决的标准允许国内法院根据其国内法律来确定，这就意味着在司法审查程序中可能会产生与基于同一投资条约的仲裁裁决一样多的审查标准。那么，这肯定是一种不协调的状态。

（三）非 ICSID 裁决管辖权异议审查程度的差别

国内法院对国际投资仲裁裁决司法审查的判决结果往往与国家对仲裁的态度有关，比如，一些国内法院遵循原有的"商事化"审判思维，在审查过程中相较于公正，可能更加注重效率。这样一来，法院关于仲裁庭管辖权的审查往往没有发挥其应有的作用。

另外，比较不同国家的国内法院的司法审查判决是很困难的。虽然许多国家已经在其国际商事仲裁立法中采用了《国际商事仲裁示范法》，但具体条款所使用的术语不尽相同。比如，1925 年通过的《美国联邦仲裁法》和在其后制定的《国际商事仲裁示范法》都包含关于越权的撤销理由，但具体措辞不同。[2] 并且法院司法审查的程度也可能因引起撤销的理由不同而有所不同。

二 非 ICSID 裁决执行中的主权豁免

争议解决机制的有效性取决于裁决能否得到及时的执行，因此任何争议解决机制都需要借助能够促使败诉方遵守裁决的有效工具。《ICSID 公约》和《纽约公约》作为国际投资仲裁裁决执行的依据，分别适用于 ICSID 裁决和非 ICSID 裁决。然而，与国际商事仲裁不同，在国际投资仲裁中，被申请人是一个主权国家，或者在极为罕见的情形中是一个国家的组成部分或

---

[1] Andre's Rigo Sureda, *Investment Treaty Arbitration：Judging under Uncertainty*, Columbia University Press, 2012, p. 10.

[2] 《国际商事仲裁示范法》第 34 条（2）（a）（iii）；《美国联邦仲裁法》第 10 条第 a 款第 4 项。

机构。因此，被申请人的特殊身份引发了国家的主权豁免问题，包括管辖权豁免和裁决的执行豁免。

（一）《纽约公约》与非 ICSID 裁决的执行豁免

虽然《纽约公约》没有明确将国家豁免权作为拒绝执行的理由，但这种抗辩可以通过两种方式产生。一是通过适用公约第 3 条规定的裁决的执行依据执行地国家的程序规则。其中，"程序规则"是指包括作为国内法一部分的国际公法的一般原则，包括主权豁免。[1] 正如 Bjorklund 所指出的那样："国家豁免法已被视为寻求执行裁决的申请人必须克服的程序的初步事项。"[2]

二是通过适用公约第 5 条规定的公共政策例外援引国家豁免法。主权豁免构成了公共政策的基础，法院可以在此基础上拒绝执行裁决。实际上，国内法院在承认被执行国家的外国资产的主权豁免权时，就已经援引了第 5 条中的公共政策例外。[3]

除此之外，《纽约公约》对国家豁免问题的沉默本身就是一个强有力的指标，即国内法院可以将其本国法律适用于主权豁免，比如，美国的《外国主权豁免法》。

《ICSID 公约》和《纽约公约》下的裁决执行成功与否最终取决于与豁免有关的国内法律。更重要的是，两项公约都没有放弃执行豁免权。因此，如果被执行国拒绝，那么，非 ICSID 裁决的实际执行将需要深入了解相关国家的国内立法。

（二）主权豁免中的适用

实际上，仲裁庭不是国家权力机关，因此，在仲裁过程中主权国家可能不会提出关于主权豁免权的抗辩，这是在平等者之间无管辖权原则

---

[1] Achim Börne, H. Kronke, P. Nacimiento et al. (eds.), *Recognition and Enforcement of Foreign Arbitral Awards: A Global Commentary on the New York Convention*", Kluwer Law International, 2010, p. 232.

[2] Andrea K. Bjorklund, "Sovereign Immunity as a Barrier to the Enforcement of Investor – State Arbitral Awards: The Re-politicization of International Investment Disputes", *American Review of International Arbitration*, Vol. 21, 2010.

[3] Stephen J. Toope, *Mixed International Arbitration*, Cambridge University Press, 1990, pp. 140 – 141.

（principle par in parem non habet judicium）下的必然结果。但仲裁裁决之后，国家可能在承认与执行程序中提出主权豁免的抗辩。在承认阶段，国内法院在作出判决之前，将适用管辖豁免权的测试，该测试是基于政府行为和主权行为的区分。此外，国家对仲裁的同意通常被解释为放弃其对管辖权的豁免权，这也是 2004 年 12 月 2 日《联合国国家及其财产管辖豁免公约》（UNCSI）第 17 条规定的。在执行阶段，国内法院将对执行中的国有财产豁免权进行检验，该检验是基于有争议资产的具体目的标准：主权/政府目的（jure imperii）和商业目的（jure gestionis）。

在"尤科斯案"中，俄罗斯在法国、比利时和美国的执行程序中都援引了其执行豁免权。在法国，尤科斯试图申请执行巴黎的文化中心，而该文化中心归俄罗斯所有并正在建设中。巴黎上诉法院在裁决的执行程序中就俄罗斯在法国的资产考虑了以下两个问题：一是在法国的资产是否构成俄罗斯联邦的资产；二是资产是否可用于执行裁决。最后，巴黎上诉法院认为该建筑物具有豁免权，因为它以俄罗斯的主权身份拥有。可见，主权国家对仲裁协议的规定本身并不意味着放弃对执行裁决的豁免权。

在"Sedelmayer 诉俄罗斯案"中，仲裁庭裁决俄罗斯联邦向 Sedelmayer 支付 2350 万美元加上利息。该裁决被柏林高等法院依据《纽约公约》宣告执行。Sedelmayer 先生申请执行裁决的第一步是试图扣押 Lufthansa Airline 向俄罗斯支付的飞越领空的费用。因此他向科隆地区法院提起执行诉讼。法院作出了金额为 511000 欧元的部分判决。随后，俄罗斯联邦和第三方债务人对该判决提出上诉。德国联邦最高法院认为，其对于执行程序中俄罗斯联邦的飞越权利没有国际管辖权。飞越权利产生的费用包括过境费和入境费，被认为具有公共性质，而不是私法合同类型的权利要求，因此不受内部执行的约束。德国联邦最高法院指出，必须根据德国法律来确定这些费用是否具有公共性质。这些费用产生于外国国家的领土主权，属于俄罗斯联邦的公共职能的利益，因此具有公共性质。另外，资产位于俄罗斯，而不是德国。因此，德国联邦最高法院得出结论认为，俄罗斯联邦不受德国管辖，并适用主权豁免。值得注意的是，德国联邦最高法院在其裁决中认为，仲裁条款并不意味着放弃执行程序的豁免权，诉讼程序中关于实体的豁免权不同于执行程序中的豁免权。双边投资条约只对案件实体进行规定。对于德国联邦最高法院而言，根据《德国—苏联 BIT》第 10 条，裁决将根据《纽约公约》予以承认与执行并不能引起执行程序豁免权的放弃。双边投资条约旨在鼓励投资活动，并提高对主权国家缔约方的裁决执行的可能性。但是，对被确定为公共目的的资产的执行，并不一定能达到 BIT 的目的。①

在"Gold Reserve Inc. 诉委内瑞拉案"② 裁决执行中，Gold Reserve 分别向英国法院和美国法院提出申请。2015 年 5 月 20 日，英国高等法院颁布了执行令。委内瑞拉对该执行令提出异议，但是，英国高等法院并没有支持委内瑞拉的国家豁免抗辩，拒绝撤销执行令。③

在"PAO Tatneft 诉乌克兰案"④ 中，乌克兰向英国商事法院申请撤销裁决的执行令，该执行令是对象是 UNCITRAL 仲裁庭依据《俄罗斯—乌克兰 BIT》作出的裁决。乌克兰主张，它没有同意因违反公平公正待遇标准而进行仲裁，因此没有丧失国家豁免权；并且投资者也没有符合 BIT 管辖权范围的投资，这项仲裁申请是滥用权利。法官遵循了之前在"Griffin 诉波兰案"⑤ 中的规则，认为应当由法院根据国际法解释双边投资条约。经过对相关双边投资条约和判例的广泛分析，英国商事法院认为乌克兰不享有豁免权，因此驳回了乌克兰的申请。

（三）非 ICSID 裁决执行豁免权的放弃

由于国际投资仲裁通常涉及对政府权力行使过程中的具体行政措施的审查，因此国内法院拥有广泛的自由裁量权决定是否以主权豁免为理由拒

---

① Alan S. Alexandroff, Ian A. Laird, "Complance and Enforcement", Peter Muchlinski, Federico Ortino, Christoph Schreuer, *The Oxford Handbook of International Investment Law*, Oxford University Press, 2008, p. 1974.
② Gold Reserve Inc. v. Venezuela, ICSID Case No. ARB（AF）/09/1.
③ Gold Reserve Inc. v. Bolivarian Republic of Venezuela［2016］EWHC 153.
④ PAO Tatneft v. Ukraine, PCA Case No. 2008 - 8, Judgment of the English High Court of Justice, 13 Jul. 2018.
⑤ Griffin v. Poland, SCC Case No. 2014/168, Judgment of the High Court of England and Wales, 2 Mar. 2018.

绝承认非 ICSID 裁决。德国联邦最高法院对"Walter Bau 诉泰国案"① 的判决证实了这一点。该案以《德国—泰国 BIT》为基础，仲裁地在日内瓦，依据 UNCITRAL 组成的临时仲裁庭对争议作出裁决。德国联邦最高法院撤销了柏林上诉法院发布的执行令，该执行令认为泰国的被诉行为涉及其主权活动，申请人也没有提出异议，被申请人在法律关系中并不是私主体身份，而应归于主权领域。因此，德国联邦最高法院得出结论认为，泰国同意在双边投资条约中进行仲裁并不意味着放弃其在执行程序中的豁免权。以国家主权管辖豁免为理由而不承认国际投资仲裁裁决的风险并没有因附件中所载的关于 UNCSI 第 17 条的理解的模糊性得到减轻，它确定了商业交易包括投资事项。② 在这方面，解决的办法可能是授予委托缔约国一个自主的角色同意放弃豁免，至少是裁决的执行豁免，从而避免通过诉诸相关争议的商业性来符合例外情形。③

关于执行阶段，非 ICSID 裁决不受《ICSID 公约》第 55 条规定的影响，该条款保留了执行国适用的国家豁免法。相反，一系列国际仲裁机构的仲裁规则，包括 ICC、LCIA、UNCITRAL 和美国仲裁协会（AAA）等，规定了"毫不拖延"地执行裁决的义务。在这方面，ICC 仲裁规则的协商一致适用促使法国上诉法院在"Creighton 诉卡塔尔案"中认为同意 ICC 仲裁必须被解释为一种默示的和明确的执行豁免权的放弃。④ 这种解释后来被美国法院扩大，美国法院宣布同样的承诺要求明确放弃对限制措施的豁免权。⑤ 这些

---

① Werner Schneider as liquidator of Walter Bau AG v. The Kingdom of Thailand, UNCITRAL, German Supreme Court Decision on Enforcement, 30 Jan. 2013.

② Hazel Fox, "The Merits and Defects of the 2004 UN Convention on State Immunity: Gerhard Hafner's Contribution to Its Adoption by the United Nations, in Isabelle Buffard, James Crawford", Alain Pellet, Stephan Wittich (eds.), *International Law Between Universalism and Fragmentation: Festschrift in Honour of Gerhard Hafner*, Brill, 2008, pp. 413, 418.

③ Carlo de Stefano, "The Circulation of International Investment Awards under the New York Convention", in Katia Fach Gomez, Ana M. Lopez Rodriguez (eds.), *60 Years of the New York Convention: Key Issues and Future Challenges*, Kluwer Law International, 2019, p. 451.

④ Cour de Cassation, First Civil Chamber, Judgment of 6 July 2000, Creighton Ltd v. Gouvernement du Qatar, 117 JDI (Clunet) 1054 (2000).

⑤ Walker International Holdings Ltd v. Republic of Congo (ROC), 395 F. 3d 229, 234 (2004).

规则一般适用于非 ICSID 裁决，因为它们所依据的仲裁规则规定当事人有义务立即执行裁决。但是，依据国际投资仲裁裁决对国有资产进行强制执行，可能会面临更多障碍，包括对于特殊类别的国家财产，例如 UNCSI 第 21（1）条所列举的外交使团和领事馆的财产、军事财产、中央银行财产和文化遗产。[①]

过去十多年来，拒绝执行 ICSID 裁决和非 ICSID 裁决的国家数量出现了令人不安的增长。最近拒绝执行裁决的国家有俄罗斯、西班牙、罗马尼亚、委内瑞拉、埃及、尼日利亚和哈萨克斯坦。这些国家通常援引主权豁免权作为拒绝支付赔偿的抗辩，迫使投资者诉诸第三国强制执行。"尤科斯案"中，尽管海牙地区法院于 2016 年 4 月 20 日撤销了该裁决，尤科斯的股东仍然在其他司法管辖区寻求对俄罗斯的强制执行。但这些尝试都没有成功。例如，法国法院在 2016 年发布了一些决定，支持了以国家豁免为由的抗辩，有针对性地解冻了俄罗斯资产。被申请人对国际投资仲裁裁决的拒绝执行破坏了国际投资仲裁的功能，对于投资争议解决机制也是一种破坏性的打击。

三　国际投资仲裁裁决司法审查机制的完善与监督机制的改革

如前文所述，国际投资仲裁的监督有其必要性。仲裁终局性的特征在少数例外的情况中应当让路于裁决的公正性和一致性。审查机制的完善与监督机制的改革对于提高国际投资仲裁的公正性和一致性意义重大。

（一）非 ICSID 裁决司法审查不确定性的缓解

考虑到可能适用的审查标准不同，非 ICSID 裁决撤销中的不确定性是不可避免的。尽管如此，通过对可归因于不确定性的许多因素进行预测，非 ICSID 裁决的不确定性在一定程度上可以得到缓解。

首先，实践中争议各方选择中立且支持仲裁的地点作为其确保公平公正的努力非常普遍。在 2010～2014 年发布的非 ICSID 裁决中，争议当事人对仲裁地的偏好始终集中在北美和欧洲城市，而这些地方通常是仲裁友好

---

① Sté Hulley Enterprises Limited v. Fédération de Russie, Tribunal de grande instance de Paris, Judgment of 28 April 2016.

的司法管辖区，并为支持仲裁提供一致的法律制度保障。当事人从这些司法管辖区中选择一个仲裁地，不仅有助于以更实际和方便的方式解决投资争议，而且由于其完善的法律制度中较少包含任何特殊理由来撤销仲裁，因此也保证了裁决后异议审查的确定性。

其次，尽管目前仍存在明显的分歧，但可以预言各国仲裁立法的一致性趋势已经出现。就裁决后救济而言，大多数国家的法律制度通过限制撤销理由来限制仲裁裁决的司法审查范围，而这些裁决的理由基本上与《纽约公约》第 5 条规定的拒绝承认与执行的理由一致，或者很多国家采用了《国际商事仲裁示范法》。因此，国家立法的一致性在一定程度上能够起到降低非 ICSID 裁决不确定的作用。

最后，作为非 ICSID 仲裁庭，尤其是由经验丰富的仲裁员组成的仲裁庭，在仲裁程序进行过程中经常主动管控裁决异议的风险。如果争议各方未就仲裁地点达成协议，临时仲裁中的仲裁庭可能参照 UNCITRAL《关于组织仲裁程序的说明》[1] 来提供指导评估仲裁地。通常是确定一个中立且仲裁友好的仲裁地，从而降低由仲裁地法律所带来的包括裁决异议撤销在内的风险。有时，仲裁庭甚至会试图以仲裁效率为代价来避免任何异议风险。尽管这种做法也存在争议，但不可否认的是，这种做法有助于保护裁决的最终结果并减少非 ICSID 裁决的不确定性。[2]

（二）国内法院司法审查的替代性方案

如果国内法院管辖被视为确定国家责任或国际公共政策问题不适当，则可能会提出一些可能的替代方案。就国家责任或国际公共政策问题的确定行使管辖权，国内法院是不是合适的主体？对此，理论和实践中存在一定的争议。为解决这一问题，有学者提出了一些替代方案。

一是关于建立国际仲裁法院的建议。在 1995 年的 LCIA 百年会议上，霍

---

[1] UNCITRAL Notes on Organizing Arbitral Proceedings（2012），https：//uncitral. un. org/sites/uncitral. un. org/files/media-documents/uncitral/en/arb-notes-e. pdf，最后访问日期：2018 年 12 月 20 日。

[2] Michael Mcilwrath，John Savage，*International Arbitration and Mediation：A Practical Guide*，Kluwer Law International，2010，p. 328.

尔兹曼法官提出了这种建议①，并得到了施韦贝尔法官支持②。霍尔兹曼法官提议建立的国际仲裁法院，对于依据《纽约公约》规定的理由拒绝承认与执行国际仲裁裁决的问题拥有专属管辖权。《纽约公约》的缔约国都将承担国际条约义务，对其境内的人员和财产执行该国际仲裁法院的判决。国际仲裁法院还有权对不履行该义务的国家施加损害赔偿的责任。国际仲裁法院不仅将承担执行地法院根据《纽约公约》对非 ICSID 裁决的执行职能，还将取代仲裁地法院对裁决的撤销或执行申请进行审查。他认为这将是有价值的，因为它将通过消除各方在就任何未来争议仲裁地选择达成协议时经常遇到的困难来促进国际合同谈判。霍尔兹曼法官认为，国际仲裁法院应该采用国际公共政策标准，而不是试图发现和实现任何特定国家的公共政策。当然，霍尔兹曼法官也认为，虽然他提出的国际仲裁法院可能在促进国际投资争议解决中发挥重要作用，但也必须进一步考虑国际仲裁法院的现实需要，毕竟在大多数情况下，各方自愿遵守裁决，因此不会出现裁决的可执行性问题；同时，国内法院很少拒绝承认与执行裁决。

斯蒂芬·施韦贝尔法官支持霍尔兹曼法官的提议，并建议将此提议引入联合国国际贸易法委员会起草的新国际公约中。

二是关于建立常设上诉法庭的建议。建立一个由经验丰富的国际仲裁员组成的 NAFTA 常设上诉法庭，一方面可以在一定程度上缓解裁决审查的不确定性，另一方面也可以解决国内法院审查涉及主权国家的条约义务的适格性问题。③ 然而，2018 年 9 月 30 日，《美墨加贸易协定》签订，取代之前的《北美自由贸易协定》。其中关于 ISDS 的规定作出了重大改变，美国和加拿大之间的 ISDS 被取消了，仅在美国和墨西哥之间予以保留。可见，

---

① Holtzmann, "Task for the 21st Century: Creating a New International Court for Resolving Disputes on the Enforceability of Arbitral Awards", Martin Hunter, Marriott and Veeder (eds.), *The Internationalization of International Arbitration*, 1995, pp. 109 – 114.

② Schwebel, "The Creation and Operation of an International Court of Arbitral Awards", Martin Hunter, Marriott and Veeder (eds.), *The Internationalization of International Arbitration*, 1995, pp. 115 – 123.

③ Michael M. Hart, William A. Dymond, "NAFTA Chapter 11: Precedents, Principles, and Prospects", Laurie Ritchie Dawson (ed.), *Whose Rights? The NAFTA Chapter 11 Debate*, Centre for Trade Policy & Law, 2002, p. 235.

常设上诉法庭的构建并非易事。

三是关于建立 ICSID 永久性审查机构的建议。目前来看，ICSID 裁决通常是被选定的投资争议解决方法，因此，有学者建议 ICSID 应设立永久性审查机构。但是从《ICSID 公约》的规定来看，缔约国并没有建立强有力的上诉程序的意图，反而希望对裁决的撤销申请进行限制。永久性审查机构的缺乏的确使裁决的审查及其结果变得难以预测，同时专门委员会明确拒绝以先例为基础的撤销程序也使得裁决的审查结果的一致性难以保障。正如施勒教授指出的那样，建立一个永久性的 ICSID 仲裁庭需要对公约进行修正，而从现实来看这种可能性不大。终局性原则和正确性原则之间的冲突通常会在不同的情况下产生不同的结果，正如帕克教授所说，司法审查中的均衡并不容易实现，"立法者和法院必须在法律微调的过程中寻求仲裁自治与司法监督机制之间的合理平衡"[1]。此外，在从传统的国家责任转向强制性仲裁之后，就某种程度上的不确定性发展的情况来看，也并不需要不必要的担忧。毕竟随着旧规范的消失，新的原则和实践需要时间来产生和发展，我们正处于创新和变革的时期。[2]

第二节　国际投资仲裁裁决在我国司法审查中的困境与解决

国际投资仲裁适用 UNCITRAL 规则或者诉诸商事仲裁机构，都可能引发仲裁裁决在仲裁地国或执行地国的司法审查程序。仲裁地法是国内法院受理裁决异议案件进行司法审查的法律依据，但目前在我国仲裁法律框架下，国际投资仲裁裁决的司法审查缺乏依据。"一带一路"倡议背景下，我国如何成为国际投资争议解决的重要司法管辖区，应当成为重要议题。

---

①　Thomas Wälde, "Law of International Business and Dispute Settlement in the 21st Century-Liber Amicorum in Honour of Karl-Heinz Bockstiegel", *TDM Journal*, 2004.

②　David A. R. Williams, "Challenging Investment Treaty Arbitration Awards Issues Concerning the Forum Arising from the Metaclad Case", Albert Jan van den Berg (ed.), *International Commercial Arbitration: Important Contemporary Questions*, Kluwer Law International, 2003, p. 467.

一　我国仲裁立法框架下国际投资仲裁裁决的受理与司法审查

商事仲裁机构受理投资仲裁已成为一种趋势。新加坡国际仲裁中心也发布了投资仲裁规则，明确其受理投资仲裁案件。ICC、SCC 等商事仲裁机构利用自己在仲裁领域的优势早已开始涉足投资仲裁领域。比如：SCC 在 2017 年受理 "Freif Eurowind 诉西班牙案" "Puma Energy Holdings SARL 诉贝宁案" 并作出了裁决；同样地，ICC 也仲裁了 "Ustay Yapi Taahhut ve Ticaret AS 诉利比亚案"[①]。近年来，我国仲裁机构也开始制定相关规则，但在现有立法框架下，这种做法是否符合法律规定呢？不服裁决的一方是否也可以向作为仲裁地的中国法院提起撤销程序？我国法院应当依据何种法律规定对其进行司法审查呢？该裁决如何依据《纽约公约》得到外国国内法院的承认与执行呢？

（一）国际投资争议案件受理与我国仲裁立法的冲突

仲裁庭的权力是有限的，其行使权力的依据除了当事人之间有效仲裁协议的授权外，还要受到一国仲裁法的约束，特别是争议事项应具有 "可仲裁性"，否则仲裁庭无权受理。

2016 年 10 月深圳国际仲裁院发布了《深圳国际仲裁院仲裁规则》，其中第 2 条第 2 款规定了对国际投资仲裁争议案件的受理。[②] 这意味着，深圳国际仲裁院除了受理案件范围传统的商事争议之外，还包括东道国政府与他国投资者之间的投资仲裁纠纷。另外，该规则的第 3 条第 5 款规定了案件的法律适用。[③] 仲裁院认为，国际投资仲裁案件将适用《联合国国际贸易法委员会仲裁规则》和深圳国际仲裁院新发布的程序指引，不仅首开受理渠道，而且在规则适用上直接实现了对标国际。2017 年 9 月 19 日，中国国际

---

① UNCTAD, Investor-State Dispute Settlement: Review of Developments in 2017, https://investmentpolicyhub. unctad. org/，最后访问日期：2019 年 2 月 10 日。

② 《深圳国际仲裁院仲裁规则》第 2 条第 2 款规定："仲裁院受理一国政府与他国投资者之间的投资争议仲裁案件。"

③ 《深圳国际仲裁院仲裁规则》第 3 条第 5 款规定："当事人将第二条第（二）款投资仲裁案件交付仲裁院仲裁的，仲裁院按照《联合国国际贸易法委员会仲裁规则》及《深圳国际仲裁院关于适用〈联合国国际贸易法委员会仲裁规则〉的程序指引》管理案件。"

经济贸易仲裁委员会（贸仲委）发布了《国际投资争端仲裁规则（试行）》，自 2017 年 10 月 1 日起施行，由正文和附件组成。其中，正文 58 条，包括六部分内容，就受案范围与管辖依据、受理机构与职责划分、规则适用、开始仲裁的启动程序、仲裁庭的组成与仲裁员、审理方式、先期驳回、第三方资助、临时措施、仲裁与调解相结合、第三方提交书面意见、裁决的作出、仲裁费用与承担等问题作出规定；附件包括《仲裁费用表》和《紧急仲裁员程序》，分别就仲裁案件收费方式及标准、紧急仲裁员程序的申请和受理等问题作出规定。①

而我国《仲裁法》第 2 条规定了争议事项的可仲裁性，对争议的主体资格进行了限制，即平等主体，包括公民、法人和其他组织。各国法律对可仲裁事项都进行限制的原因在于：第一，仲裁在本质上是当事人之间解决争议的一种合同性安排，因此只有当事人可以自由处分的事项，才有权选择解决争议的方式，对于当事人无权自由处分的事项，自然不能选择解决争议的方式，即不能通过仲裁解决②；第二，仲裁是当事人之间的一种合同性安排，因此，仲裁要解决的争议应当是平等主体的当事人之间的争议；第三，仲裁是当事人之间的一种合同性安排，因此，仲裁的事项应仅涉及当事人双方的利益或者主要牵涉双方当事人的权益，如果仲裁事项的利益超出当事人之间的范围，或涉及公共利益，那么这类争议提交仲裁就不合适，而应由法院来处理。然而，国际投资争议不符合这一规定。因为，首先，投资者与东道国的投资争议不符合该条款中"平等主体"的要求。其次，投资者与东道国之间的投资争议是基于投资条约产生的，由于东道国违反了投资者母国与东道国缔结的投资条约中的相关条款，从而引起争议，因此，国际投资争议并不符合法律条款中规定的合同纠纷或者其他财产纠纷的类型。

（二）国际投资仲裁裁决的执行与我国仲裁立法的冲突

如前所述，如果仲裁庭对不能交付仲裁的事项进行了仲裁，其作出的

---

① 范丽敏：《国内首部〈投资仲裁规则〉10 月 1 日起施行》，《中国贸易报》2017 年 9 月 21 日。

② 赵学清、王军杰：《国际商事仲裁可仲裁性问题的历史演进及发展趋势》，《国际经济法学刊》2008 年第 4 期。

仲裁裁决将被撤销或遭到拒绝承认与执行。根据我国《仲裁法》第58条、第63条、第70条、第71条以及我国《民事诉讼法》的规定，如果仲裁裁决的事项不具有可仲裁性，法院可予以撤销和不予执行。国际投资仲裁在我国现有法律框架下属于不可仲裁事项，所以一旦我国仲裁机构受理了国际投资仲裁裁决并且仲裁地在中国内地，该裁决不会被撤销。

（三）《纽约公约》商事保留与他国投资仲裁裁决在我国执行的冲突

根据《纽约公约》第1条第3款的规定，我国在1986年加入《纽约公约》的时候作了若干保留。根据全国人民代表大会常务委员会《关于我国加入〈承认及执行外国仲裁裁决公约〉的决定》，作出了互惠保留和商事保留。原则上，公约适用于所有外国或国际仲裁协议以及所有外国或非国内仲裁裁决。但是，缔约国可以对公约的适用作两个保留，其中商事保留是缔约国可以声明公约只适用于产生于商事法律关系的争议，不论其为契约性质与否，而依声明国之国内法认为属于商事关系者。有近乎1/3的缔约国作此保留。虽然公约言及法院地的国内法（作为对自治解释原则的一个例外），但实践中法院也会考虑个案的特殊情况以及国际惯例。无论如何，考虑到公约的目的，法院应当对"商事"作宽泛的解释。尽管公约是在承认与执行的上下文中提及保留，一般认为，保留也同样适用于对仲裁协议的承认。

我国将可仲裁的事项限制在包括合同纠纷和其他财产纠纷在内的商事性质争议，不论如何对这两类纠纷进行扩大解释，投资者与东道国之间因违反投资条约而引起的投资争议都是被排除在外的。仲裁裁决的事项是否可仲裁，是《纽约公约》明确规定的仲裁裁决可否被拒绝承认与执行的理由之一。①《国际商事仲裁示范法》第34条、第36条亦对可仲裁性进行了明确规定。因此，外国商事仲裁机构作出的投资仲裁裁决在我国现有仲裁立法框架中属于不可仲裁的事项，在我国就不得被承认与执行。

二　我国仲裁立法与裁决司法审查实践的完善

我国对《纽约公约》作出保留，1994年制定了《仲裁法》，而国际投资

---

① 《纽约公约》第5条第2款规定："申请承认及执行地所在国之主管机关认定有下列情形之一，亦得拒不承认及执行仲裁裁决：依该国法律，争议事项系不能以仲裁解决。"

仲裁发展于 20 世纪 90 年代中期之后，在当时的经济环境之下，将其排除在外是有道理的，是符合当时情况的。但是，当前我国已是全球第二大对外投资国和第三大吸收外资国，无论是在中国投资者与外国政府之间，还是外国投资者与我国政府间的投资争议都呈现增多态势。同时，我国作为"一带一路"倡议的倡导者，法治的完善是经济发展的重要保障，争做亚洲乃至全球的争议解决中心，将国际投资仲裁纳入仲裁立法框架已经成为客观选择。

（一）我国商事仲裁立法的完善

随着"一带一路"倡议的实施，贸易投资快速发展，纠纷类型不断增加。新形势之下，我国商事仲裁立法亟待修订完善。

首先，我国商事仲裁立法也应当将"商事"的概念外延扩大，尤其是将国际投资仲裁纳入其中。同时，关于"平等主体"的限定也应当有所改变，为国际投资仲裁案件的受理排除障碍。否则，就会造成一种乱象：国内仲裁机构受理的国际投资仲裁案件中的当事人，虽然选择了某一个仲裁机构的仲裁规则，但它可能将仲裁地选在新加坡或者巴黎，这样一来，裁决的"国籍"并非我国。而国际投资仲裁已经成为重要的争议解决方式，因此，我国应当积极参与其中。这样才能从规则的适用者变成规则的制定者，同时这也是提高涉外司法服务能力的重要方式。

其次，确立仲裁地原则（arbitral seat），为管辖国际投资仲裁裁决的司法审查提供法律依据。如前文所述，仲裁地理论已经在各国仲裁立法和实践中得到广泛的应用和接受。如在司法实践中，仲裁地理论的适用已经体现在相关规定中。2006 年最高人民法院《关于适用〈中华人民共和国仲裁法〉若干问题的解释》第一次使用了"仲裁地"这一概念，其中第 16 条规定："当事人没有约定适用的法律但约定了仲裁地的，适用仲裁地法律；没有约定适用的法律也没有约定仲裁地或者仲裁地约定不明的，适用法院地法律。"①

最后，减少司法对仲裁的干预，加大司法对仲裁的支持力度。适度扩大仲裁庭的自裁管辖权，在仲裁法中增加临时措施的内容，为营造良好的

---

① 毛晓飞：《"一带一路"倡议背景下我国商事仲裁制度的革新》，《人民法治》2018 年第 3 期。

仲裁环境提供法律依据，实现司法与仲裁的良性互动。

（二）国际投资争议纳入仲裁框架

国际上，ICSID 之外，瑞典斯德哥尔摩商会仲裁院（SCC）、海牙常设仲裁法院（PCA）、国际商会仲裁院（ICC）和新加坡国际仲裁中心（SIAC）均宣布其受理和管理国际投资仲裁案件，SIAC 还制定了专门的《投资仲裁规则》。① 我国仲裁机构众多，截至目前共有 270 家②，其中只有两家仲裁机构——深圳国际仲裁院和中国国际经济贸易仲裁委员会，颁布了明确受理国际投资仲裁案件的仲裁规则。目前来看，国际投资仲裁制度在我国尚处于从零起步的初创阶段，未来任重而道远。

一方面，对于已经制定并生效的受理国际投资争议的仲裁规则应当予以支持，对于正在探索相关规则制定的仲裁机构应当予以鼓励。加强国内仲裁机构之间以及国内仲裁机构与 ICSID、ICC、SCC 以及 SIAC 等仲裁机构的合作与交流，学习它们的先进经验。同时，不断吸收经验丰富的国际仲裁员，提高涉外仲裁的质量，加快国际仲裁发展。

另一方面，国际投资争议以投资条约为基础，条约的解释和适用是仲裁庭在审理案件、法院在审查仲裁裁决时必须要面对和解决的法律问题。目前，我国仲裁和司法队伍建设在相应的知识背景和经验方面仍存在不足，尤其是涉外审判业务。所以加强国际法人才培养，增加国际法知识储备，提高涉外审判业务水平尤为重要。

第三节　国际投资仲裁机制下海外投资的保护

投资争议解决条款给予投资者直接诉诸仲裁的权利是现代 BIT 的关键元素。③ 根据联合国贸易和发展会议（UNCTAD）统计，截至 2019 年底，我

① SIAC 官网，https：//siac. org. sg/siac-investment-rules – 2017，最后访问日期：2020 年 3 月 25 日。
② 《再创新高！2021 年全国仲裁机构受案 41.5 万余件》，https：//www. sohu. com/a/533020446_121123723，最后访问日期：2022 年 3 月 27 日。
③ K. Vandevelde, *Bilateral Investment Treaties：History，Policy & Interpretation*，Oxford University Press，2010，pp. 430 – 432.

国共签署 145 份双边投资协定，其中已生效的为 108 份（有 5 份通过议定书得到了修改），已签署但未生效的 21 份，已失效的 16 份。此外，我国还签署带有投资章节或条款的包括自由贸易协定在内的国际条约（Treaties with Investment Provisions，TIPs）23 份。我国对外缔结的 BIT 数量已经达到 139 个，纳入投资仲裁条款的条约有 21 个①，为海外投资保护提供重要法律依据。尤其是在"一带一路"倡议下的中国企业海外投资的目的地国大多是经济基础比较薄弱、投资环境比较复杂的国家，并且投资领域大多集中在大量资金投入较大的基础设施建设项目，风险相对较高。因此，如何提高法律风险防范意识、利用双边或多边投资保护条约维护合法权益显得尤为重要。具体而言，投资争议发生后，选择何种争议解决机制意义重大。近些年来，一些涉华企业开始启动投资仲裁维护自身合法权益。这些投资仲裁争议解决实践为我国海外投资保护积累了可供参考的经验，尤其是"首钢等诉蒙古案"成为我国企业申请裁决撤销的第一案，尽管案件仍在审理过程中，结果尚不可知，但就撤销申请书而言，仍值得我们研究。

一 我国 BIT 的缔结与涉华投资仲裁案件

总体来看，涉华投资仲裁案件数量并不多。这与我国最初对投资争议解决机制的态度有关。但是，随着我国经济的发展，海外投资的增加，这种态度不断发生转变，涉华投资仲裁案件数量有所增加（具体见附录三）。尤其是近十年，我国企业不断积累经验，逐渐学会运用双边或多边投资条约中的争议解决条款维护投资利益。

（一）我国对投资争议解决机制态度的转变

最初我国并不愿意接受 ISDS 作为解决投资争议的方式，因为在当时的背景下我们对国际仲裁持怀疑态度，并强调国家主权。② 这一点可以从我国最早缔结的双边投资条约中看出来，如在 1982 年我国与瑞典缔结的双边投

---

① UNCTAD, International Investment Agreements Navigator, Retrieved from http://investment policy hub. unctad. org/IIA/CountryBits/42#iiaInnerMenu，最后访问日期：2019 年 3 月 22 日。

② Dilini Pathirana, A Look into China's Slowly Increasing Appearance in ISDS Cases IISD, https://www. iisd. org/itn/2017/09/26/a-look-into-chinas-slowly-increasing-appearance-in-isds-cases-dilini-pathirana/，最后访问日期：2019 年 3 月 23 日。

资协定中，争议解决中仅包括了国家与国家争议解决方式。在随后的双边投资条约中，例如 1987 年我国与斯里兰卡缔结的双边投资条约中，国际仲裁被接受为解决投资争议的一种方式，但只涉及与征收补偿金额有关的争议，其他争议将仍由东道国主管法院处理。

20 世纪 90 年代末，我国通过为外国投资者提供解决投资争议的国际仲裁途径，改变了 80 年代的做法。如 1998 年我国与巴巴多斯缔结的双边投资条约中，允许外国投资者将在 6 个月内无法友好解决的任何投资争议诉诸仲裁。从那时起，国际投资仲裁作为一种投资争议解决方式被全面接受。2001 年我国开始实施"走出去"战略，重心从资本输入国向资本输出国转移。在这些"第二代"及后代双边投资条约中，仲裁条款从"征收数额争议"扩展到"任何有关投资的争议"，从而更好地保护我国的境外投资。我国近年来的双边投资条约都包括了全面的争议解决条款，如 2011 年我国与乌兹别克斯坦缔结的双边投资条约、2013 年我国与坦桑尼亚缔结的双边投资条约。

与我国对外投资和引进外资的速度及规模以及缔结投资条约的数量相比，我国作为东道国参与投资仲裁的案件寥寥无几，作为申请人启动投资仲裁的案件也很少。根据公开信息，我国投资者直到 2007 年才开始使用 IS-DS，已知的首次发起针对中国的 ISDS 案件是在 2011 年。一方面，一些观点认为导致案件数量较少的原因是我国缺乏对国际投资仲裁的亲和力，以及对通过外交磋商解决争议的偏好。① 另一方面，有研究总结出了我国 ISDS 案件少的原因，包括外国投资者担心影响未来与中国的交易，只有涉及征收补偿金额的争议才能在大多数中国双边投资条约下进行仲裁，外国投资者可以通过谈判获得更多利益，等等。②

① Axel Berger, China's New Bilateral Investment Treaty Programme: Substance, Rational and Implications for International Investment Law Making, Retrieved from https://www.diegdi.de/uploads/media/Berger_ChineseBITs.pdf, 最后访问日期：2019 年 5 月 25 日。

② Geopolitics, "China and Investor-state Arbitration", L. Toohey, C. Picker, J. Greenacre (eds.), *China in the International Economic Order: New Directions and Changing Paradigms*, Cambridge University Press, 2015, p. 12.

(二) 涉华投资仲裁案件梳理

近年来，涉华投资仲裁案件共 24 起①，包括港澳投资者诉东道国的案件 2 起："Tza Yap Shum 诉秘鲁案" 和 "Sanum 诉老挝案"；内地投资者诉东道国的案件 3 起："首钢等诉蒙古案"、"平安人寿保险诉比利时案" 和 "北京城建诉也门案"；我国政府作为东道国被诉的案件 9 起："Ekran Berhad 诉中国案"②、"Ansung Housing 诉中国案"、"Hela Schwarz 诉中国案"③、"AsiaPhos 诉中国案"、"Goh Chin Soon 诉中国案"④、"Macro Trading 诉中国案"⑤、"Jason Yu Song 诉中国案"⑥、"Montenero 诉中国案" 和 "Surfeit Harvest Investment Holding 诉中国台湾案"。现对这些案件中所涉及的主要问题进行梳理。

这些案件涉及的投资条约包括：1994 年《中国—秘鲁 BIT》、1993 年《中国—老挝 BIT》、1986 年《中国—比利时—卢森堡经济联盟 BIT》、2009 年《中国—比利时—卢森堡经济联盟 BIT》、2002 年《中国—也门 BIT》1990 年《中国—马来西亚 BIT》、2007 年《中国—韩国 BIT》、2003 年《中国—德国 BIT》、1985 年《中国—新加坡 BIT》、1988 年《中国—日本 BIT》、1986 年《中国—英国 BIT》和 2009 年《中国—瑞士 BIT》等。可见，所涉及的 BIT 大多是我国早期对外缔结的。

这些案件主要涉及的问题包括我国中央政府对外缔结的 BIT 在特别行政

① 截至 2020 年 12 月 31 日。

② Ekran Berhad v. People's Republic of China, ICSID Case No. ARB/11/15, https://icsid. worldbank. org/en/Pages/cases/casedetail. aspx? CaseNo = ARB/11/15, 最后访问日期：2019 年 3 月 23 日。在该案中，马来西亚伊佳兰集团（掌控 70% 股份）与中艺公司于 1993 年依照中国法律共同出资设立海南中马文化艺术有限公司。该公司于 1999 年取得海南省万宁市龙滚镇 2000 亩和海口市城镇 375 亩国有土地使用权。而万宁市政府为了防止土地闲置、抑制土地囤积，根据海南的地方性法规收回了该公司的国有土地使用权。2011 年马来西亚伊佳兰集团依据《中国—马来西亚 BIT》向 ICSID 提起仲裁，案件开始的 4 个月后，仲裁程序因双方协商而暂停。两年后该案应双方当事人的请求中止。

③ Hela Schwarz GmbH v. People's Republic of China, ICSID Case No. ARB/17/19, https://www. italaw. com/cases/5973, 本案正在进行中。

④ Goh Chin Soon v. People's Republic of China (formerly ICSID Case No. ARB/20/34), PCA Case No. 2021 – 30.

⑤ Macro Trading Co. , Ltd v. People's Republic of China, ICSID Case No. ARB/20/22.

⑥ Jason Yu Song v. People's Republic of China, PCA Case No. 2019 – 39.

区的适用问题、BIT 中征收争议条款的解释问题和多层次争议解决条款的适用问题。其中征收争议条款成为中国投资者在援引"第一代 BIT"提出索赔时必须克服的障碍。

二 海外投资保护背景下我国 BIT 条款的完善

在我国缔结的 139 个双边投资条约中,有 70 个条约是"第一代"条约,即 20 世纪 80 年代和 90 年代缔结的早期条约,这些条约中的争议解决条款比较简单,已无法应对当前我国海外投资保护的需要,亟待完善。

(一) 投资条约空间适用的明确与"一国两制"政策下的保护协调

"Sanum 诉老挝案"再次引发了我国对外缔结的 BIT 在特别行政区的适用问题的争议。BIT 中未能对条约的空间问题予以明确规定,使得仲裁庭和有权受理裁决司法审查的国内法院在条约的具体解释的过程中违背了我国缔约时的意图,从而对我国主权及"一国两制"方针政策带来不好的影响。因此,在"一带一路"倡议下,我国对外缔结的 BIT 亟待升级完善,依据国际法规则明确投资保护协定在特别行政区的排除适用,从而为投资者海外投资提供法律保障。

关于条约空间上的适用范围,VCLT 只有 1 条即第 29 条规定:"除条约表示不同意思,或另经确定外,条约对每一当事国之拘束力及于其全部领土。"这里所指的全部领土,一般理解是指条约的当事国对之行使主权的那部分领土,自然包括缔约国的领陆、领水和领空。这样规定的目的只是确定条约对当事国领土的适用范围,而其所确定的规则是:一份条约究竟是否适用于各该当事国的全部领土,是各当事国可以依据意思自治原则协议决定的问题;但是,如果当事国没有明示或默示的相反意思,应该认为条约适用于各当事国的全部领土。①

"条约对每一当事国之拘束力及于其全部领土"是指各当事国履行公约的常态和正常情况,但这一规则并非强行法规则,可以通过缔约国的意思表示或经确定的方式予以排除。一如条约的适用方式,国际法将条约适用

---

① 李浩培:《条约法概论》,法律出版社,1987,第 374 页。

的领土范围的决定权也交给了各缔约国，所不同的是，在不准备将条约之拘束力及于全部领土的情况下，条约的缔约国就必须将有关条约不适用其全部领土的意思通过明示或默示的方式予以表示，否则条约的拘束力将及于其全部领土。国际上通过明示或默示的方式排除条约在本国的全部领土适用的例子很多。明示的方式一般是在条约的约文中明确指出条约在域内适用的范围。明示的方式还有在批准或递交批准书时发表声明或保留。缔约国关于适用范围的默示意思，可以从例如条约的前文或其他词语、条约的区域性质以及条约的准备资料等探索而得。① 在有关 VCLT 草案第 25 条（即 VCLT 第 29 条）的评注中，国际法委员会指出，本条的制定背景是：由于很多条约并没有载明其有关领土适用的条款，因此，对于这些条约而言，其确切的领土适用范围就是一个问题。国际法委员会认为，条约的领土适用范围应取决于当事国的意图。一旦条约中没有有关其领土适用的特别规定，或无从确定其领土适用范围，本条的规则可作为一般规则予以适用。针对有关国家建议，对于一国拥有自治区域的条约适用问题，应增加相应款项以进行单独规定。国际法委员会指出，本条的现有规定已经具有了必要弹性，能够涵盖与条约适用的领土范围有关的所有合理要求。②

"Sanum 诉老挝案"之所以会引起争议，就是因为我们没能依据 VCLT 第 29 条的规定作出明示的排除意思表示，而默示的排除容易引发争议，并且导致我国立场被动。而条约的解释往往会出现有悖于我国缔结条约时的宗旨和目的的情形。《中国—老挝 BIT》的缔结有其背景，该协定签订在 1993 年，也属于我国对外签订的第一代双边投资保护协定。在 2006 年《中国—俄罗斯 BIT》中，我国作出了明确排除条约适用地域范围的意思表示，如果发生争议，在适用领土范围问题方面，仲裁庭就没有解释的空间了。

我们首先应当依据《香港特别行政区基本法》和《澳门特别行政区基本法》，针对中国对外签订的双边投资保护协定，征询香港、澳门特别行政区政府的意见，作出分类决定，哪些予以适用，哪些不予适用。其次，对

---

① 辛克莱：《维也纳条约法公约》，1973，第 59~62 页。
② 宋杰：《〈中老投资协定〉在澳门的适用问题——评新加坡上诉法院有关"Sanum 公司诉老挝案"判决》，《浙江工商大学学报》2017 年第 2 期。

于不予适用的，我们可以考虑在未来中国对外签订的投资保护协定中明文规定，"协定不自动适用于香港、澳门'投资者'和香港、澳门特别行政区"；对于即将到期的双边投资保护协定，与当事国协定，在到期之时将排除适用香港、澳门这一条款予以明确写在协定中。从而依据 VCLT 第 29 条确立的规则，明确中国的意愿和立场。明确投资协定的适用领土范围，不仅是"一带一路"倡议下双边投资保护协定的升级趋势的需要，也是我国履行条约义务和维护"一国两制"方针政策的具体表现。

"一带一路"倡议下，外商在香港、澳门的投资和香港、澳门企业的对外投资发展对投资保护的法律制度安排提出了客观要求。然而，截至 2017 年 1 月 26 日，经过中央授权，澳门特别行政区单独以"澳门名义"对外签订的 BIT 只有与葡萄牙、荷兰两个国家签署投资保护协定①，所以明确排除适用中国（内地）对外签订 BITs 后，势必造成澳门投资者境外投资保护的缺失，同时也影响外国投资者在澳门的投资热情。

但是，如果依据《澳门特别行政区基本法》第 138 条第 1 款的规定，征询澳门特别行政区意见后，决定是否将中国中央政府对外签订的双边保护条约适用于澳门特别行政区，那么澳门特别行政区单独以"澳门名义"对外缔结投资保护条约方面的权利是否会受到影响？如果澳门特别行政区也与某一国家缔结投资保护条约，那么这两个投资保护条约在澳门特别行政区的适用应当如何安排，尤其当投资条约中的条款存在差异，不论是澳门投资者还是在澳门投资的外国投资者，是否可以进行选择？这样双重保护的合理性和缺陷是我们必须要考虑的。

针对这一问题，我们是否可以考虑这样的解决思路：特别行政区以单独名义缔结的双边投资条约适用该条约。尚未缔结双边投资条约的，中央政府依照法定程序就个别投资条约向特别行政区政府征询意见，从而决定其适用与否，并通过国内（内地）法律以及香港、澳门特别行政区规定的条约生效的程序予以确认，并经法定程序补充适用。这种补充适用并不会

---

① 中华人民共和国外交部驻澳门特别行政区特派员公署：《澳门特区对外签订双边协议情况简介》，http://www.fmcoprc.gov.mo/chn/satfygjzz/tyyflsw/amtq/t241604.htm，最后访问日期：2017 年 5 月 20 日。

剥夺香港、澳门特别行政区所享有的缔结投资协定的权利。不管如何，协调国际法与国内法规则，从而解决香港、澳门特别行政区的投资保护问题是当前我们应当解决的。[①]

（二）"涉及征收补偿数额的争议"条款的解释分歧

"第一代"条约中几乎都以相同的条款限制涉及征收补偿数额争议的仲裁。"涉及征收补偿数额的争议"应当怎么解释？是指仅仅涉及征收补偿数额而不涉及其他争议，还是指既包括涉及征收补偿数额也包括涉及其他与征收有关的问题，如征收是否发生及是否合法的争议？这一问题在近年来的涉华案件中多次出现。对该条款应当遵循限制性解释还是扩大解释，仲裁庭及各国国内法院观点不一。而该条款的解释直接影响仲裁庭是否具有管辖权，从而影响我国海外投资的保护。因此，该条款的规定与措辞亟待完善。

在"首钢等诉蒙古案"中，仲裁庭对此作出了限制性解释。仲裁庭参考了之前的相关案件，而在那些案件中并没有考虑到中国的国内实践，并认为只有东道国的国内法院，而不是依据《中国—蒙古 BIT》组成的仲裁庭，才有权确定东道国是否实施了非法征收。"首钢等诉蒙古案"是第一次由被申请人东道国提出观点，认为国际仲裁程序在国家正式宣布征收之后才能适用以决定数额。在仲裁中，被申请人蒙古提交了大量证据，证明在第一代条约缔结时，无论是通过法令还是政令，中国都是使用这种形式的征收。因此，蒙古认为，关键条款的语言即使被解释为排除对 Tumurtei 许可证撤销的国际审查，也是有效果意义的。仲裁庭一致决定接受蒙古的观点，并认定《中国—蒙古 BIT》限制仲裁庭的管辖权仅包括涉及征收补偿金额的争议。

在"Sanum 诉老挝案"的司法审查中，高等法庭和上诉法庭对认定争议是否落入《中国—老挝 BIT》第 8 条第 3 款范围内存在分歧。新加坡最高法院上诉法庭认为，基于宽泛的以条约为基础的投资仲裁程序，对《中国—老挝 BIT》争议解决条款的狭义解释可能使条约提供仲裁的机会变得虚化并使该

---

① 赵丹：《论我国对外 BITs 在澳门特别行政区的适用》，《澳门法学》2018 年第 2 期。

条款失去效果意义。① 同样，在"Tza Yap Shum 诉秘鲁案"中，仲裁庭认为，对"关于征收数额"条款的限制性解释会使仲裁条款"失去效力"。这样一来，东道国同意仲裁会变得虚化，因为除非东道国允许，否则投资者根本没有机会将征收争议诉诸仲裁。因此，仲裁庭同意申请人的观点："更宽泛的解释是最合适的。"② 在"北京城建诉也门案"中，仲裁庭认为，将《中国—也门 BIT》作为一个整体来看，将仲裁庭管辖权仅仅限制在损害赔偿数额上的狭义解释与条约的目的和宗旨不符。因此，仲裁庭认为其对征收的存在与否的问题具有管辖权。③ 英国法院在审查撤销裁决案中也对类似条款作出解释。在"EMV 诉捷克案"中，仲裁庭认为，根据 BIT 规定的涉及征收补偿的仲裁争议解决条款，征收是否以及如何发生的问题，都是可以仲裁的。捷克向英国法院申请撤销该裁决，英国法院作出了维持裁决的决定，虽然"关于"（concerning）这个词很宽泛，但是这个词并非与"补偿"的任何方面都有联系。"关于"类似于仲裁条款中的其他常见表述，例如"与……有关"（relating to）、"由……产生"（arising out of）。它的通常含义包括其主体的各个方面，在这种情况下，"根据第 3 条第（1）(3) 款应予赔偿"，作为一般意义，应包括权利和数额问题。

为了支持其立场，申请人援引了上述案件，认为仲裁庭对该条款的严格限制性解释违背了投资仲裁的目的，剥夺了投资者的条约利益。其他仲裁庭或法院都认为，这样的仲裁条款授予了仲裁庭决定存在征收的权力。但仲裁庭并未赞同其观点。"首钢等诉蒙古案"的裁决对我国海外投资者在世界范围内的外国投资具有潜在的重大影响。因为我国与其他国家的 110 项双边投资保护条约中的大部分都出现了相同的条款措辞。就目前我国海外投资形式而言，限制征收争议提交仲裁已不符合海外投资者利益的保护需要。我国政府应当充分利用第一代条约到期的机会，与缔约方进行协商，对这一条款进行修改和完善。

① Sanum Investments Ltd v. Lao People's Democratic Republic，［2016］SGCA 57.
② Tza Yap Shum v. Republic of Peru，ICSID Case No. ARB/07/6，Decision on Jurisdiction and Competence，19 Jun. 2009.
③ Beijing Urban Construction Grp. Co. v. Yemen，ICSID Case No. RB/14/30，ICSID Case No. ARB/14/30，Decision on Jurisdiction，31 May 2017.

（三）多层次争议解决条款的完善

仲裁庭的管辖权问题是投资仲裁中的重要问题，其管辖权的基础是当事人的同意，尤其是东道国的同意。东道国会在争议解决条款中规定其授权同意哪些由投资引起的争议以及在何种条件下、何时提交仲裁。

因此，投资条约中的争议解决条款往往是多层次的，缔约国一般都会对诉诸仲裁程序设置前提条件，比如：用尽当地救济要求，等待期、约定和解程序、"岔路口条款"等。在"Ansung Housing Co. 诉中国案"[1]中，《中国—韩国 BIT》包含可能引起中方提出初步反对意见的若干条款，其中包括：申请人没有遵守岔路口条款[2]；仲裁应在申请人遭受或应遭受损失或者知晓遭受损失之日起 3 年以内提出；申请人必须在援引国际仲裁之前首先启动国内行政审查程序，等等。为了避免条约在管辖权问题适用上的分歧，防止仲裁庭或仲裁地法院对条款的不当解读，争议解决条款应当清晰、明确。

三 国际投资仲裁裁决的撤销与仲裁机制的选择

上文对 ICSID 裁决与非 ICSID 裁决两种裁决后的救济与监督机制都进行了分析，尤其是对后者。如果投资者选择非 ICSID 裁决，那么裁决就可能受到仲裁地法院的司法审查。因此，这种司法审查所带来的风险也是投资者应当考虑的。尤其是对仲裁地在非 ICSID 裁决中的法律性质的认识。"北京首钢矿业投资有限公司、黑龙江国际经济技术合作公司、秦皇岛市秦龙国际实业有限公司诉蒙古案"（以下简称"首钢等诉蒙古案"）是我国企业第一次向仲裁地法院申请撤销投资仲裁裁决，具有重要意义。

（一）"首钢等诉蒙古案"仲裁裁决

在"首钢等诉蒙古案"中，仲裁庭于 2017 年 6 月 30 日作出了拒绝管辖权的裁决，驳回了申请人的所有请求。首钢等对该裁决不服，向美国纽约南区的法院申请撤销。这是我国海外投资者首次对投资仲裁裁决提出异议，

---

[1] Ansung Housing Co. Ltd v. People's Republic of China, ICSID No. ARB/14/25, Award, 9 Mar. 2017.

[2] 《中国—韩国 BIT》第 9.4 条：岔路口条款指对于当地救济和国际仲裁，外国投资者有权进行选择，但一旦选定了其中的一种方式，就不能再使用另外一种。

寻求救济。

首钢等认为，仲裁庭肯定了其作为申请人有权援引投资条约是正确的。但是，对蒙古是否征收了申请人的投资这一根本问题缺乏管辖权的结论是错误的。根据仲裁庭的观点，只有蒙古承认它已经征收了投资（例如，通过其法院的声明达到承认的效果），仲裁庭才具有管辖权。根据这样的理论，仲裁庭只有权解决蒙古应支付的赔偿数额的争议。因此，首钢等根据《美国联邦仲裁法》向法院申请撤销这一错误的投资仲裁裁决，并要求蒙古对这一条约下的索赔进行仲裁。[①]

首钢等首先依据美国《外国主权豁免法》（以下简称 FSIA）对法院对裁决撤销案件的管辖权进行了论证，蒙古作为一个外国主权国家是否受美国国内法院诉讼管辖？《美利坚合众国法典》第 1330 条 a 款规定："本编第 1603 条第 1 款所指的外国进行非陪审的民事诉讼，不论争议的数额大小，只要按照本编第 1605 条至第 1607 条或者任何可以适用的国际协定的规定，在对人诉讼中的求偿问题上该外国不能享受豁免的，地区法院对它即具有初审管辖权。"因此，只要蒙古不享有根据 FSIA 第 1605 条至第 1607 条规定的豁免权，实体管辖权就存在。根据 FSIA 第 1605 条 a 款第 6 项的规定，"……无论是否合同关系……如果仲裁发生在美国或意图发生在美国……"，申请人与蒙古投资争议的仲裁地是纽约，因此，蒙古不享有豁免权。并且，根据 FSIA 第 1605 条 a 款第 1 项的规定，同意在其他国家仲裁的行为就构成豁免权的默示放弃。当一个外国主权国家同意在美国进行仲裁，那么它就默示地放弃了美国法院管辖权的豁免权。蒙古同意在纽约仲裁构成了豁免权的默示放弃。因此，法院对蒙古具有管辖权。[②] 并且法院根据《美国联邦仲裁法》第 10 条对在纽约作出的裁决撤销申请具有管辖权。

---

① Beijing Shougang Mining Investment Company Ltd, China Heilongjiang International Economic & Technical Cooperative Corp, and Qinhuangdaoshi Qinlong International Industrial Co. Ltd v. Mongolia, petition to vacate arbitral award declining to exercise arbitral Jurisdiction and compel arbitration, United States District Court Southern District of New York, Civil Action No. 17 CV 7436.

② Beijing Shougang Mining Investment Company Ltd, China Heilongjiang International Economic & Technical Cooperative Corp, and Qinhuangdaoshi Qinlong International Industrial Co. Ltd v. Mongolia, petition to vacate arbitral award declining to exercise arbitral jurisdiction and compel arbitration, United States District Court Southern District of New York, Civil Action No. 17 CV 7436.

（二）"首钢等诉蒙古案"的示范意义

目前该案仍在审理中，结果如何，我们拭目以待。但我们应该感到高兴的是，中国企业已经学会运用投资仲裁机制维护自身的合法权益。解决海外投资争议是海外投资保护的重要组成部分。"首钢等诉蒙古案"为我国海外投资者寻求投资仲裁救济提供了可参考的模板。

首钢等撤销裁决的申请书中，不仅如上所述对法院的管辖权问题进行了详细的说明，并且对法院审查投资仲裁裁决争议的适用标准进行了论证。国内法院对国际投资仲裁裁决的司法审查应当适用何种标准，理论与实践都没有达成一致意见。首钢等认为在审查索赔请求的可仲裁性问题上，法院应当适用从头审查标准。而根据《美国联邦仲裁法》，对仲裁裁决的实体进行审查时，一般适用遵从审查标准。但是，当审查的问题是争议"是否可仲裁"的时候，情况就完全不同了。本案的争议是《中国—蒙古 BIT》第8条第3款是否适用于"征收是否发生"这一问题，因此是可仲裁性问题。法院应当独立地、无须恭敬地审查可仲裁性问题，除非有清楚、确凿的证据表明当事人同意将可仲裁性问题提交仲裁庭。但是本案中并没有这样的证据。

总之，"首钢等诉蒙古案"迈出了国际投资仲裁寻求救济的第一步，为今后我国企业海外投资者解决投资争议积累了经验。

（三）投资仲裁机制的选择建议

非 ICSID 裁决的撤销属于例外情形，国内法院受理撤销案件的数量极为有限，而裁决撤销的司法审查往往由那些通常并没有处理投资仲裁经验的法官进行。而对国际仲裁的态度、地方偏见以及公共政策的解释都可能导致审查标准的适用存在差异。在非 ICSID 裁决中，申请人往往不能直接选择仲裁地点。大多数投资条约也没有规定仲裁地的选择条款，投资者和国家通常无法就仲裁地点达成一致。根据 UNCITRAL 规则第18条第1款的规定，如果双方没有就仲裁地点达成协议，仲裁庭应根据仲裁情况选择仲裁地点。①

---

① United Nations Commission on International Trade Law，UNCITRAL Notes on Organizing Arbitral Proceedings（1996），https：//uncitral. un. org/sites/uncitral. un. org/files/media-documents/unci-tral/en/yearbook_1996_e. pdf，最后访问日期：2018 年 12 月 30 日。

在机构仲裁的情况下，该机构可以确定仲裁地。^① 目前的实践表明，投资仲裁庭以及机构通常主要在欧洲和北美司法管辖区选择一个对仲裁友好且中立的仲裁地。

在非 ICSID 裁决中，我们可以在数量有限的可靠的仲裁地中选择那些在审查标准适用上相对一致的且对仲裁裁决表现出高度遵从态度的仲裁地来实现一致性。^② 这样一来，撤销的风险就被最小化了。如果仲裁地位于欧盟成员国，那么在撤销阶段国内法院可以要求欧盟法院就欧盟法律事项提供解释性裁决。例如，有关欧盟内部成员国之间缔结的 BIT 案件，可能涉及欧盟法律问题，因此可能会从欧盟法院获得有关这些问题的指导。^③

适用于非 ICSID 裁决审查的程序规定在相关立法以及不同司法管辖区之间存在很大差异。例如，除了可能要求当地律师代表和翻译文件之外，可能还会要求以相关国家的官方语言进行撤销程序，时间限制和程序的持续时间也会有所不同。第三方的干预和参与在国内法院诉讼程序中可能会出现，但干预标准可能有所不同。

在撤销风险方面，我们很难得出确定哪一种风险更大。因为，两种机制的监督方式处在不断的变化中。投资者进行海外投资首先应当对我国与他国缔结的双边投资条约有深刻的了解，尤其是争议解决条款。如上文所述，仲裁地在非 ICSID 裁决的监督程序中意义重大，因此，建议谨慎地选择那些法治比较完善并且有利于仲裁的司法管辖区。

---

① 《ICC 仲裁规则》第 14 条第 1 款；《SCC 仲裁规则》第 20 条第 1 款；《LCIA 仲裁规则》第 16 条。

② B. W. Daly, F. C. Smith, "Comment on the Differing Legal Frameworks of Investment Treaty Arbitration and Commercial Arbitration as Seen Through Precedent, Annulment, and Procedural Rules", *50 Years of the New York Convention: ICCA International Arbitration Conference*, Kluwer Law International, 2011, pp. 151, 156 – 157.

③ Kateryna Bondar, "Annulment of ICSID and Non-ICSID Investment Awards: Differences in the Extent of Review", *Journal of International Arbitration*, Vol. 32, 2015.

结　语

随着国际投资的快速发展、投资条约数量的不断增加，投资争议解决机制已经成为国际争议解决方式中发展极其迅猛的一个领域。国际投资仲裁作为其重要的组成部分，在投资争议解决中发挥着不可替代的作用。其中，依据 UNCITRAL 规则等机制的非 ICSID 裁决日益成为投资者所青睐的争议解决方式，裁决案件数量持续增加，使得国内法院对其裁决的司法审查问题受到关注。

与 ICSID 裁决不同，在非 ICSID 裁决中，仲裁地的选择会产生相应的法律效果，其中最重要的就是仲裁地法院撤销裁决的管辖权。仲裁地并不是一个物理或者地理概念，而是一个法律概念，通常由当事人选择，或者由仲裁机构或仲裁庭确定。《纽约公约》和《国际商事仲裁示范法》都对仲裁地法院撤销裁决作出了规定，为撤销裁决提供国际法依据。仲裁地法院依据其国内仲裁法等相关法律对裁决进行司法审查，体现了司法对仲裁的监督。与此同时，根据《纽约公约》的规定，非 ICSID 裁决如同商事仲裁裁决一样，在承认与执行过程中也要受到执行地法院的司法审查。大部分国家都加入了《纽约公约》，并在其仲裁法或诉讼法中适用《国际商事仲裁示范法》相关规定。因此，各国在非 ICSID 裁决撤销的理由和拒绝承认与执行裁决的理由规定方面差异不大。但是，在具体的适用过程中存在分歧，因此导致裁决撤销的结果不同。裁决撤销的理由和拒绝承认与执行的理由基本相似，但在公共政策方面有所差别。

相较于国际商事仲裁，国际投资仲裁裁决管辖权异议的司法审查更加复杂，是国内法院与国际仲裁庭互动关系中最具对抗性的问题，受投资条约争议解决条款的影响。管辖权异议审查主要集中在仲裁条款的前置条件方面。国家授权同意仲裁，是主权自我限制的一种表现，因此，会在仲裁条款中设置前置程序。各司法管辖区对这些条件的性质识别与适用存在分歧。同时，由于司法管辖区的分散性，对管辖权异议的审查标准也缺乏统一性。一些国家采取从头审查标准或者采取正确性审查标准，对与管辖权裁决有关的所有事实和法律问题进行全面的重新审理，甚至允许新证据的采信。一些国家则对仲裁庭的裁决采取遵从审查标准，对裁决给予相当程度的尊重。国际法或者国内法对审查标准的适用缺乏明确的规定是导致其缺乏统一性的主要原因。审查标准的适用应当根据撤销裁决的具体情形加以确定，如果不属于仲裁庭裁决的范围，则适用从头审查标准更为合适。条约解释与适用问题是法院在司法审查过程中必须处理的问题，其应当依据 VCLT 对投资条约进行解释。并且，作为第三国法院解释投资条约时应当考虑缔约国意图。

　　比较国际投资仲裁裁决在不同国家国内法院的司法审查是很困难的，并且国内法院是不是国际审查投资仲裁裁决的适格性主体也是一个相当复杂的问题。但就目前实践来看，与在全球范围内构建上诉机制相比，国内法院审查国际投资仲裁裁决更具现实意义。

　　本书通过对非 ICSID 裁决司法审查的研究，并不是为了比较其与 ICSID 裁决撤销机制的优劣，而是要对非 ICSID 裁决司法审查的管辖权来源、审查过程中适用审查标准、条约解释规则及其适格性进行探讨，从而为完善非 ICSID 裁决的监督机制提出建议。因此，本书并不能为投资者提供直接的仲裁机制选择意见，但是可以为投资者提供各司法管辖区司法审查的特点和态度，从而帮助他们在海外投资过程中选择仲裁方式。首钢等公司已向美国法院申请撤销仲裁裁决，迈出了裁决后寻求救济的第一步，虽然结果尚不可知，但其示范意义远远大于结果。

　　近年来发生的涉华投资案件，再一次为我国 BIT 条款的完善提供了充足的理由。我们应该利用 BIT 到期之际，与缔约方进行协商，在条款中明确条约的适用空间范围、扩大征收争议的范围，并对多层次争议解决条款加以完善，从而为保护海外投资提供强有力的依据，从源头上避免外国国内法院对条款作出不利解释。同时，作为"一带一路"倡议的倡导者，法治的完善是经济发展的重要保障，完善仲裁立法迫在眉睫，将国际投资仲裁纳入仲裁立法框架势在必行。

参考文献

一　著作及译著类

池漫郊：《国际仲裁体制的若干问题及完善——基于中外仲裁规则的比较研究》，法律出版社，2014。

陈霞飞主编《中国海关密档》（四），中华书局，1992。

丁颖：《美国商事仲裁制度研究——以仲裁协议和仲裁裁决为中心》，武汉大学出版社，2007。

李浩培：《条约法概论》，法律出版社，1987。

刘京莲：《阿根廷国际投资仲裁危机的法理与实践研究——兼论对中国的启示》，厦门大学出版社，2011。

罗楚湘：《英国仲裁法研究》，武汉大学出版社，2012。

梁丹妮：《〈北美自由贸易协定〉投资争端仲裁机制研究》，法律出版社，2007。

乔慧娟：《私人与国家间投资争端仲裁的法律适用问题研究》，法律出版社，2014。

王西安：《国际条约在中国特别行政区的适用》，广东人民出版社，2006。

魏艳茹：《ICSID 仲裁撤销制度研究》，厦门大学出版社，2007。

肖军：《规制冲突裁决的国际投资仲裁改革研究——以管辖权问题为核心》，中国社会科学出版社，2017。

银红武：《中国双边投资条约的演进——以国际投资法趋同化为背景》，中国政法大学出版社，2017。

杨良宜、莫世杰、杨大明：《仲裁法》，法律出版社，2006。

于湛旻：《国际商事仲裁司法化问题研究》，法律出版社，2017。

赵健：《国际商事仲裁的司法监督》，法律出版社，2000。

张生：《国际投资仲裁中的条约解释研究》，法律出版社，2016。

《商事仲裁国际理事会之 1958 纽约公约释义指南：法官手册》，扬帆译，法律出版社，2014。

单文华、王承杰主编《中国国际投资仲裁常设论坛年度报告（2019—2020）》，法律出版社，2020。

宁红玲：《投资者—国家仲裁与国内法院相互关系研究》，法律出版社，2020。

〔英〕安托尼·奥斯特：《现代条约法与实践》，江国清译，中国人民大学出版社，2005。

〔美〕加里·B. 博恩：《国际仲裁：法律与实践》，白磷等译，商务印书馆，2011。

〔英〕伊恩·布朗利：《国际公法原理》，曾令良、余敏友等译，法律出版社，2000。

〔美〕克里斯托弗·R. 德拉奥萨、〔美〕理查德·W. 奈马克：《国际仲裁科学探索》，陈福勇、丁建勇译，中国政法大学出版社，2010。

〔德〕鲁道夫·多尔查、〔奥〕克里斯托弗·朔伊尔：《国际投资法原则》，祁欢、施进译，中国政法大学出版社，2014。

〔法〕伊曼纽尔·盖拉德：《国际仲裁的法理思考和实践指导》，黄洁译，北京大学出版社，2010。

〔英〕艾伦·雷德芬、马丁·亨特等：《国际商事仲裁法律与实践》（第四版），林一飞、宋连斌译，北京大学出版社，2005。

〔英〕施米托夫：《国际贸易法文选》，赵秀文译，中国大百科全书出版社，1996。

〔瑞士〕克里斯塔·纳达尔夫卡伦·舍费尔：《国际投资法：文本、案例及资料》，张正怡、王丹等译，上海社会科学院出版社，2021。

〔美〕肯尼斯·J. 范德威尔德：《美国国际投资协定》，蔡从燕、朱明新译，法律出版社，2017。

〔英〕艾瑞克·德·布拉班得瑞：《作为国际公法的投资协定仲裁：程序方面及其适用》，沈伟等译，法律出版社，2021。

〔新加坡〕杨炎龙：《国际商事争议解决如何在新加坡和香港进行国际商事仲裁》，中国商务出版社，2011。

二 期刊类

蔡从燕：《国际投资仲裁的商事化与"去商事化"》，《现代法学》2011年第1期。

黄瑶：《论〈联合国宪章〉的解释方法问题》，《中国法学》2003年第6期。

黄世席：《国际投资仲裁裁决执行中的国家豁免问题》，《清华法学》2012年第6期。

黄世席：《欧盟国际投资仲裁法庭制度的缘起与因应》，《法商研究》2016年第4期。

黄世席：《国际投资仲裁裁决的司法审查及投资条约解释的公正性——基于"Sanum案"和"Yukos案"判决的考察》，《法学》2017年第3期。

黄启臣：《我国政府对澳门恢复行使主权的历史过程》，《广西社会科学》1999年第6期。

黄启臣：《澳门主权问题始末》，《中国边疆史地研究》1999年第2期。

靳也：《国际投资仲裁程序规则中的缔约国条约解释机制研究》，《武大国际法评论》2017年第5期。

齐湘泉、姜东：《国际投资争端解决中的透明度原则》，《学习与探索》2020年第2期。

宋杰：《〈中老投资协定〉在澳门的适用问题——评新加坡上诉法院有关"Sanum公司诉老挝案"判决》，《浙江工商大学学报》2017年第2期。

徐树：《国际投资条约"双轨"执行机制的冲突及协调》，《法商研究》2017年第2期。

肖芳：《国际投资仲裁裁决司法审查的"商事化"及反思——以美国联邦最高法院"BG公司诉阿根廷"案裁决为例》，《法学评论》2018年第3期。

应坚、范剑虹：《澳门仲裁裁决异议立法的比较研究》，《2006年中国青年国际法学者暨博士论坛论文集（国际私法卷）》，2006。

余劲松：《国际投资条约仲裁中投资者与东道国权益保护平衡问题研究》，
《中国法学》2011 年第 2 期。

张建：《国际投资仲裁裁决在中国的承认与执行问题——兼论中国根据〈华
盛顿公约〉第 25 条第 4 款所作通知的性质》，《西华大学学报》（哲学
社会科学版）2017 年第 2 期。

张之恒：《浅议在国际投资仲裁中构建合理审查标准之必要性》，《国际经济
法学刊》2013 年第 2 期。

沈伟：《投资者—东道国争端解决条款的自由化嬗变和中国的路径——以中
国双边投资协定为研究对象》，《经贸法律评论》2020 年第 3 期。

宋俊荣：《论投资者—国家间仲裁中的东道国当地救济规则——从〈美墨加
协定〉切入》，《环球法律评论》2021 年第 4 期。

赵学清、王军杰：《国际商事仲裁可仲裁性问题的历史演进及发展趋势》，
《国际经济法学刊》2008 年第 4 期。

毛晓飞：《"一带一路"倡议背景下我国商事仲裁制度的革新》，《人民法
治》2018 年第 3 期。

赵丹：《论我国对外 BITs 在澳门特别行政区的适用》，《澳门法学》2018 年
第 2 期。

三　中文网站类

商务部条法司：http://tfs. mofcom. gov. cn/article/Nocategory/201111/2011110
7819474. shtml，最后访问日期：2018 年 8 月 5 日。

四　中译论文类

〔新西兰〕Benedict Kingsbury、〔德〕Stephan Schill：《作为治理形式的国际
投资仲裁：公平与公正待遇、比例原则与新兴的全球行政法》，李书
健、袁屹峰译，《国际经济法学刊》2011 年第 2 期。

五　外文论著类

Anthony Aust, *Modern Treaty Law and Practice* (*2nd ed.*), Cambridge University Press, 2007.

Andre's Rigo Sureda, *Investment Treaty Arbitration: Judging under Uncertainty*, Columbia University Press, 2012.

Eric De Brabandere, *Investment Treaty Arbitration as Public International Law*, Cambridge University Press, 2014.

Born, *International Commercial Arbitration (2nd ed.)*, Kluwer Law International, 2014.

Born, *International Arbitration: Cases and Materials (2nd ed.)*, Wolters Kluwer, 2015.

Brierley, *The Law of Nations (6th ed.)*, Oxford University Press, 1963.

Patrick Dumberry, *The Formation and Identification of Rules of Customary International Law in International Investment Law*, Wolters Kluwer, 2016.

Zachary Douglas, *The International law of Investment Claims*, Cambridge University Press, 2009.

Ahmad Ali Ghouri, *Interaction and Conflict of Treaties in Investment Arbitration*, Wolters Kluwer, 2015.

Caroline Henckels, *Proportionality and Deference in Investor-State Arbitration*, Cambridge University Press, 2015.

Gus Van Harten, *Investment Treaty Arbitration and Public Law*, Oxford University Press, 2007.

Jean E. Kalicki and Anna Joubin-Bret, *Reshaping the Investor-State Dispute Settlement System*, Koninklijke Brill NV, 2015.

Hege Elisabeth Kjos, *Applicable Law in Investor-State Arbitration*, Oxford University Press, 2013.

Won L. Kidane, *The Culture of International Arbitration*, Oxford University Press, 2017.

Dean Lewis, *The Interpretation and Uniformity of the UNCITRAL Model Law on International Commercial Arbitration*, Wolters Kluwer, 2016.

Howard Lee McBain, *The Living Constitution: A Consideration of the Realities and*

Legend of Our Fundamental Law, The Workers Education Bureau Press, 1927.

Martín Molinuevo, *Protecting Investment in Services*, Wolters Kluwer, 2012.

Andrés Rigo Sureda, *Investment Treaty Arbitration*, Cambridge University Press, 2012.

Alan Redfern, Martin Hunter, *Law and Practice of International Commercial Arbitration* (*4th ed.*), Sweet & Maxwell, 2004.

Alan Redfern, Martin Hunter, *Redfern and Hunter on International Arbitration* (*6th ed.*), Oxford University Press, 2015.

Reed, Paulsson, Blackaby, *Guide to ICSID Arbitration*, Kluwer Law International, 2004.

Scott, *The International Conferences of American States* (*1889 – 1928*), Oxford University Press, 1931.

M. Sornarajah, *The International Law on Foreign Investment*, Cambridge University Press, 2017.

Stephen J. Toope, *Mixed International Arbitration*, Cambridge University Press, 1990.

K. Vandevelde, *Bilateral Investment Treaties: History, Policy, and Interpretation*, Oxford University Press, 2010.

Lucy Reed, Jan Paulsson, Nigel Blackaby, *Guide to ICSID Arbitration* (*2nd ed.*), Kluwer Law International, 2011.

J. Romesh Weeramantry, *Treaty Interpretation in Investment Arbitration*, Oxford University Press, 2012.

Ian Sinclair, *The Vienna Convention on the Law of Treaties*, Manchester University Press, 1984.

ICSID, *History of the ICSID Convention*, Vol. II.

M. N. Shaw, *International Law* (6th ed.), Cambridge University Press, 2008.

Bryan A. Garner, *Black's Law Dictionary* (8th ed.), Thomson West, 2004.

Emmanuel Gaillard, John Savage (eds.), *Fouchard Gaillard Goldman on Inter-*

national Commercial Arbitration, Kluwer Law International, 1999.

P. Binder, *International Commercial Arbitration and Conciliation in UNCITRAL Model Law Jurisdictions* (*3rd ed.*), Sweet & Maxwell, 2009.

W. Michael Reisman, *Systems of Control in International Adjudication and Arbitration: Breakdown and Repair*, Duke University Press, 1992.

Michael Mcilwrath, John Savage, *International Arbitration and Mediation: A Practical Guide*, Kluwer Law International, 2010.

六 外文编著类

Andrea Bianchi, Daniel Peat, Matthew Windsor, *Interpretation in International Law*, Oxford University Press, 2015.

Chester Brown and Kate MIiles, *Evolution in Investment Treaty Law and Arbitration*, Cambridge University Press, 2011.

R. Doak Bishop, *Annulment Under the ICSID Convention*, Oxford University Press, 2004.

R. Doak Bishop, James Crawford, W. Michael Reisman, *Foreign Investment Disputes: Cases and Materials and Commentary*, Wolters Kluwer, 2014.

Stavros Brekoulakis, Julian D. M. Lew, Loukas Mistelis, *The Evolution and Future of International Arbitration*, Wolters Kluwer, 2016.

Steffen Hindelang and Markus Krajewski, *Shifting Paradigms in International Investment Law*, Oxford University Press, 2016.

H. Kronke, P. Nacimiento et al. (eds.), *Recognition and Enforcement of Foreign Arbitral Awards: A Global Commentary on the New York Convention*, Kluwer Law International, 2010.

Sara McBrearty, Silvia M. Marchili, "Annulment of ICSID Awards: Recent Trends", *ICSID Convention after 50 Years: Unsettled Issues*, Kluwer Law International, 2017.

Meg Kinnear, Geraldine R. Fischer, Jara MÍnguez Almeida, Luisa Fernanda Torres, Mairée Uran Bidegain, *Building International Investment Law: The*

First 50 Years of ICSID, Wolters Kluwer, 2015.

Peter Muchlinski, Federico Ortino, Christoph Schreuer, *The Oxford Handbook of International Investment Law*, Oxford University Press, 2008.

Helmut Philipp and Georg Nolte, *The Interpretation of International Law by Domestic Courts*, Oxford University Press, 2016.

Arthur W. Rovine, *Contemporary Issues in International Arbitration and Mediation, the Fordham Papers 2010*, Martinus Nijhoff Publishers, 2011.

Katia Yannaca-Small, *Arbitration under International Investment Agreements: a Guide to the Key Issues*, Oxford University Press, 2010.

Christian Klausegger, Peter Klein et al. (eds.), *Austrian Yearbook on International Arbitration*, Manz'sche Verlags-und Universitätsbuchhandlung, 2012.

Alain Pellet, Stephan Wittich (eds.), *International Law Between Universalism and Fragmentation: Festschrift in Honour of Gerard Hafner*, Brill, 2008.

Albert Jan van den Berg (eds.), *International Commercial Arbitration: Important Contemporary Questions*, Kluwer Law International, 2003.

C. Picker and J. Greenacre (eds.), *China in the International Economic Order: New Directions and Changing Paradigms*, Cambridge University Press, 2015.

Katia Fach Gómez, Ana M. López Rodríguez (eds.), *60 Years of the New York Convention: Key Issues and Future Challenges*, Kluwer Law International, 2019.

七　外文论文类

James Allsop, "Commercial and Investor-State Arbitration: The Importance of Recognizing Their Differences", *Opening Keynote Address in ICCA Congress*, 2018.

Juan Fernández-Armesto, "Different Systems for the Annulment of Investment Awards", *ICSID Review*, Vol. 26, 2011.

Franklin Berman, "International Treaties and British Statutes", *Statute Law Review*, Vol. 26, 2005.

Gabriel Bottini, "Present and Future of ICSID Annulment: The Path to an Appellate Body?", *ICSID Review*, Vol. 31, 2016.

Kateryna Bondar, "Annulment of ICSID and Non-ICSID Investment Awards: Differences in the Extent of Review", *Journal of International Arbitration*, Vol. 32, 2015.

Andrea K. Bjorklund, "Sovereign Immunity as a Barrier to the Enforcement of Investor-State Arbitral Awards: The Re-politicization of International Investment Disputes", *Am. Rev. Int'l Arb.*, Vol. 21, 2010.

Laurence Boisson de Chazournes, Campbell McLachlan, "The Intersection of Investment Arbitration and Public International Law", *ICSID Review*, Vol. 31, 2016.

Lawrence Boo, Earl J. Rivera-Dolera, "Arbitration", *SAL Annual Review*, Vol. 16, 2015.

Michael Byers, "The Shifting Foundations of International Law: A Decade of Forceful Measures against Iraq", *European Journal of International Law*, Vol. 13, 2002.

Ned Beale, James Lancaster, Stephanie Geesink, "Removing an Arbitrator: Recent Decisions of the English Court on Apparent Bias in International Arbitration", *ASA Bulletin*, Vol. 34, 2016.

William W. Burke-White, Andreas von Staden, "Private Litigation in a Public Law Sphere: The Standard of Review in Investor-State Arbitration", *Yale Journal of International Law*, Vol. 35, 2010.

Jason Clapham, "Finality of Investor-State Arbitral Awards: Has the Tide Turned and is there a Need for Reform", *Journal of International Arbitration*, Vol. 26, 2009.

David D. Caron, "Reputation and Reality in the ICSID Annulment Process: Understanding the Distinction Between Annulment and Appeal", *ICSID Review*, Spring, 1992.

Felix Dasser, "International Arbitration and Setting Aside Proceedings in Switzerland: A Statistical Analysis", *ASA Bulletin*, Vol. 25, 2007.

Felix Dasser, Piotr Wójtowic, "Challenges of Swiss Arbitral Awards Updated Statistical Data as of 2017", *ASA Bulletin*, Vol. 36, 2018.

Georges R. Delaume, "Reflections on the Effectiveness of International Arbitral Awards", *Journal of International Arbitration*, Vol. 12, 1995.

Michael Dunmore, "What to Expect from the Review of Arbitral Awards by Courts at the Seat", *ASA Bulletin*, Vol. 33, 2015.

Zachary Douglas, "The Hybrid Foundations of Investment Treaty Arbitration", *British Yearbook of International Law*, Vol. 74, 2003.

Susan D. Franck, "Legitimacy Crisis in Investment Treaty Arbitration: Privatizing Public International Law through Inconsistent Decisions", *Fordham Law Review*, Vol. 73, 2005.

Emmanuel Gaillard, "The Representations of International Arbitration", *Journal of International Dispute Settlement*, Vol. 1, 2010.

Kamal Huseynli, "Enforcement of Investment Arbitration Awards: Problems and Solutions", *Baku State University Law Review*, Vol. 3, 2017.

Gus Van Harten, Martin Loughlin, "Investment Treaty Arbitration as a Species of Global Administrative Law", *The European Journal of International Law*, Vol. 17, 2006.

Sondre Torp Helmersen, "Evolutive Treaty Interpretation: Legality, Semantics and Distinctions", *European Journal of Legal Studies*, Vol. 6, 2013.

Philippe Hovaguimian, "Non-reviewable Facts in Swiss Annulment Proceedings: Undermining the Safeguards of Art. 190 PILA", *ASA Bulletin*, Vol. 36, 2018.

Walid Ben Hamida, "Two Nebulous ICSID Features: The Notion of Investment and the Scope of Annulment Control", *Journal of International Arbitration*, Vol. 24, 2007.

William H. Knull, III, Noah D. Rubins, "Betting the Farm on International Arbitration: Is It Time to Offer an Appeal Option?", *11 Am. Rev. Int'l Arb.*, 2000.

Céline Lévesque, "Correctness as the Proper Standard of Review Applicable to

'True' Questions of Jurisdiction in the Set-Aside of Treaty-Based Investor-State Awards", *Journal of International Dispute Settlement*, Vol. 5, 2014.

Ian Laid, Rebecca Askew, "Finality versus Consistency: Does Investor-State Arbitration Need an Appellate System?", *7 J. App. Prac. & Process*, 2005.

Julian D. M. Lew, "Does National Court Involvement Undermine the International Arbitration Process?", *ICSID Review*, Vol. 24, 2009.

Liebeskind, "State-Investor Dispute Settlement Clauses in Swiss Bilateral Investment Treaties", *ASA Bulletin*, Vol. 20, 2002.

Fenghua Li, "The Divergence of Post-Award Remedies in ICSID and Non-ICSID Arbitration: A Perspective of Foreign Investors' Interests", *The Chinese Journal of Comparative Law*, Vol. 4, 2016.

Campbell McLachlan, "Is There an Evolving Customary International Law on Investment?", *ICSID Review*, Vol. 31, 2016.

Andreas Kulick, "Investment Arbitration, Investment Treaty Interpretation, and Democracy", *Cambridge International Law Journal*, Vol. 4, 2015.

Jan Paulsson, "Arbitration Without Privity", *ICSID Review*, Vol. 10, 1995.

Ian Pennicott, "Why Are There so Many Sets of Arbitration Rules?" *Asian Dispute Review*, 2018.

Anthea Roberts, "Power and Persuasion in Investment Treaty Interpretation: The Dual Role of States", *104 Am. J. Int'l L.*, 2010.

Anthea Roberts, "Triangular Treaties: The Extent and Limits of Investment Treaty Rights", *Harvard International Law Journal*, Vol. 56, 2015.

August Reinisch, "Will the EU's Proposal Concerning an Investment Court System for CETA and TTIP Lead to Enforceable Awards? – The Limits of Modifying the ICSID Convention and the Nature of Investment Arbitration", *Journal of International Economic Law*, Vol. 4, 2016.

Muruga Perumal Ramaswamy, "Enforcemen of ICSID and NON-ICSID Arbitration Awards and the Enforcement Environment in BRICS", *International Journal of Business, Economics and Law*, Vol. 15, 2018.

Stephen M. Schwebel, "The Outlook for the Continued Vitality, or Lack Thereof, of Investor-State Arbitration", *Arbitration International*, Vol. 32, 2016.

David P. Stewart, "Judicial Review of Investment Treaty Awards: BG Group v. Argentina", *The American Journal of International Law*, Vol. 108, 2014.

Thomas Schultz, Cédric Dupont, "Investment Arbitration: Promoting the Rule of Law or Over-empowering Investors?", *The European Journal of International Law*, Vol. 25, 2015.

Stephan W. Schill, "International Investment Law and Comparative Public Law", *EJIL*, Vol. 22, 2010.

Christoph Schreuer, "Travelling the BIT Route, of Waiting Periods, Umbrella Clauses and Forks in the Road", *The Journal of World Investment & Trade*, Vol. 5, 2004.

Christoph Schreuer, "The Return of Local Remedies in Investment Arbitration", *The Law and Practice of International Courts and Tribunals*, Vol. 4, 2005.

Christoph Schreuer, "From ICSID Annulment to Appeal Half Way Down the Slippery Slope", *The Law and Practice of International Courts and Tribunals*, Vol. 10, 2011.

Matthias Scherer, Veijo Heiskanen, Sam Moss, "Domestic Review of Investment Treaty Arbitrations: The Swiss Experience", *ASA Bulletin*, Jun. 2009.

J. Christopher Thomas, Harpreet Kaur Dhillon, "The Foundations of Investment Treaty Arbitration: The ICSID Convention", *ICSID Review*, Vol. 32, 2017.

Christian J. Tams, "State Succession to Investment Treaties: Mapping the Issues", *ICSID Review*, Vol. 31, 2016.

RENÉ URUEÑA, "Subsidiarity and the Public-Private Distinction in Investment Treaty Arbitration", *Law and Contemporary Problems*, Vol. 79, 2016.

Thomas W. Walde, "Interpreting Investment Treaties: Experiences and Examples", in Christina Binder et al., *International Investment Law for the 21st Century*, Oxford University Press, 2009.

Stephan Wilske, "The Global Competition for the 'Best' Place of Arbitration for

International Arbitrations", *Contemp. Asia Arb. J.*, Vol. 1, 2008.

Jarrod Wong, "BG Group v. Republic of Argentina: A Supreme Misunderstanding of Investment Treaty Arbitration", *Pepperdine Law Review*, Vol. 43, 2016.

Niklaus Zaugg, "Objective Scope of Res Judicata of Arbitral Awards-Is There Room for Discretion?", *ASA Bulletin*, Vol. 35, 2017.

Susan D. Frank, "The Legitimacy Crisis in Investment Treaty Arbitration: Privatizing Public International Law Through Inconsistent Decisions", *Fordham L. Review*, Vol. 73, 2005.

Rowan Platt, "The Appeal of Appeal Mechanisms in International Arbitration: Fairness over Finality?", *Journal of International Arbitration*, Vol. 30, 2013.

William W. Park, "The Specificity of International Arbitration: The Case for FAA Reform", *Vanderbilt Journal of Transnational Law*, Vol. 36, 2003.

Editorial Board, "The Secret Trade Courts", *New York Times*, 2004 – 09 – 27.

八 外文网站类

Andreas von Staden and Rahim Moloo, Standards of Review in Investment Arbitration: What Role for Deference?, http://www.iisd.org/itn/system/files.

IAA Issue Note: Investor-State Dispute Settlement: Review of Developments in 2017, unctad.org/diae, 2018.

Kevin Elbert: Not So Different After All: Sanum Investments Ltd v. Government of the Lao People's Democratic Republic [2016] SGCA 57, http://www.s-ingaporelawblog.sg/blog/article/172.

Swiss Chamers' Arbitration Institution: Commented Statistics, http://www.swissarbitration.org, 2015.

UNCTAD, http://investmentpolicyhub.unctad.org/ISDS/Filter By Foll-ow Up Proceedings.

1958 – Convention on the Recognition and Enforcement of Foreign Arbitral Awards, http://www.uncitral.org/uncitral/uncitral_texts/arbitration/NYConvention.html.

ICSID, https://icsid. worldbank. org/apps/icsidweb/cases/Pages/Casedetai l. aspx? caseno = ARB/76/1&tab = PRO.

Arbitration Institute of the Stockholm Chamber of Commerce, http://www. scc i-nstitute. com.

Guide on the Convention on the Recognition and Enforcement of Foreign Arbitral Awards, http://www. uncitral. org/pdf/english/texts/arbitration/NYconv/2016_ Guide_on_the_Convention. pdf.

IISD, https://www. iisd. org/itn/2017/09/26/a-look-into-chinas-slowly-increasing-appearance-in-isds-cases-dilini-pathirana/.

Axel Berger, China's New Bilateral Investment Treaty Programme: Substance, Rational and Implications for International Investment Law Making, https:// www. die gdi. de/uploads/media/Berger_Chinese BITs. pdf.

附录一 非 ICSID 仲裁裁决撤销统计表 *

序号	提起仲裁时间	案件名称	适用的投资协定	仲裁规则	仲裁管理机构	仲裁裁决结果	后续程序类型	后续程序状态	后续程序的裁决
1	2018	Fischer v. 捷克（Ⅱ）	《捷克—德国 BIT》（1990）	UNCITRAL 仲裁规则	PCA	无数据	国内法院司法审查	国内法院支持仲裁裁决	瑞士联邦法庭于 2020 年 11 月 25 日作出的判决
2	2017	Binani v. 北马其顿	《印度—北马其顿 BIT》（2008）	UNCITRAL 仲裁规则	PCA	中止	国内法院司法审查	国内法院支持仲裁裁决	瑞士联邦法庭于 2020 年 10 月 1 日作出的判决
3	2017	Nissan v. 印度	《印度—日本 EPA》（2011）	UNCITRAL 仲裁规则	常设仲裁院	正在进行中	国内法院司法审查	正在进行中	无
4	2016	A. M. F. Aircraftleasing v. 捷克	《捷克—德国 BIT》（1990）	UNCITRAL 仲裁规则	PCA	裁决支持东道国	国内法院司法审查	中止	瑞士联邦法庭于 2020 年 12 月 8 日作出的判决
5	2016	B-Mex and Others v. 墨西哥	NAFTA（1992）	ICSID 附加便利规则	ICSID	正在进行中	国内法院司法审查	国内法院支持仲裁裁决	安大略省等高等法院于 2020 年 7 月 20 日作出的判决

* UNCTAD 官网：http://investmentpolicyhub. unctad. org/ISDS/FilterByFollowUpProceedings. 最后访问日期：2021 年 5 月 8 日。

续表

序号	提起仲裁时间	案件名称	适用的投资协定	仲裁规则	仲裁管理机构	仲裁裁决结果	后续程序类型	后续程序状态	后续程序的裁决
6	2016	Etrak v. 利比亚	《利比亚—土耳其BIT》(2009)	ICC仲裁规则	ICC	正在进行中	国内法院司法审查	国内法院支持仲裁裁决	瑞士联邦法庭于2020年11月2日作出的判决
7	2016	Cengiz v. 利比亚	《利比亚—土耳其BIT》(2009)	ICC仲裁规则	ICC	裁决支持投资者	国内法院司法审查	正在进行中	无
8	2016	Nurol v. 利比亚	《利比亚—土耳其BIT》(2009)	ICC仲裁规则	ICC	正在进行中	国内法院司法审查	正在进行中	无
9	2015	CEF Energia v. 意大利	《能源宪章条约》(1994)	SCC仲裁规则	SCC	裁决支持投资者	国内法院司法审查	正在进行中	无
10	2015	Clorox v. 委内瑞拉	《西班牙—委内瑞拉BIT》(1995)	UNCITRAL仲裁规则	常设仲裁院	裁决支持东道国	国内法院司法审查	法院撤销全部仲裁裁决	瑞士联邦法庭于2020年3月25日作出的判决
11	2015	Everest and Others v. 俄罗斯	《俄罗斯—乌克兰BIT》(1998)	UNCITRAL仲裁规则	常设仲裁院	裁决支持投资者	国内法院司法审查	正在进行中	无
12	2015	Foresight and Others v. 西班牙	《能源宪章条约》(1994)	SCC仲裁规则	SCC	裁决支持投资者	国内法院司法审查	正在进行中	无
13	2015	Greentech and Nov-Energia v. 意大利	《能源宪章条约》(1994)	SCC仲裁规则	SCC	裁决支持投资者	国内法院司法审查	正在进行中	无
14	2015	MAESSA and SEMI v. 厄瓜多尔	《厄瓜多尔—西班牙BIT》(1996)	ICC仲裁规则	ICC	正在进行中	国内法院司法审查	正在进行中	无
15	2015	Pugachev v. 俄罗斯	《法国—俄罗斯BIT》(1989)	UNCITRAL仲裁规则	无	裁决支持东道国	国内法院司法审查	正在进行中	无

续表

序号	提起仲裁时间	案件名称	适用的投资协定	仲裁规则	仲裁管理机构	仲裁裁决结果	后续程序类型	后续程序状态	后续程序的裁决
16	2015	Crimea-Petrol LLC and Others v. 俄罗斯	《俄罗斯—乌克兰 BIT》(1998)	UNCITRAL 仲裁规则	常设仲裁院	裁决支持投资者	国内法院司法审查	国内法院支持仲裁裁决	瑞士联邦法庭于 2018 年 10 月 16 日作出的判决；瑞士联邦法庭于 2019 年 12 月 12 日作出的判决
17	2015	Dayyani v. 韩国	《伊朗—韩国 BIT》(1998)	UNCITRAL 仲裁规则	常设仲裁院	裁决支持投资者	国内法院司法审查	正在进行中	无
18	2015	JKX Oil & Gas and Poltava v. 乌克兰	《乌克兰—英国 BIT》(1993)；《荷兰—乌克兰 BIT》(1994)；《能源宪章条约》(1994)	UNCITRAL 仲裁规则	常设仲裁院	裁决支持投资者	国内法院司法审查	国内法院支持仲裁裁决	英格兰和威尔士高等法院于 2017 年 10 月 27 日作出的判决
19	2015	KCI v. 加蓬	《OIC 投资协议》(1981)	UNCITRAL 仲裁规则	暂无数据	裁决支持投资者	国内法院司法审查	国内法院支持仲裁裁决	巴黎上诉法院于 2019 年 6 月 25 日作出的判决
20	2015	Novenergia v. 西班牙	《能源宪章条约》(1994)	SCC 仲裁规则	SCC	裁决支持投资者	国内法院司法审查	正在进行中	无
21	2015	Stans Energy and K-utisay Mining v. 吉尔吉斯斯坦(II)	《独联体保护投资者权利公约》(1997)	UNCITRAL 仲裁规则	常设仲裁院	正在进行中	国内法院司法审查	国内法院支持仲裁裁决	英格兰和威尔士高等法院于 2017 年 10 月 13 日的判决
22	2015	Strabag v. 利比亚	《奥地利—利比亚 BIT》(2002)	ICSID 附加便利规则	ICSID	裁决支持投资者	国内法院司法审查	正在进行中	无

续表

序号	提起仲裁时间	案件名称	适用的投资协定	仲裁规则	仲裁管理机构	仲裁裁决结果	后续程序类型	后续程序状态	后续程序的裁决
23	2015	Ukrmafta v. 俄罗斯	《俄罗斯—乌克兰 BIT》（1998）	UNCITRAL 仲裁规则	常设仲裁院	裁决支持投资者	国内法院司法审查	国内法院支持仲裁裁决；国内法院支持仲裁裁决	瑞士联邦法庭于 2018 年 10 月 16 日作出的判决；瑞士联邦法庭于 2019 年 12 月 12 日作出的判决
24	2014	Ballantine v. 多米尼加	《多米洲加—中美国自由贸易协定》（2004）	UNCITRAL 仲裁规则	常设仲裁院	裁决支持东道国	国内法院司法审查	正在进行中	无
25	2014	Griffin v. 波兰	《BLEU（比利时—卢森堡经济联盟）—波兰 BIT》（1987）	SCC 仲裁规则	SCC	裁决支持东道国	国内法院司法审查	国内法院撤销部分仲裁裁决	英格兰和威尔士高等法院于 2018 年 3 月 2 日作出的判决
26	2014	Horthel and Others v. 波兰	《荷兰—波兰 BIT》（1992）	UNCITRAL 仲裁规则	常设仲裁院	裁决支持投资者	国内法院司法审查	国内法院支持仲裁裁决	瑞士联邦最高法院于 2017 年 12 月 14 日作出的判决
27	2014	Luxtona v. 俄罗斯	《能源宪章条约》（1994）	UNCITRAL 仲裁规则	常设仲裁院	正在进行中	国内法院司法审查	正在进行中	无
28	2014	PL Holdings v. 波兰	《BLEU（比利时—卢森堡经济联盟）—波兰 BIT》（1987）	SCC 仲裁规则	SCC	裁决支持投资者	国内法院司法审查	正在进行中	无
29	2014	Uzan v. 土耳其	《能源宪章条约》（1994）	SCC 仲裁规则	SCC	裁决支持东道国	国内法院司法审查	国内法院支持仲裁裁决	瑞典上诉法院于 2018 年作出的判决

续表

序号	提起仲裁时间	案件名称	适用的投资协定	仲裁规则	仲裁管理机构	仲裁裁决结果	后续程序类型	后续程序状态	后续程序的裁决
30	2013	Beck v. 吉尔吉斯斯坦	《独联体保护投资者权利公约》(1997)	MCCI 仲裁规则	MCCI	裁决支持投资者	国内法院司法审查	国内法院撤销全部仲裁裁决	莫斯科 Arbitrazh 法院于 2014 年 6 月 24 日作出撤销裁决的判决；莫斯科 Arbitrazh 法院于 2015 年 6 月 5 日作出撤销裁决的判决
31	2013	Berkowitz v. 哥斯达黎加	《多米尼加—美国自由贸易协定》(2004)	UNCITRAL 仲裁规则	ICSID	中止	国内法院司法审查	国内法院支持仲裁裁决	美国哥伦比亚特区联邦地区法院于 2018 年 1 月 20 日作出的备忘录意见
32	2013	De Sutter and Others v. 马达加斯加 (I)	《BLEU (比利时—卢森堡经济联盟) —马达加斯加 BIT》(2005)	ICC 仲裁规则	ICC	裁决支持投资者	国内法院司法审查	国内法院撤销全部仲裁裁决；国内法院撤销全部仲裁裁决	巴黎上诉法院于 2016 年 3 月 15 日作出的判决；法国最高上诉法院于 2017 年 6 月 1 日作出的判决
33	2013	Deutsche Telekom v. 印度	《德国—印度 BIT》(1995)	UNCITRAL 仲裁规则	常设仲裁院	正在进行中	国内法院司法审查	国内法院支持仲裁裁决	瑞士联邦最高法院于 2018 年 12 月 11 日作出的判决
34	2013	Mytilineos v. 塞尔维亚 (II)	《希腊—塞尔维亚 BIT》(1997)	UNCITRAL 仲裁规则	常设仲裁院	裁决支持投资者	国内法院司法审查	中止	无

续表

序号	提起仲裁时间	案件名称	适用的投资协定	仲裁规则	仲裁管理机构	仲裁裁决结果	后续程序类型	后续程序状态	后续程序的裁决
35	2013	Natland and Others v. 捷克	《捷克—荷兰 BIT》(1991);《塞浦路斯—捷克 BIT》(2001);《BLEU(比利时—卢森堡经济联盟)—捷克 BIT》(1989);《能源宪章条约》(1994)	UNCITRAL 仲裁规则	常设仲裁院	正在进行中	国内法院司法审查	国内法院支持仲裁裁决	瑞士联邦法庭于 2020 年 2 月 7 日作出的判决
36	2013	OKKV v. 吉尔吉斯斯坦	《独联体保护投资者权利公约》(1997)	MCCI 仲裁规则	MCCI	裁决支持投资者	国内法院司法审查	国内法院撤销全部仲裁裁决	莫斯科 Arbitrazh 法院于 2014 年 6 月 23 日作出的判决;莫斯科仲裁法院于 2014 年 11 月 19 日作出的判决
37	2013	RECOFI v. 越南	《法国—越南 BIT》(1992)	UNCITRAL 仲裁规则	常设仲裁院	裁决支持东道国	国内法院司法审查	国内法院支持仲裁裁决	瑞士联邦最高法院于 2016 年 9 月 20 日作出的判决
38	2013	Sorelec v. 利比亚	《法国—利比亚 BIT》(2004)	ICC 规则	ICC	裁决支持投资者	国内法院司法审查	国内法院撤销全部仲裁裁决	巴黎上诉法院于 2020 年 11 月 17 日作出的判决(I);巴黎上诉法院于 2020 年 11 月 17 日作出的判决(II)

续表

序号	提起仲裁时间	案件名称	适用的投资协定	仲裁规则	仲裁管理机构	仲裁裁决结果	后续程序类型	后续程序状态	后续程序的裁决
39	2013	Stans Energy v. 吉尔吉斯斯坦 (I)	《独联体保护投资者权利公约》(1997)	MCCI 仲裁规则	MCCI	裁决支持投资者	国内法院司法审查	国内法院撤销全部仲裁裁决	莫斯科 Arbitrazh 法院于 2015 年 5 月 25 日作出的判决
40	2013	WWM and Carroll v. 哈萨克斯坦	《加拿大—俄罗斯联邦 BIT》(1989)	UNCITRAL 仲裁规则		裁决支持投资者	国内法院司法审查	国内法院撤销部分仲裁裁决	英格兰和威尔士高等法院于 2020 年 11 月 23 日作出的判决
41	2013	Yukos Capital v. 俄罗斯	《能源宪章条约》(1994)	UNCITRAL 仲裁规则	常设仲裁院	正在进行中	国内法院司法审查	国内法院支持仲裁裁决	瑞士联邦最高法院于 2017 年 7 月 20 日作出的判决
42	2012	Devas v. 印度	《印度—毛里求斯 BIT》(1998)	UNCITRAL 仲裁规则	常设仲裁院	正在进行中	国内法院司法审查	国内法院支持仲裁裁决	海牙地方法院于 2018 年 11 月 14 日作出的判决
43	2012	García Armas and Gruber v. 委内瑞拉	《西班牙—委内瑞拉 BIT》(1995)	UNCITRAL 仲裁规则	常设仲裁院			国内法院撤销全部仲裁裁决	巴黎上诉法院 2017 年 4 月 25 日作出的判决;法国最高上诉法院于 2019 年 2 月 13 日作出的判决;巴黎上诉法院 2020 年 6 月 3 日作出的判决
44	2012	Progas Energy v. 巴基斯坦	《毛里求斯—巴基斯坦 BIT》(1997)	UNCITRAL 仲裁规则	常设仲裁院	裁决支持东道国	国内法院司法审查	正在进行中	无
45	2012	Rusoro Mining v. 委内瑞拉	《加拿大—委内瑞拉 BIT》(1996)	ICSID 附加便利规则	ICSID	裁决支持投资者	国内法院司法审查	国内法院撤销部分仲裁裁决	巴黎上诉法院于 2019 年 1 月 29 日作出的判决

续表

序号	提起仲裁时间	案件名称	适用的投资协定	仲裁规则	仲裁管理机构	仲裁裁决结果	后续程序类型	后续程序状态	后续程序的裁决
46	2012	Sanum Investments v. 老挝（I）	《中国—老挝 BIT》(1993)	UNCITRAL仲裁规则	常设仲裁院	裁决支持东道国	国内法院司法审查	国内法院撤销全部仲裁裁决；国内法院支持仲裁裁决	新加坡最高法院高等法庭于2015年1月20日作出的裁决；新加坡最高法院上诉法庭于2016年9月29日作出的判决
47	2012	Swissbourgh and Others v. 莱索托	《SADC投资议定书》(2006)	UNCITRAL仲裁规则	常设仲裁院	裁决不支持任何一方	国内法院司法审查	国内法院撤销仲裁裁决	新加坡最高法院高等法庭于2017年8月14日作出的裁决；新加坡最高法院上诉法庭于2018年11月27日作出的判决
48	2011	Al-Kharafi v. 利比亚和其他	《阿拉伯投资协议》(1980)	无	CRCICA	裁决支持投资者	国内法院司法审查	国内法院支持仲裁裁决	阿拉伯投资法院于2014年6月12日作出的判决；巴黎上诉法院于2014年10月28日作出的判决
49	2011	Belokon v. 吉尔吉斯斯坦	《吉尔吉斯斯坦—拉脱维亚 BIT》(2008)	UNCITRAL仲裁规则	无	裁决支持投资者	国内法院司法审查	国内法院撤销全部仲裁裁决	巴黎上诉法院于2017年2月21日作出的判决
50	2011	Bahgat v. 埃及	《埃及—芬兰 BIT》(2004)	UNCITRAL仲裁规则	常设仲裁院	裁决支持投资者	国内法院司法审查	正在进行中	无
51	2011	Copper Mesa v. 厄瓜多尔	《加拿大—厄瓜多尔 BIT》(1996)	UNCITRAL仲裁规则	常设仲裁院	裁决支持投资者	国内法院司法审查	正在进行中	无

续表

序号	提起仲裁时间	案件名称	适用的投资协定	仲裁规则	仲裁管理机构	仲裁裁决结果	后续程序类型	后续程序状态	后续程序的裁决
52	2011	Crystallex v. 委内瑞拉	《加拿大—委内瑞拉 BIT》(1996)	ICSID 附加便利规则	ICSID	裁决支持投资者	国内法院司法审查	国内法院支持仲裁裁决	美国哥伦比亚特区联邦地区法院于 2017 年 3 月 25 日作出的备忘录意见
53	2011	Ghemia v. 利比亚	《德国—利比亚 BIT》(2004)	UNCITRAL 仲裁规则	无	正在进行中	国内法院司法审查	正在进行中	无
54	2011	Khan Resources v. 蒙古	《能源宪章条约》(1994)	UNCITRAL 仲裁规则	常设仲裁院	裁决支持投资者	国内法院司法审查	正在进行中	无
55	2011	Mesa Power v. 加拿大	NAFTA (1992)	UNCITRAL 仲裁规则	常设仲裁院	裁决支持东道国	国内法院司法审查	国内法院支持仲裁裁决	美国哥伦比亚特区联邦地方法院于 2017 年 6 月 15 日作出的裁决
56	2011	Oxus Gold v. 乌兹别克斯坦	《英国—乌兹别克斯坦 BIT》(1993)	UNCITRAL 仲裁规则	暂无数据	裁决支持投资者	国内法院司法审查	国内法院支持仲裁裁决	巴黎上诉法院于 2019 年 5 月 14 日作出的判决
57	2011	Ryan and Others v. 波兰	《波兰—美国 BIT》(1990)	ICSID 附加便利规则	ICSID	裁决支持东道国	国内法院司法审查	国内法院支持仲裁裁决	巴黎上诉法院于 2019 年 4 月 2 日作出的判决
58	2010	Beijing Shougang and Others v. 蒙古	《中国—蒙古 BIT》(1991)	UNCITRAL 仲裁规则	常设仲裁院	裁决支持东道国	国内法院司法审查	正在进行中	无
59	2010	Energolians v. 摩尔多瓦	《能源宪章条约》(1994)	UNCITRAL 仲裁规则	无	裁决支持投资者	国内法院司法审查	正在进行中	巴黎上诉法院于 2016 年 4 月 12 日作出的判决；法国最高上诉法院于 2018 年 3 月 28 日作出的判决；巴黎上诉法院于 2019 年 9 月 24 日作出的判决

续表

序号	提起仲裁时间	案件名称	适用的投资协定	仲裁规则	仲裁管理机构	仲裁裁决结果	后续程序类型	后续程序状态	后续程序的裁决
60	2010	ST – AD v. 保加利亚	《保加利亚—德国 BIT》（1986）	UNCITRAL 仲裁规则	常设仲裁院	裁决支持东道国	国内法院司法审查	国内法院支持仲裁裁决	图林根州高等地区法院于 2013 年 11 月 20 日作出的执行裁决
61	2010	Stati and Others v. 哈萨克斯坦	《能源宪章条约》（1994）	SCC 仲裁规则	SCC	裁决支持投资者	国内法院司法审查	国内法院支持仲裁裁决	瑞典上诉法院于 2016 年 12 月 9 日作出的判决；瑞典上诉法院于 2020 年 3 月 9 日作出的判决
62	2009	Chevron and Tex Pet v. 厄瓜多尔（Ⅱ）	《厄瓜多尔—美国 BIT》（1993）	UNCITRAL 仲裁规则	常设仲裁院	正在进行中	国内法院司法审查	国内法院支持仲裁裁决国内法院支持仲裁裁决	海牙地方法院于 2016 年 1 月 20 日作出的判决；海牙上诉法院于 2017 年 7 月 18 日作出的判决；荷兰最高法院于 2019 年 4 月 12 日作出的判决
63	2009	Dunkeld v. 伯利兹①（Ⅰ）	《伯利兹—英国 BIT》（1982）	UNCITRAL 仲裁规则	常设仲裁院	已解决	国内法院司法审查	国内法院支持仲裁裁决	伯利兹上诉法院于 2013 年 11 月 1 日对罢工禁令的判决
64	2009	EDF v. 匈牙利	《能源宪章条约》（1994）	UNCITRAL 仲裁规则	常设仲裁院	裁决支持投资者	国内法院司法审查	国内法院支持仲裁裁决	瑞士联邦最高法院于 2015 年 10 月 6 日作出的裁决
65	2009	Gold Reserve v. 委内瑞拉	《加拿大—委内瑞拉 BIT》（1996）	ICSID 附加便利规则	ICSID	裁决支持投资者	国内法院司法审查	国内法院支持仲裁裁决	巴黎上诉法院于 2017 年 2 月 7 日作出的裁决

① 中美洲东北部的一个国家，位于加勒比海沿岸。

续表

序号	提起仲裁时间	案件名称	适用的投资协定	仲裁规则	仲裁管理机构	仲裁裁决结果	后续程序类型	后续程序状态	后续程序的裁决
66	2008	Achmea v. 斯洛伐克（I）	《荷兰—斯洛伐克 BIT》（1991）	UNCITRAL 仲裁规则	常设仲裁院	裁决支持投资者	国内法院司法审查	国内法院支持仲裁裁决；国内法院支持仲裁裁决；国内法院撤销全部仲裁裁决	法兰克福高等地区法院于 2012 年 5 月 10 日作出的判决；德国联邦最高法院于 2013 年 9 月 19 日作出的初步裁决；法兰克福高等地区法院于 2014 年 12 月 18 日作出的判决；联邦法院于 2016 年 3 月 3 日作出的判决；欧洲法庭大法庭于 2018 年 3 月 6 日作出的判决；德国联邦最高法院于 2018 年 10 月 31 日作出的判决
67	2008	Clayton/Bilcon v. 加拿大	NAFTA（1992）	UNCITRAL 仲裁规则	常设仲裁院	裁决支持投资者	国内法院司法审查	国内法院支持仲裁裁决	加拿大联邦法院于 2018 年 5 月 2 日作出的判决
68	2008	Remington v. 乌克兰	《能源宪章条约》（1994）	SCC 仲裁规则	SCC	裁决支持投资者	国内法院司法审查	国内法院支持仲裁裁决	基辅市 Pechersky 地区法院于 2012 年 4 月 26 日作出的判决
69	2008	Tatneft v. 乌克兰	《俄罗斯—乌克兰 BIT》（1998）	UNCITRAL 仲裁规则	常设仲裁院	裁决支持投资者	国内法院司法审查	国内法院支持仲裁裁决	巴黎上诉法院于 2016 年 11 月 29 日作出的判决

续表

序号	提起仲裁时间	案件名称	适用的投资协定	仲裁规则	仲裁管理机构	仲裁裁决结果	后续程序类型	后续程序状态	后续程序的裁决
70	2007	Adria Beteiligungs v. 克罗地亚	《奥地利—克罗地亚 BIT》(1997)	UNCITRAL 仲裁规则	常设仲裁院	裁决支持东道国	国内法院司法审查	国内法院支持仲裁裁决	海牙地区法院于 2012 年 8 月 15 日对该申请作出的判决
71	2007	Kaliningrad v. 立陶宛	《立陶宛—俄罗斯 BIT》(1999)	ICC 仲裁规则	ICC	裁决支持东道国	国内法院司法审查	国内法院支持仲裁裁决	巴黎上诉院于 2010 年 11 月 18 日作出的判决
72	2007	Mobil Investments and Murphy Oil v. 加拿大 (I)	NAFTA (1992)	ICSID 附加便利规则	ICSID	裁决支持投资者	国内法院司法审查	国内法院支持仲裁裁决	安大略省高等法院于 2016 年 2 月 16 日作出的判决
73	2007	Quasar de Valores SICAV and Others v. 俄罗斯	《俄罗斯—西班牙 BIT》(1990)	SCC 仲裁规则	SCC	裁决支持投资者	国内法院司法审查	国内法院支持仲裁裁决；国内法院撤销全部仲裁裁决	斯德哥尔摩地区法院于 2014 年 9 月 11 日作出的裁决；瑞典上诉法院于 2016 年 1 月 18 日作出的判决
74	2006	Chevron and Tex Pet v. 厄瓜多尔 (I)	《厄瓜多尔—美国 BIT》(1993)	UNCITRAL 仲裁规则	常设仲裁院	裁决支持投资者	国内法院司法审查	国内法院支持仲裁裁决	海牙地区法院于 2012 年 5 月 2 日作出的判决；哥伦比亚特区联邦地区法院于 2013 年 6 月 6 日驳回了裁决异议；荷兰最高法院于 2014 年 9 月 26 日作出维持裁决的裁决

续表

序号	提起仲裁时间	案件名称	适用的投资协定	仲裁规则	仲裁管理机构	仲裁裁决结果	后续程序类型	后续程序状态	后续程序的裁决
75	2006	Sistem v. 吉尔吉斯斯坦	《吉尔吉斯斯坦—土耳其 BIT》(1992)	ICSID 附加便利规则	ICSID	裁决支持投资者	国内法院司法审查	国内法院支持仲裁裁决	安大略省高等法院于 2012 年 7 月 25 日作出的执行判决
76	2005	Bayview v. 墨西哥	NAFTA (1992)	ICSID 附加便利规则	ICSID	裁决支持东道国	国内法院司法审查	国内法院支持仲裁裁决	安大略省高等法院于 2008 年 5 月 5 日作出判决
77	2005	Binder v. 捷克	《捷克—德国 BIT》(1990)	UNCITRAL 仲裁规则	无	裁决支持东道国	国内法院司法审查	中止	无
78	2005	Cargill v. 墨西哥	NAFTA (1992)	ICSID 附加便利规则	ICSID	裁决支持投资者	国内法院司法审查	国内法院支持仲裁裁决	安大略省高等法院于 2010 年 8 月 26 日作出的判决; 安大略省上诉法院于 2011 年 10 月 4 日作出的判决; 加拿大最高法院于 2012 年 5 月 11 日作出的判决
79	2005	EMV v. 捷克	《BLEU(比利时—卢森堡经济联盟)—捷克 BIT》(1989)	UNCITRAL 仲裁规则	无	裁决支持东道国	国内法院司法审查	国内法院支持仲裁裁决	英国高等法院于 2007 年 12 月 5 日作出管辖权判决
80	2005	Hulley Enterprises v. 俄罗斯	《能源宪章条约》(1994)	UNCITRAL 仲裁规则	常设仲裁院	裁决支持投资者	国内法院司法审查	国内法院撤销全部裁决; 国内法院支持裁决	海牙地区法院于 2016 年 4 月 20 日作出的判决; 海牙上诉法院于 2020 年 2 月 18 日作出的判决

续表

序号	提起仲裁时间	案件名称	适用的投资协定	仲裁规则	仲裁管理机构	仲裁裁决结果	后续程序类型	后续程序状态	后续程序的裁决
81	2005	Pren Nreka v. 捷克	《克罗地亚—捷克 BIT》(1996)	UNCITRAL 仲裁规则	无	裁决支持投资者	国内法院司法审查	国内法院支持仲裁裁决	巴黎上诉法院于 2008 年 9 月 25 日作出的判决
82	2005	RosInvest v. 俄罗斯	《俄罗斯—英国 BIT》(1989)	SCC 仲裁规则	SCC	裁决支持投资者	国内法院司法审查	国内法院撤销部分裁决	瑞典地方法院于 2011 年 11 月 9 日作出缺席判决；瑞典上诉法院于 2013 年 9 月 5 日作出判决
83	2005	Siag v. 埃及	《意大利—埃及 BIT》(1989)	ICSID	ICSID	裁决支持投资者	ICSID 撤销程序 / 国内法院司法审查	中止（ICSID 撤销程序）；国内法院支持仲裁裁决	特别委员会于 2010 年 7 月 26 日根据 ICSID 仲裁规则第 45 条作出中止程序的命令；纽约南区法院于 2009 年作出的命令
84	2005	Veteran Petroleum v. 俄罗斯	《能源宪章条约》(1994)	UNCITRAL 仲裁规则	常设仲裁院	裁决支持投资者	国内法院司法审查	国内法院撤销全部裁决；国内法院支持仲裁裁决	海牙地区法院于 2016 年 4 月 20 日作出的判决；海牙上诉法院于 2020 年 2 月 18 日作出的判决
85	2005	Walter Bau v. 泰国	《德国—泰国 BIT》(2002)	UNCITRAL 仲裁规则	无	裁决支持投资者	国内法院司法审查	国内法院支持仲裁裁决	瑞士联邦法庭于 2012 年 7 月 23 日作出的判决

续表

序号	提起仲裁时间	案件名称	适用的投资协定	仲裁规则	仲裁管理机构	仲裁裁决结果	后续程序类型	后续程序状态	后续程序的裁决
86	2005	Yukos Universal v. 俄罗斯	《能源宪章条约》（1994）	UNCITRAL 仲裁规则	常设仲裁院	裁决支持投资者	国内法院司法审查	国内法院支持仲裁裁决；国内法院撤销全部裁决；国内法院支持仲裁裁决	斯德哥尔摩地区法院于 2014 年 9 月 11 日作出管辖权裁决；海牙地区法院于 2016 年 4 月 20 日作出的判决；海牙上诉法院于 2020 年 2 月 18 日作出的判决
87	2004	Tembec v. 美国	NAFTA（1992）	UNCITRAL 仲裁规则	ICSID	已解决	国内法院司法审查	国内法院支持仲裁裁决	美国哥伦比亚特区地区法院于 2008 年 8 月 14 日作出的备忘录意见
88	2004	Terminal Forest v. 美国	NAFTA（1992）	UNCITRAL 仲裁规则	ICSID	已解决	国内法院司法审查	国内法院支持仲裁裁决	美国哥伦比亚特区地区法院于 2008 年 8 月 14 日作出的备忘录意见
89	2003	AWG v. 阿根廷	《阿根廷—英国 BIT》（1990）	UNCITRAL 仲裁规则	ICSID	裁决支持投资者	国内法院司法审查	国内法院支持仲裁裁决	美国哥伦比亚特区地区法院于 2016 年 9 月 30 日作出的备忘录意见；美国哥伦比亚特区联邦上诉法院于 2018 年 7 月 3 日作出的判决

续表

序号	提起仲裁时间	案件名称	适用的投资协定	仲裁规则	仲裁管理机构	仲裁裁决结果	后续程序类型	后续程序状态	后续程序的裁决
90	2003	BG Group v. 阿根廷	《阿根廷—英国BIT》(1990)	UNCITRAL仲裁规则	无	裁决支持投资者	国内法院司法审查	国内法院支持仲裁裁决	美国哥伦比亚特区地区法院于2010年6月7日签署的备忘意见（关于撤销或修改仲裁裁决的申请书）；美国哥伦比亚特区地区法院于2011年1月21日签署的备忘录意见（关于承认和执行仲裁裁决的交叉动议）；美国联邦上诉法院，2012年1月17日；美国最高法院2014年3月5日的判决
91	2003	Eureko v. 波兰	《荷兰—波兰BIT》(1992)	UNCITRAL仲裁规则	无	已解决	国内法院司法审查	国内法院支持仲裁裁决	布鲁塞尔一审法院于2006年11月23日作出的判决；
92	2003	National Grid v. 阿根廷	《阿根廷—英国BIT》(1990)	UNCITRAL仲裁规则	ICSID	裁决支持投资者	国内法院司法审查	国内法院支持仲裁裁决	美国哥伦比亚特区地区法院于2010年6月7日作出的判决；美国联邦上诉法院于2010年6月7日作出的判决

续表

序号	提起仲裁时间	案件名称	适用的投资协定	仲裁规则	仲裁管理机构	仲裁裁决结果	后续程序类型	后续程序状态	后续程序的裁决
									美国联邦上诉法院于 2011 年 4 月 21 日作出的判决；2011 年 11 月 28 日调卷简易处理
93	2003	Petrobart v. 吉尔吉斯斯坦	《能源宪章条约》(1994)	SCC 仲裁规则	SCC	裁决支持投资者	国内法院司法审查	国内法院支持仲裁裁决	瑞典上诉法院于 2006 年 4 月 13 日作出的判决；瑞典上诉法院于 2007 年 1 月 19 日作出的判决
94	2003	Parienti v. 巴拿马	《法国—巴拿马 BIT》(1982)	UNCITRAL 仲裁规则	无	裁决支持投资者	国内法院司法审查	国内法院撤销全部裁决	巴拿马最高法院于 2006 年 9 月 20 日作出的判决
95	2002	Canfor v. 美国	NAFTA (1992)	UNCITRAL 仲裁规则	ICSID	已解决	国内法院司法审查	国内法院撤销仲裁裁决	美国哥伦比亚特区地区法院于 2008 年 8 月 14 日作出的备忘录意见（关于 Tembec 撤销裁决申请）
96	2002	France Telecom v. 黎巴嫩	《法国—黎巴嫩 BIT》(1996)	UNCITRAL 仲裁规则	无	裁决支持投资者	国内法院司法审查	国内法院支持仲裁裁决	瑞士联邦法庭于 2005 年 11 月 10 日作出的判决
97	2002	Nagel v. 捷克	《捷克—英国 BIT》(1990)	SCC 仲裁规则	SCC	裁决支持东道国	国内法院司法审查	国内法院支持仲裁裁决	瑞典上诉法院于 2005 年 8 月 26 日作出的判决

续表

序号	提起仲裁时间	案件名称	适用的投资协定	仲裁规则	仲裁管理机构	仲裁裁决结果	后续程序类型	后续程序状态	后续程序的裁决
98	2002	Occidental v. 厄瓜多尔 (I)	《厄瓜多尔—美国 BIT》(1993)	UNCITRAL 仲裁规则	LCIA	裁决支持投资者	国内法院司法审查	国内法院支持仲裁裁决	2006年3月2日对仲裁裁决的异议进行司法审查[2006年] EWHC 345号裁决书 (Comm); 2007年7月4日上诉法院对仲裁裁决的异议进行司法审查 [2007] EWCA Civ 656
99	2002	Thunderbird v. 墨西哥	NAFTA (1992)	UNCITRAL 仲裁规则	ICSID	裁决支持东道国	国内法院司法审查	国内法院支持仲裁裁决	美国哥伦比亚特区地区法院于2007年2月14日作出的备忘意见（关于撤销裁决的申请书）
100	2001	Saluka v. 捷克	《捷克—荷兰 BIT》(1991)	UNCITRAL 仲裁规则	常设仲裁院	已解决	国内法院司法审查	国内法院支持仲裁裁决	瑞士联邦法庭于2006年9月7日的作出的判决
101	2001	CMS v. 阿根廷	《阿根廷—美国 BIT》(1991)	ICSID	ICSID	裁决支持东道国	ICSID 撤销程序；国内法院司法审查	部分撤销裁决（ICSID 撤销程序）；国内法院支持仲裁裁决	特别委员会于2007年9月25日作出的裁决；纽约南区美国地方法院于2012年9月30日作出的备忘录和命令备忘录；美国联邦上诉法院于2013年8月19日作出的执行判决

续表

序号	提起仲裁时间	案件名称	适用的投资协定	仲裁规则	仲裁管理机构	仲裁裁决结果	后续程序类型	后续程序状态	后续程序的裁决
102	2000	CME v. 捷克	《捷克—荷兰 BIT》(1991)	UNCITRAL 仲裁规则	无	裁决支持投资者	国内法院司法审查	国内法院支持仲裁裁决	瑞典上诉法院于 2003 年 5 月 15 日作出的裁决
103	1999	Feldman v. 墨西哥	NAFTA (1992)	ICSID 附加便利规则	ICSID	裁决支持投资者	国内法院司法审查	国内法院支持仲裁裁决	安大略省高等法院于 2003 年 12 月 3 日作出的判决；安大略省上诉法院于 2005 年 1 月 11 日作出的判决
104	1999	Swembalt v. 拉脱维亚	《拉脱维亚—瑞典 BIT》(1992)	UNCITRAL 仲裁规则	无	裁决支持投资者	国内法院司法审查	国内法院支持仲裁裁决	瑞典上诉法院于 2002 年 1 月 1 日作出的判决；哥本哈根海事和商事法庭于 2003 年 1 月 7 日作出的判决
105	1998	Loewen v. 美国	NAFTA (1992)	ICSID 便利规则	ICSID	裁决支持东道国	国内司法审查	国内法院支持仲裁裁决	美国哥伦比亚特区地区法院 2005 年 10 月 31 日作出的备忘录意见
106	1998	Myers v. 加拿大	NAFTA (1992)	UNCITRAL 仲裁规则	无	裁决支持投资者	国内法院司法审查	国内法院支持仲裁裁决	加拿大联邦法院的法律审查，2004 年 1 月 13 日发布命令
107	1998	Pey Casado and Allende Foundation v. 智利	《智利—西班牙 BIT》(1991)	ICSID	ICSID	裁决支持投资者	国内法院司法审查 ICSID 撤销程序 ICSID 重新提交程序	国内法院支持仲裁裁决；ICSID 撤销程序部分撤销裁决；ICSID 重新提	西班牙法院于 2013 年 3 月 6 日作出的初审判决；西班牙法院于 2013 年 7 月 4 日作出的执行判决

续表

序号	提起仲裁时间	案件名称	适用的投资协定	仲裁规则	仲裁管理机构	仲裁裁决结果	后续程序类型	后续程序状态	后续程序的裁决
							ICSID 撤销程序	交程序（认定责任但未判决损失）Neither investor nor the State；ICSID 撤销程序支持裁决	
108	1997	Metalclad v. 墨西哥	NAFTA（1992）	ICSID 附加便利规则	ICSID	裁决支持投资者	国内法院司法审查	国内法院部分撤销仲裁裁决	加拿大不列颠哥伦比亚最高法院于2001年5月2日作出的判决
109	1996	Saar Papier v. 波兰（II）	《德国—波兰 BIT》（1989）	UNCITRAL 仲裁规则	无	裁决支持东道国	国内法院司法审查	国内法院支持仲裁裁决	瑞士联邦法庭于2000年9月20日作出的判决（关于2000年1月24日的临时裁决）；瑞士联邦法庭于2002年3月1日作出的判决（关于2001年6月7日的最终裁决）
110	1996	Sedelmayer v. 俄罗斯	《德国—俄罗斯 BIT》（1989）	SCC 仲裁规则	SCC	裁决支持投资者	国内法院司法审查	国内法院支持仲裁裁决	斯德哥尔摩市法院于2002年12月18日作出的判决；瑞典上诉法院于2005年6月15日作出的判决

附录二 ICSID 仲裁裁决撤销统计表[*]

序号	时间	名称	程序类型	程序状态	裁决
1	2018	Almasryia v. 科威特	ICSID 撤销程序	正在进行中	无
2	2017	De Sutter and Others v. 马达加斯加（II）	ICSID 撤销程序	正在进行中	无
3	2017	Magyar Farming and Others v. 匈牙利	ICSID 撤销程序	正在进行中	无
4	2016	Eyre and Montrose Developments v. 斯里兰卡	ICSID 撤销程序	未知	2020 年 12 月 2 日作出撤销裁决
5	2016	Glencore International and C. I. Prodeco v. 哥伦比亚（I）	ICSID 撤销程序	正在进行中	无
6	2016	Global Telecom Holding v. 加拿大	ICSID 撤销程序	正在进行中	无
7	2016	Italba v. 乌拉圭	ICSID 撤销程序	中止	2020 年 6 月 16 日作出中止令
8	2015	9REN Holding v. 西班牙	ICSID 撤销程序	正在进行中	无
9	2015	Aktau Petrol v. 哈萨克斯坦	ICSID 撤销程序	正在进行中	无

[*] UNCTAD 官网：http://investmentpolicyhub. unctad. org/ISDS/FilterByFollowUpProceedings，最后访问日期：2021 年 5 月 8 日。

续表

序号	时间	名称	程序类型	程序状态	裁决
10	2015	Capital Financial Holdings v. 喀麦隆	ICSID 撤销程序	裁决支持	2019 年 10 月 25 日作出裁决
11	2015	Cortec Mining v. 肯尼亚	ICSID 撤销程序	正在进行中	无
12	2015	Cube Infrastructure and Others v. 西班牙	ICSID 撤销程序	正在进行中	无
13	2015	Hydro and Others v. 阿尔巴尼亚	ICSID 撤销程序	正在进行中	无
14	2015	Hydro Energy 1 and Hydroxana v. 西班牙	ICSID 撤销程序	正在进行中	无
15	2015	Opera Fund and Schwab v. 西班牙	ICSID 撤销程序	正在进行中	无
16	2015	SolEs Badajoz v. 西班牙	ICSID 撤销程序	正在进行中	无
17	2015	Stadtwerke München and Others v. 西班牙	ICSID 撤销程序	正在进行中	无
18	2014	Albaniabeg Ambient v. 阿尔巴尼亚	ICSID 撤销程序	正在进行中	无
19	2014	Alpiq v. 罗马尼亚	ICSID 撤销程序	正在进行中	无
20	2014	Blusun v. 意大利	ICSID 撤销程序	正在进行中	无
21	2014	CEAC v. 黑山	ICSID 撤销程序	裁决支持	2018 年 5 月 1 日作出撤销裁决
22	2014	Euro Gas and Belmont v. 斯洛伐克	ICSID 撤销程序	正在进行中	无
23	2014	Infra Red and Others v. 西班牙	ICSID 撤销程序	正在进行中	无
24	2014	Masdar v. 西班牙	ICSID 撤销程序	中止	2020 年 11 月 27 日作出中止令
25	2014	Micula v. 罗马尼亚（Ⅱ）	ICSID 撤销程序	正在进行中	无
26	2014	Next Era v. 西班牙	ICSID 撤销程序	正在进行中	无
27	2014	Sodexo Pass v. 匈牙利	ICSID 撤销程序	正在进行中	无
28	2014	Unión Fenosa v. 埃及	ICSID 撤销程序	正在进行中	无

续表

序号	时间	名称	程序类型	程序状态	裁决
29	2013	Alghanim v. 约旦	ICSID 撤销程序	裁决支持	2020 年 4 月 20 日作出裁决
30	2013	Antin v. 西班牙	ICSID 撤销程序	正在进行中	无
31	2013	Cementos La Union v. 埃及	ICSID 撤销程序	正在进行中	无
32	2013	Edenred v. 匈牙利	ICSID 撤销程序	正在进行中	无
33	2013	Eiser and Energía Solar v. 西班牙	ICSID 撤销程序	正在进行中	无
34	2013	Güneş Tekstil and Others v. 乌兹别克斯坦	ICSID 撤销程序	正在进行中	无
35	2013	Karkey Karadeniz v. 巴基斯坦	ICSID 撤销程序	正在进行中	无
36	2013	Poštová Banka and Istrokapital v. 希腊	ICSID 撤销程序	裁决支持	2016 年 9 月 29 日关于部分撤销作出裁决
37	2013	FREEF v. 西班牙	ICSID 撤销程序	正在进行中	无
38	2013	UP and C. D Holding v. 匈牙利	ICSID 撤销程序	正在进行中	无
39	2013	Valores Mundiales and Consorcio Andino v. 委内瑞拉	ICSID 撤销程序	正在进行中	无
40	2012	Blue Bank v. 委内瑞拉	ICSID 撤销程序	正在进行中	无
41	2012	Churchill Mining and Planet Mining v. 印度尼西亚	ICSID 撤销程序	正在进行中	无
42	2012	Dan Cake v. 匈牙利	ICSID 撤销程序	正在进行中	无
43	2012	Fabrica de Vidrios v. 委内瑞拉	ICSID 撤销程序	正在进行中	无
44	2012	Orascom v. 阿尔及利亚	ICSID 撤销程序	正在进行中	无
45	2012	Saint-Gobain v. 委内瑞拉	ICSID 撤销程序	正在进行中	无
46	2012	Tenaris and Talta v. 委内瑞拉 （II）	ICSID 撤销程序	正在进行中	无

续表

序号	时间	名称	程序类型	程序状态	裁决
47	2012	Tethyan Copper v. 巴基斯坦	ICSID 撤销程序	正在进行中	无
48	2012	UAB v. 拉脱维亚	ICSID 撤销程序	裁决支持	2020 年 4 月 8 日作出撤销裁决
49	2011	Gambrinus v. 委内瑞拉	ICSID 撤销程序	裁决支持	2017 年 10 月 3 日作出撤销裁决
50	2011	Highbury International v. 委内瑞拉	ICSID 撤销程序	正在进行中	无
51	2011	Koch Minerals v. 委内瑞拉	ICSID 撤销程序	正在进行中	无
52	2011	Longreef v. 委内瑞拉	ICSID 撤销程序	正在进行中	无
53	2011	Mamidoil v. 阿尔巴尼亚	ICSID 撤销程序	中止	无
54	2011	OIEG v. 委内瑞拉	ICSID 撤销程序	正在进行中	无
55	2011	Rafat v. 印度尼西亚	ICSID 撤销程序	中止	根据 ICSID 仲裁规则，发布诉讼指示令
56	2011	Tenaris and Talta v. 委内瑞拉（I）	ICSID 撤销程序	正在进行中	无
57	2011	Tulip Real Estate v. 土耳其	ICSID 撤销程序	裁决支持	2015 年 12 月 30 日作出撤销裁决
58	2010	Border Timbers and Others v. 津巴布韦	ICSID 撤销程序	正在进行中	无
59	2010	De Levi v. 秘鲁	ICSID 撤销程序	中止	根据 ICSID 仲裁规则，撤销委员会于 2014 年 9 月 24 日发布中止令
60	2010	Flughafen Zürich v. 委内瑞拉	ICSID 撤销程序	正在进行中	无
61	2010	Kılıç v. 土库曼斯坦	ICSID 撤销程序	裁决支持	2015 年 7 月 14 日作出撤销裁决
62	2010	SCB v. 坦桑尼亚	ICSID 撤销程序	正在进行中	无
63	2010	TECO v. 危地马拉	ICSID 撤销程序	裁决部分撤销；正在进行中（ICSID 重新提交程序）	2016 年 4 月 5 日作出撤销裁决

续表

序号	时间	名称	程序类型	程序状态	裁决
64	2010	Tidewater v. 委内瑞拉	ICSID 撤销程序	裁决部分撤销	2016 年 12 月 27 日作出撤销裁决
65	2010	Von Pezold and Others v. 津巴布韦	ICSID 撤销程序	正在进行中	无
66	2009	Commerce Group v. 萨尔瓦多	ICSID 撤销程序	中止	根据 ICSID 仲裁规则，撤销委员会于 2013 年 8 月 28 日发布中止令
67	2009	Deutsche Bank v. 斯里兰卡	ICSID 撤销程序	中止	无
68	2009	Dogan v. 土库曼斯坦	ICSID 撤销程序	裁决支持	2016 年 1 月 15 日作出撤销裁决
69	2009	H&H v. 埃及	ICSID 撤销程序	中止	无
70	2009	Iberdrola Energia v. 危地马拉 (I)	ICSID 撤销程序	裁决支持	2015 年 1 月 13 日作出撤销裁决
71	2009	KT Asia v. 哈萨克斯坦	ICSID 撤销程序	中止	根据 ICSID 行政和财务条例，2014 年 11 月 20 日撤销委员会发布中止令
72	2009	Teinver and Others v. 阿根廷	ICSID 撤销程序	正在进行中	无
73	2008	Alapli v. 土耳其	ICSID 撤销程序	裁决支持	2014 年 7 月 10 日作出撤销决定
74	2008	ATA Construction v. 约旦	ICSID 撤销程序	中止	根据 ICSID 仲裁规则，专门委员会于 2011 年 7 月 11 日发布中止令
75	2008	Burlington v. 厄瓜多尔	ICSID 撤销程序	中止	无
76	2008	Caratube v. 哈萨克斯坦	ICSID 撤销程序	裁决支持	2014 年 2 月 21 日作出关于 Caratube International Oil 公司撤销申请的决定
77	2008	Karmer Marble v. 格鲁吉亚	ICSID 撤销程序	中止	根据 ICSID 仲裁规则，秘书长于 2013 年 1 月 10 日发布中止令
78	2008	Malicorp v. 埃及	ICSID 撤销程序	裁决支持	2013 年 7 月 3 日作出有关 Malicorp Limited 撤销申请的决定

续表

序号	时间	名称	程序类型	程序状态	裁决
79	2008	Perenco v. 厄瓜多尔	ICSID 撤销程序	正在进行中	无
80	2007	AES v. 匈牙利	ICSID 撤销程序	裁决支持	2012 年 6 月 29 日专门委员会作出关于撤销申请的决定
81	2007	Conoco Philips v. 委内瑞拉	ICSID 撤销程序	正在进行中	无
82	2007	Fuchs v. 格鲁吉亚	ICSID 撤销程序	中止	2010 年 11 月 12 日专门委员会作出于暂停执行裁决的决定；2011 年 1 月 19 专门委员会决定暂停裁决的执行；2011 年 3 月 21 日专门委员会决定暂停撤销程序；根据 ICSID 仲裁规则，2011 年 12 月 12 日发布中止令
83	2007	Hochtief v. 阿根廷	ICSID 撤销程序	正在进行中	无
84	2007	Impregilo v. 阿根廷 (I)	ICSID 撤销程序	裁决支持	2014 年 1 月 24 日专门委员会作出于撤销申请的决定
85	2007	Mobil and Others v. 委内瑞拉	ICSID 撤销程序	裁决部分撤销	2017 年 3 月 9 日作出撤销决定
86	2007	SGS v. 巴拉圭	ICSID 撤销程序	裁决支持	2013 年 3 月 22 日作出关于巴拉圭主要求继续执行裁决的决定；2014 年 5 月 19 日作出撤销决定
87	2007	Toto v. 黎巴嫩	ICSID 撤销程序	中止	根据 ICSID 仲裁规则，专门委员会于 2013 年 2 月 15 日发布诉讼中止令
88	2007	Tza Yap Shum v. 秘鲁	ICSID 撤销程序	裁决支持	2015 年 2 月 12 日作出撤销决定

续表

序号	时间	名称	程序类型	程序状态	裁决
89	2006	Lemire v. 乌克兰（Ⅱ）	ICSID 撤销程序	裁决支持	2013 年 7 月 8 日作出撤销决定
90	2006	Libananco v. 土耳其	ICSID 撤销程序	裁决支持	2012 年 5 月 7 日作出申请人提出的临时措施请求的决定的决定；2012 年 5 月 7 日申请要求继续执行该裁决的决定；2013 年 5 月 23 日作出撤销决定
91	2006	Nations Energy v. 巴拿马	ICSID 撤销程序	中止	根据 ICSID 行政和财务条例，专门委员会于 2012 年 6 月 15 日发布中止令
92	2006	Occidental v. 厄瓜多尔（Ⅱ）	ICSID 撤销程序	裁决部分撤销	2015 年 11 月 2 日作出撤销决定
93	2006	Quiborax v. 玻利维亚	ICSID 撤销程序	裁决支持	2018 年 5 月 18 日作出撤销决定
94	2006	Vestey v. 委内瑞拉	ICSID 撤销程序	正在进行中	无
95	2005	Daimler v. 阿根廷	ICSID 撤销程序	裁决支持	2015 年 1 月 7 日作出撤销决定
96	2005	Helnan v. 埃及	ICSID 撤销程序	裁决部分撤销	专门委员会于 2010 年 6 月 14 日作出决定
97	2005	Kardassopoulos v. 格鲁吉亚	ICSID 撤销程序	中止	2010 年 11 月 12 日专门委员会作出关于暂停执行裁决的决定；2011 年 1 月 19 日专门委员会作出关于中止执行该裁决的决定；2011 年 3 月 21 日专门委员会作出关于中止撤销程序的决定；根据 ICSID 仲裁规则，2011 年 12 月 12 日作出程序中止令
98	2005	MHS v. 马来西亚	ICSID 撤销程序	裁决全部撤销	2009 年 4 月 16 日作出关于撤销申请的决定

续表

序号	时间	名称	程序类型	程序状态	裁决
99	2005	Micula v. 罗马尼亚 (I)	ICSID 撤销程序	裁决支持	2016 年 2 月 26 日作出撤销决定
100	2005	Rumeli v. 哈萨克斯坦	ICSID 撤销程序	裁决支持	2010 年 3 月 25 日专门委员会作出决定
101	2005	Siag v. 埃及	ICSID 撤销程序；国内法院司法审查	中止 裁决支持	根据 ICSID 仲裁规则，2010 年 7 月 26 日专门委员会发布中止令；2009 年纽约南区区法院的判决，WL 1834562
102	2004	Mobil v. 阿根廷	ICSID 撤销程序	正在进行中	无
103	2004	SAUR v. 阿根廷	ICSID 撤销程序	裁决支持	2016 年 12 月 19 日的作出撤销决定
104	2004	Total v. 阿根廷	ICSID 撤销程序	裁决支持	2016 年 2 月 1 日的作出撤销决定
105	2004	Vieira v. 智利	ICSID 撤销程序	裁决支持	2010 年 12 月 10 日的作出撤销申请的决定
106	2003	Continental Casualty v. 阿根廷	ICSID 撤销程序	裁决支持	2009 年 10 月 23 日作出阿根廷申请缓执行该裁决申请的决定；2009 年 10 月 23 日作出关于子素赔人对阿根廷申请撤销的初步反对意见的决定；2011 年 9 月 16 日作出部分撤销申请的决定
107	2003	EDF and others v. 阿根廷	ICSID 撤销程序	裁决支持	2016 年 2 月 5 日作出撤销决定
108	2003	El Paso v. 阿根廷	ICSID 撤销程序	裁决支持	2014 年 9 月 22 日专门委员会作出阿根廷撤销申请的决定
109	2003	Fraport v. 菲律宾 (I)	ICSID 撤销程序	裁决全部撤销	2010 年 12 月 23 日的作出撤销决定
110	2003	Industria Nacional de Alimentos v. 秘鲁	ICSID 撤销程序	裁决支持	2007 年 9 月 5 日作出撤销决定
111	2003	Joy Mining v. 埃及	ICSID 撤销程序	中止	根据 ICSID 仲裁规则，仲裁庭于 2005 年 12 月 16 日发布中止令

续表

序号	时间	名称	程序类型	程序状态	裁决
112	2003	MCI v. 厄瓜多尔	ICSID 撤销程序	裁决支持	2009 年 10 月 19 日作出撤销决定
113	2003	Suez and Interagua v. 阿根廷	ICSID 撤销程序	裁决支持	2018 年 12 月 14 日作出裁决
114	2003	Suez and Vivendi v. 阿根廷 (II)	ICSID 撤销程序	中止	2017 年 5 月 5 日作出阿根廷撤销申请的决定
115	2002	Ahmonseto v. 埃及	ICSID 撤销程序	中止	根据 ICSID 行政和财务条例，专门委员会于 2010 年 10 月 13 日发布中止令
116	2002	LG&E v. 阿根廷	ICSID 撤销程序	中止	根据 ICSID 仲裁规则，秘书长于 2015 年 2 月 20 日发布中止令
117	2002	Sempra v. 阿根廷	ICSID 撤销程序；ICSID 重新提交程序	裁决全部撤销；由于未知原因中止	2010 年 6 月 29 日作出关于阿根廷撤销申请的决定；2015 年 4 月 3 日根据 ICSID 仲裁规则，发布中止程序令
118	2002	Siemens v. 阿根廷	ICSID 撤销程序	中止	根据 ICSID 仲裁规则，2009 年 9 月 28 日发布中止令
119	2002	Soufraki v. 阿联酋	ICSID 撤销程序	裁决支持	2007 年 6 月 5 日专门委员会关于 Mr. Soufraki 撤销申请的决定
120	2001	Azurix v. 阿根廷 (I)	ICSID 撤销程序	裁决支持	2009 年 9 月专门委员会关于阿根廷撤销申请的决定
121	2001	CMS v. 阿根廷	ICSID 撤销程序；国内法院司法审查	裁决部分撤销；裁决支持	2007 年 9 月 25 日专门委员会撤销申请的决定；2012 年 9 月 30 日纽约南区法院备忘录决定；见背书和命令，美国联邦上诉法院于 2013 年 8 月 19 日作出执行决定

续表

序号	时间	名称	程序类型	程序状态	裁决
122	2001	Enron v. 阿根廷	ICSID 撤销程序；ICSID 重新提交程序	裁决部分撤销；正在进行中	2010 年 7 月 30 日作出关于阿根廷撤销申请的决定
123	2001	MTD v. 智利	ICSID 撤销程序	裁决支持	2007 年 3 月 21 日作出撤销裁决
124	2000	RFCC v. 摩洛哥	ICSID 撤销程序	裁决支持	专门委员会作出撤销裁决
125	1999	Gruslin v. 马来西亚 (II)	ICSID 撤销程序	中止	根据 ICSID 行政和财务条例，专门委员会于 2002 年 4 月 2 日发布中止命令
126	1999	Mitchell v. 刚果	ICSID 撤销程序	裁决全部撤销	2006 年 11 月 1 日作出撤销裁决申请的决定
127	1998	Pey Casado and Allende Foundation v. 智利	国内法院司法审查 ICSID 撤销程序 ICSID 重新提交程序	裁决支持；裁决部分撤销；既不支持投资者也不支持国家（有责任但无须赔偿的裁决）	西班牙初审法院于 2013 年 3 月 6 日作出决议案；西班牙法院于 2013 年 7 月 4 日作出的关于执行裁决的决定；2012 年 12 月 18 日专门委员会作出关于智利撤销申请的决定；2010 年 5 月 4 日关于撤销申请可否受理的决定；2013 年 5 月 16 日作出关于智利暂停执行未经批准的部分裁决的决定；2013 年 9 月 11 日作出关于智利补充撤销裁决请求的决定；2016 年 9 月 13 日作出裁决
128	1998	Wena Hotels v. 埃及	ICSID 撤销程序	裁决支持	2002 年 2 月 5 日作出关于撤销申请的决定

续表

序号	时间	名称	程序类型	程序状态	裁决
129	1997	Vivendi v. 阿根廷（I）	ICSID 撤销程序； ICSID 重新提交程序； ICSID 撤销程序	裁决部分撤销； 裁决有利于投资者； 裁决支持	2002 年 7 月 3 日作出撤销裁决； 2007 年 8 月 20 日作出裁决 II ； 2007 年 8 月 20 日作出关于阿根廷撤销裁决请求的决定

附录三 涉华投资仲裁案件表*

表 1 中国政府作为被告的投资仲裁案件

序号	案号	申请人	被申请人	适用协定	状态
1		Eugenio Montenero	中国政府	China-Switzerland BIT (2009)	正在进行中
2	PCA Case No. 2021 – 30	Asia Phos Ltd	中国政府	China-Singapore BIT (1985)	正在进行中；2020/8/7 登记
3	ICSID Case No. ARB/20/34	Goh Chin Soon	中国政府	China-Singapore BIT (1985)	正在进行中；2020/9/16 登记
4	ICSID Case No. ARB/20/22	Macro Trading Co., Ltd	中国政府	China-Japan BIT (1988)	正在进行中；2020/6/29 登记
5	PCA Case No. 2019 – 39	Jason Yu Song	中国政府	China-United Kingdom BIT (1986)	正在进行中；2019/1 登记
6	UNCITRAL Ad Hoc Arbitration	Surfeit Harvest Investment Holding Pte Ltd	中国台湾	《台澎金马单独关税区与新加坡经济伙伴协议》（ASTEP）	暂无信息

* 根据 ITALAW、UNCTAD、ICSID 官网案件资料统计整理。案件信息统计截止日期为 2021 年 9 月 4 日。

续表

序号	案号	申请人	被申请人	适用协定	状态
7	ICSID Case No. ARB/14/25	Ansung Housing Co., Ltd.	中国政府	China-Korea BIT (2007)	结束; 2014/11/4 登记; 2017/3/9 裁决
8	ICSID Case No. ARB/11/15	Ekran Berhad	中国政府	China-Israel (1995) China-Malaysia (1988)	结束; 2011/5/24 登记; 2013/5/16 和解终结程序
9	ICSID Case No. ARB/17/19	Hela Schwartz GmbH	中国政府	China-Germany BIT (2003)	2017/6/21 登记

表 2　中国投资者作为原告的投资仲裁案件

序号	案号	申请人	被申请人	适用协定	状态
1	ICSID Case No. ARB/21/42	Qiong Ye and Jianping Yang	柬埔寨	AAEAN-China Investment Agreement (2009)	正在进行中; 2021/9/1 登记
2	ICSID Case No. ARB/21/36	Alpene Ltd（香港）	马耳他	Malta-China BIT (2009)	正在进行中; 2021/7/2 登记
3	UNCITRAL Ad Hoc Arbitration administered by the LCIA	Beijing Everyway Traffic & Lighting, Co., Ltd.	加纳	China-Ghana BIT (1989)	正在进行中; 2021/2/10 登记
4	UNCITRAL Arbitration	Shift Energy（香港）	日本	HongKong-Japan BIT (1997)	正在进行中; 2020 年登记
5	UNCITRAL Arbitration	Wang Jing, Li Fengju, Ren Jinglin and Others	乌克兰	China-Ukraine BIT (1992)	正在进行中; 2020/9/7 登记

续表

序号	案号	申请人	被申请人	适用协定	状态
6	ICSID Case No. ARB/20/26	Fengzhen Min	韩国	China-Korea BIT (2007)	正在进行中;2020/8/3 登记
7	UNCITRAL Ad Hoc Arbitration	Jetion Solar Co. Ltd and Wuxi T-Hertz Co. Ltd	希腊	China-Greece BIT (1992)	中止;2019/5/27 登记
8	ICSID Case No. ADHOC/17/1	Sanum Investments Limited (澳门)	老挝	China-Lao People's Democratic Republic BIT (1993)	正在进行中;2017/4/27 组庭;2017/5/16 发布 1 号程序令
9	ICSID Case No. ARB/15/41	Standard Chartered Bank Limited (香港)	坦桑尼亚		2016/9/12 裁决;2017/1/13 上诉申请撤销
10	ICSID Case No. ARB/14/30	北京城建集团	也门	China-Yemen BIT (1998)	搁置 2014/12/3 登记;2017/5/31 裁定有管辖权
11	ICSID Case No. ARB/12/29	中国平安保险公司	比利时	BLEU (Belgium-Luxembourg Economic Union) – China BIT (1984) BLEU (Belgium-Luxembourg Economic Union) – China BIT (2005)	结束;2012/9/12 登记;2015/4/30 裁决新条约不适用,平安败诉
12	PCA Case No. 2012 – 12	Philip Morris Asia Limited (香港)	澳大利亚	Australia-Hong Kong, China SAR BIT (1993)	结束;Philip Morris Asia Limited 败诉
13	PCA Case No. 2013 – 13	Sanum Investments Ltd	老挝	China-Lao People's Democratic Republic BIT (1993)	新加坡法院于 2021 年 9 月作出判决,拒绝撤销
14	PCA Case No. 2010 – 20	首钢等	蒙古	China-Mongolia BIT (1991)	国内法院司法审查
15	ICSID Case No. ARB/07/6	谢叶深 (香港)	秘鲁	China-Peru BIT (1994)	结束;2015/2/12 决定不撤销

图书在版编目（CIP）数据

国际投资仲裁裁决的司法审查／赵丹著 . -- 北京：
社会科学文献出版社，2023.4（2024.2 重印）
（深圳学人文库）
ISBN 978 - 7 - 5228 - 1393 - 6

Ⅰ.①国… Ⅱ.①赵… Ⅲ.①国际投资法学 - 国际仲
裁 - 研究　Ⅳ.①D996.4

中国版本图书馆 CIP 数据核字（2022）第 257319 号

深圳学人文库
国际投资仲裁裁决的司法审查

著　　者／赵　丹

出 版 人／冀祥德
责任编辑／高　媛
责任印制／王京美

出　　版／社会科学文献出版社·政法传媒分社（010）59367126
　　　　　地址：北京市北三环中路甲 29 号院华龙大厦　邮编：100029
　　　　　网址：www. ssap. com. cn
发　　行／社会科学文献出版社（010）59367028
印　　装／唐山玺诚印务有限公司

规　　格／开　本：787mm × 1092mm　1/16
　　　　　印　张：13.5　字　数：206 千字
版　　次／2023 年 4 月第 1 版　2024 年 2 月第 2 次印刷
书　　号／ISBN 978 - 7 - 5228 - 1393 - 6
定　　价／98.00 元

读者服务电话：4008918866